大学赤本シリーズ

462

日本福祉大学

JN060900

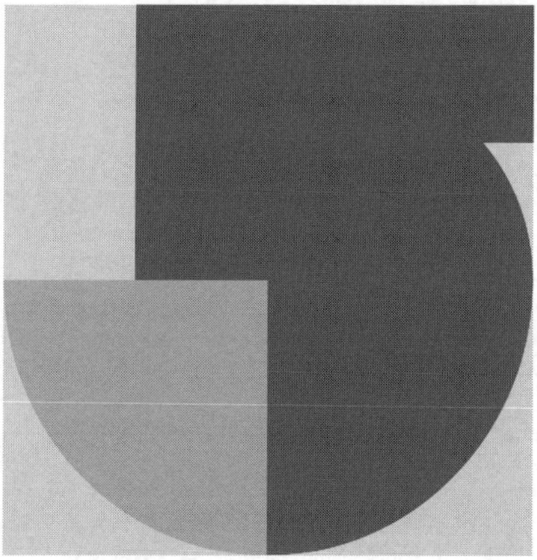

教学社

は　し　が　き

おかげさまで，大学入試の「赤本」は，今年で創刊70周年を迎えました。

これまで，入試問題や資料をご提供いただいた大学関係者各位，掲載許可をいただいた著作権者の皆様，各科目の解答や対策の執筆にあたられた先生方，そして，赤本を使用してくださったすべての読者の皆様に，厚く御礼を申し上げます。

以下に，創刊初期の「赤本」のはしがきを引用します。これからも引き続き，受験生の目標の達成や，夢の実現を応援してまいります。

本書を活用して，入試本番では持てる力を存分に発揮されることを心より願っています。

編者しるす

＊　＊　＊

学問の塔にあこがれのまなざしをもって，それぞれの志望する大学の門をたたかんとしている受験生諸君！　人間として生まれてきた私たちは，自己の欲するままに，美しく，強く，そして何よりも人間らしく生きることをねがっている。しかし，一朝一夕にして，この純粋なのぞみが達せられることはない。私たちの行く手には，絶えずさまざまな試練がまちかまえている。この試練を克服していくところに，私たちのねがう真に人間的な世界がはじめて開かれてくるのである。

人生最初の最大の試練として，諸君の眼前に大学入試がある。この大学入試は，精神的にも身体的にも，大きな苦痛を感ぜしめるであろう。あるスポーツに熟達するには，たゆみなき，はげしい練習を積み重ねることが必要であるように，私たちは，計画的・持続的な努力を払うことによって，この試練を克服し，次の一歩を踏みだすことができる。厳しい試練を経たのちに，はじめて満足すべき成果を獲得できるのである。

本書は最近の入学試験の問題に，それぞれ解答を付し，さらに問題をふかく分析することによって，その大学独特の傾向や対策をさぐろうとした。本書を一般の参考書とあわせて使用し，まとはずれのない，効果的な受験勉強をされるよう期待したい。

（昭和35年版「赤本」はしがきより）

挑む人の、いちばんの味方

赤本創刊70周年

1954 年に大学入試の過去問題集を刊行してから 70 年。赤本は大学に入りたいと思う受験生を応援しつづけてきました。これからも，苦しいとき落ち込むときにそばで支える存在でいたいと思います。

そして，勉強をすること，自分で道を決めること，努力が実ること，これらの喜びを読者の皆さんが感じることができるよう，伴走をつづけます。

そもそも赤本とは…

受験生のための大学入試の過去問題集！

70年の歴史を誇る赤本は，500点を超える刊行点数で全都道府県の370大学以上を網羅しており，過去問の代名詞として受験生の必須アイテムとなっています。

…………… なぜ受験に過去問が必要なのか？ ……………

大学入試は大学によって問題形式や頻出分野が大きく異なるからです。

赤本の掲載内容

傾向と対策

これまでの出題内容から，問題の「**傾向**」を分析し，来年度の入試に向けて具体的な「**対策**」の方法を紹介しています。

問題編・解答編

- 年度ごとに問題とその解答を掲載しています。
- 「**問題編**」ではその年度の試験概要を確認したうえで，実際に出題された過去問に取り組むことができます。
- 「**解答編**」には高校・予備校の先生方による解答が載っています。

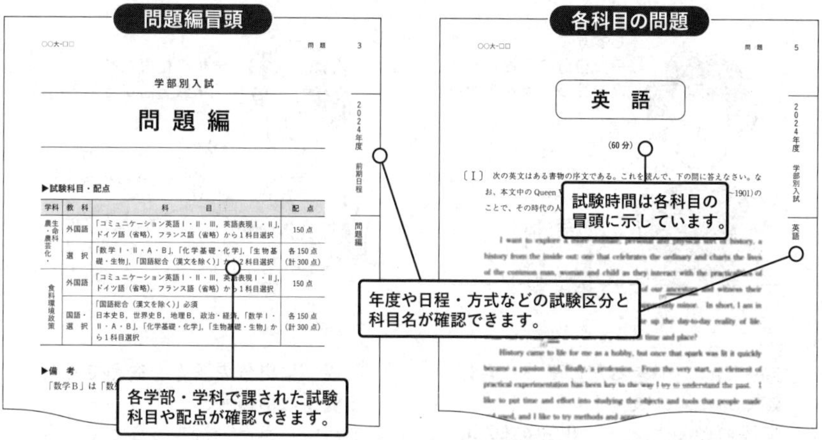

他にも，大学の基本情報や，先輩受験生の合格体験記，在学生からのメッセージなどが載っていることがあります。

● 掲載内容について ●

著作権上の理由やその他編集上の都合により問題や解答の一部を割愛している場合があります。なお，指定校推薦入試，社会人入試，編入学試験，帰国生入試などの特別入試，英語以外の外国語科目，商業・工業科目は，原則として掲載しておりません。また試験科目は変更される場合がありますので，あらかじめご了承ください。

受験勉強は

過去問に始まり，

STEP 1

なにはともあれ

まずは解いてみる

しずかに…
今，自分の心と
向き合ってるんだから
ムーン
それは
問題を解いて
からだホン!

過去問は，**できるだけ早いうちに解く**のがオススメ！
実際に解くことで，**出題の傾向，問題のレベル，今の自分の実力**がつかめます。

STEP 2

じっくり具体的に

弱点を分析する

分析の結果だけど
英・数・国が苦手みたい
スリー
必須科目だホン
頑張るホン

間違いは自分の弱点を教えてくれる**貴重な情報源。**
弱点から自己分析することで，**今の自分に足りない力や苦手な分野**が見えてくるはず！

合格者があかす赤本の使い方

傾向と対策を熟読

（Fさん／国立大合格）

大学の出題傾向を調べるために，赤本に載っている「傾向と対策」を熟読しました。

繰り返し解く

（Tさん／国立大合格）

１周目は問題のレベル確認，２周目は苦手や頻出分野の確認に，３周目は合格点を目指して，と過去問は繰り返し解くことが大切です。

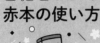

過去問に終わる。

STEP 3

志望校にあわせて

苦手分野の重点対策

明日からはみんなで頑張るよ！
参考書も！ 問題集も！
よろしくね！
呼んだ?
なにを!?
どこから!?
グッ
グッ

参考書や問題集を活用して，苦手分野の**重点対策**をしていきます。**過去問を指針**に，合格へ向けた具体的な学習計画を立てましょう！

STEP 1▶2▶3

サイクルが大事!

実践を繰り返す

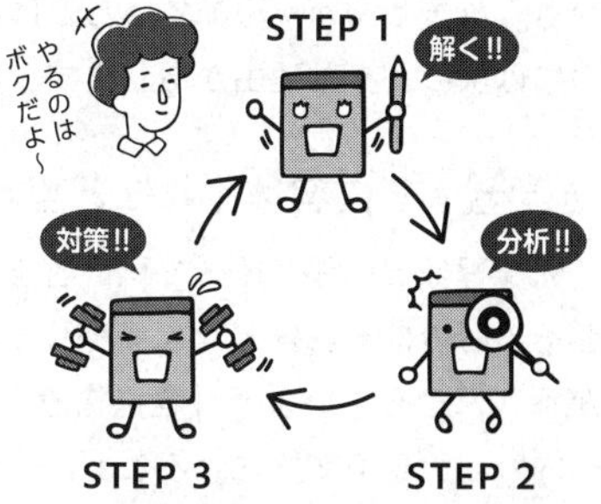
やるのは
ボクだよ~
STEP 1
解く!!
分析!!
対策!!
STEP 3
STEP 2

STEP 1〜3を繰り返し，実力アップにつなげましょう！
出題形式に慣れることや，**時間配分を考えること**も大切です。

目標点を決める
(Yさん／私立大合格)
赤本によっては合格者最低点が載っているので，それを見て目標点を決めるのもよいです。

時間配分を確認
(Kさん／私立大学合格)
赤本は時間配分や解く順番を決めるために使いました。

添削してもらう
(Sさん／私立大学合格)
記述式の問題は先生に添削してもらうことで自分の弱点に気づけると思います。

新課程入試 Q&A

2022年度から新しい学習指導要領（新課程）での授業が始まり，2025年度の入試は，新課程に基づいて行われる最初の入試となります。ここでは，赤本での新課程入試の対策について，よくある疑問にお答えします。

Q1. 赤本は新課程入試の対策に使えますか？

A. もちろん使えます！

旧課程入試の過去問が新課程入試の対策に役に立つのか疑問に思う人もいるかもしれませんが，心配することはありません。旧課程入試の過去問が役立つのには次のような理由があります。

● 学習する内容はそれほど変わらない

新課程は旧課程と比べて科目名を中心とした変更はありますが，学習する内容そのものはそれほど大きく変わっていません。また，多くの大学で，既卒生が不利にならないよう「経過措置」がとられます（Q３参照）。したがって，出題内容が大きく変更されることは少ないとみられます。

● 大学ごとに出題の特徴がある

これまでに課程が変わったときも，各大学の出題の特徴は大きく変わらないことがほとんどでした。入試問題は各大学のアドミッション・ポリシーに沿って出題されており，過去問にはその特徴がよく表れています。過去問を研究してその大学に特有の傾向をつかめば，最適な対策をとることができます。

出題の特徴の例	・英作文問題の出題の有無 ・論述問題の出題（字数制限の有無や長さ） ・計算過程の記述の有無

新課程入試の対策も，赤本で過去問に取り組むところから始めましょう。

Q2. 赤本を使う上での注意点はありますか？

A. 志望大学の入試科目を確認しましょう。

過去問を解く前に，過去の出題科目（問題編冒頭の表）と 2025 年度の募集要項とを比べて，課される内容に変更がないかを確認しましょう。ポイントは以下のとおりです。科目名が変わっていても，実際は旧課程の内容とほとんど同様のものもあります。

英語・国語	科目名は変更されているが，実質的には変更なし。 ▶▶ **ただし，リスニングや古文・漢文の有無は要確認。**
地歴	科目名が変更され，「歴史総合」「地理総合」が新設。 ▶▶ **新設科目の有無に注意。ただし，「経過措置」（Q３参照）により内容は大きく変わらないことも多い。**
公民	「現代社会」が廃止され，「公共」が新設。 ▶▶ **「公共」は実質的には「現代社会」と大きく変わらない。**
数学	科目が再編され，「数学 C」が新設。 ▶▶ **「数学」全体としての内容は大きく変わらないが，出題科目と単元の変更に注意。**
理科	科目名も学習内容も大きな変更なし。

数学については，科目名だけでなく，どの単元が含まれているかも確認が必要です。例えば，出題科目が次のように変わったとします。

旧課程	「数学Ⅰ・数学Ⅱ・数学 A・数学 B（数列・ベクトル）」
新課程	「数学Ⅰ・数学Ⅱ・数学 A・**数学 B（数列）・数学 C（ベクトル）**」

この場合，新課程では「数学Ｃ」が増えていますが，単元は「ベクトル」のみのため，実質的には旧課程とほぼ同じであり，過去問をそのまま役立てることができます。

Q3. 「経過措置」とは何ですか？

A. 既卒の旧課程履修者への対応です。

多くの大学では，既卒の旧課程履修者が不利にならないように，出題において「経過措置」が実施されます。措置の有無や内容は大学によって異なるので，募集要項や大学のウェブサイトなどで確認しておきましょう。

◯旧課程履修者への経過措置の例

- 旧課程履修者にも配慮した出題を行う。
- 新・旧課程の共通の範囲から出題する。
- 新課程と旧課程の共通の内容を出題し，共通範囲のみでの出題が困難な場合は，旧課程の範囲からの問題を用意し，選択解答とする。

例えば，地歴の出題科目が次のように変わったとします。

旧課程	「日本史 B」「世界史 B」から１科目選択
新課程	**「歴史総合，**日本史探究」**「歴史総合，**世界史探究」から１科目選択※ ※旧課程履修者に不利益が生じることのないように配慮する。

「歴史総合」は新課程で新設された科目で，旧課程履修者には見慣れないものですが，上記のような経過措置がとられた場合，新課程入試でも旧課程と同様の学習内容で受験することができます。

要チェックだホン

新課程の情報は WEB もチェック！
より詳しい解説が赤本ウェブサイトで見られます。
https://akahon.net/shinkatei/

科目名が変更される教科・科目

	旧課程	新課程
国語	国語総合 国語表現 現代文A 現代文B 古典A 古典B	現代の国語 言語文化 論理国語 文学国語 国語表現 古典探究
地歴	日本史A 日本史B 世界史A 世界史B 地理A 地理B	歴史総合 日本史探究 世界史探究 地理総合 地理探究
公民	現代社会 倫理 政治・経済	公共 倫理 政治・経済
数学	数学Ⅰ 数学Ⅱ 数学Ⅲ 数学A 数学B 数学活用	数学Ⅰ 数学Ⅱ 数学Ⅲ 数学A 数学B 数学C
外国語	コミュニケーション英語基礎 コミュニケーション英語Ⅰ コミュニケーション英語Ⅱ コミュニケーション英語Ⅲ 英語表現Ⅰ 英語表現Ⅱ 英語会話	英語コミュニケーションⅠ 英語コミュニケーションⅡ 英語コミュニケーションⅢ 論理・表現Ⅰ 論理・表現Ⅱ 論理・表現Ⅲ
情報	社会と情報 情報の科学	情報Ⅰ 情報Ⅱ

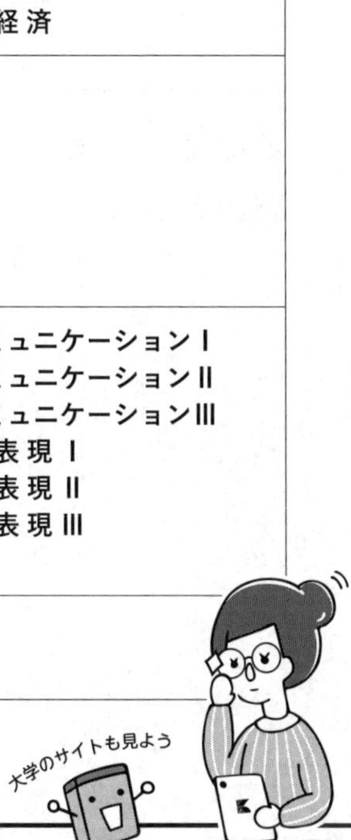

目　次

2022年度
問題と解答

●一般選抜　一般入試前期日程

掲載内容についてのお断り

- 本書には一般入試のうち，前期日程の代表的な１日程分を掲載しています。
- 総合型選抜および学校推薦型選抜は掲載していません。

・UNIVERSITY GUIDE・

大学情報

基本情報

学部・学科の構成

※移転・改組・名称変更・設置計画は予定であり，内容に変更が生じる場合があります。

大　学

●**社会福祉学部**　美浜キャンパス[＊1]

社会福祉学科[＊2]（総合政策専修，現代社会専修）

＊1　2027 年 4 月東海キャンパスへ移転が計画されており，2027 年 4 月からは東海キャンパスへ通学することになる予定。

＊2　2025 年 4 月改組予定。

●**教育・心理学部**　美浜キャンパス

こども学科[＊3]

＊3　仮称・2025 年 4 月名称変更構想中。

学校教育学科

心理学科

●**スポーツ科学部**　美浜キャンパス

スポーツ科学科

●**健康科学部**　半田キャンパス

リハビリテーション学科（理学療法学専攻，作業療法学専攻）

●**工学部**[＊4]　半田キャンパス

工学科（情報工学専修，建築学専修）

＊4　2025 年 4 月開設予定（仮称・設置構想中）。

●**経済学部**　東海キャンパス

経済学科[＊5]（経済専修，経営専修）

＊5　2025 年 4 月改組予定。

●**国際学部**　東海キャンパス

国際学科

●**看護学部**　東海キャンパス

看護学科

大学所在地

東海キャンパス

半田キャンパス

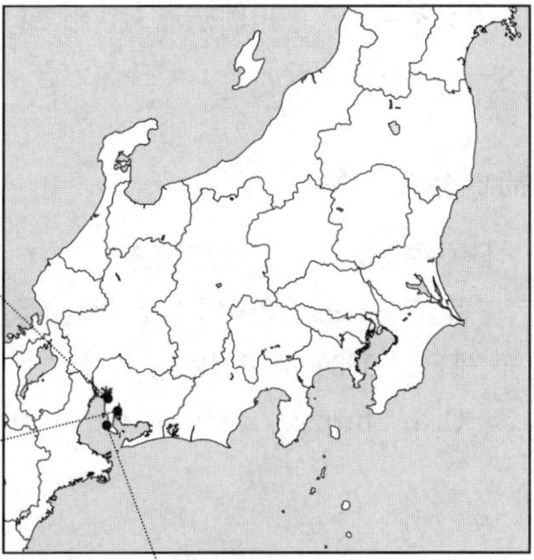

美浜キャンパス

美浜キャンパス　〒470-3295　愛知県知多郡美浜町奥田会下前 35- 6
半田キャンパス　〒475-0012　愛知県半田市東生見町 26- 2
東海キャンパス　〒477-0031　愛知県東海市大田町下浜田 1071

募集要項（出願書類）の入手方法

インターネット出願が導入されています。入学試験要項は，大学ホームページ「受験生サイト」で確認できます。

問い合わせ先

日本福祉大学　入学広報課

〒470-3295　愛知県知多郡美浜町奥田会下前 35- 6

TEL　0569-87-2212

URL　https://www.n-fukushi.ac.jp/ad/

日本福祉大学のテレメールによる資料請求方法

スマートフォンから　QRコードからアクセスしガイダンスに従ってご請求ください。

パソコンから　教学社 赤本ウェブサイト(akahon.net)から請求できます。

TREND & STEPS

傾向と対策

科目ごとに問題の「傾向」を分析し，具体的にどのような「対策」をすればよいか紹介しています。まずは出題内容をまとめた分析表を見て，試験の概要を把握しましょう。

注　意

「傾向と対策」で示している，出題科目・出題範囲・試験時間等については，2024 年度までに実施された入試の内容に基づいています。2025 年度入試の選抜方法については，各大学が発表する学生募集要項を必ずご確認ください。

掲載日程・方式・学部

2024 年 4 月に下記の通り学部・学科の新設・名称変更が行われた。

- 教育・心理学部に学校教育学科を新設。
- 国際福祉開発学部国際福祉開発学科を「国際学部国際学科」に名称変更。

英　語

年度	番号	項　目	内　容
2024 ●	〔1〕	読　解	内容説明，空所補充，語句意，内容真偽
	〔2〕	読　解	同意表現，内容説明，空所補充，内容真偽
	〔3〕	文法・語彙	空所補充
	〔4〕	会話文	空所補充
	〔5〕	文法・語彙	語句整序
2023 ●	〔1〕	読　解	空所補充，同意表現，語句意，内容真偽
	〔2〕	読　解	空所補充，語句意，同意表現，内容真偽
	〔3〕	文法・語彙	空所補充
	〔4〕	会話文	空所補充
	〔5〕	文法・語彙	語句整序
2022 ●	〔1〕	読　解	語句意，同意表現，空所補充，内容真偽
	〔2〕	読　解	語句意，空所補充，内容真偽
	〔3〕	文法・語彙	空所補充
	〔4〕	会話文	空所補充
	〔5〕	文法・語彙	語句整序

（注）●印は全問，◐印は一部マークシート方式採用であることを表す。

傾向　英語の総合力を問う長文読解中心の問題

01　出題形式は？

大問数は5題で，解答個数は40個，全問マークシート式による選択式である。試験時間は60分。

02 出題内容はどうか？

読解問題の英文量は例年ほぼ同程度であり，比較的読みやすい英文が出題されているが，2022・2024 年度は部分的にやや複雑な英文が出題された。英文のテーマは年度によってさまざまで，2022 年度は地球温暖化についての英文と貧困と教育の関係を扱った英文，2023 年度は心臓病のリスクについての英文と後払い決済に関する英文となっており，理系と文系の両方の分野からの出題であった。2024 年度はある作家が自身の自閉症や執筆活動について書いた英文と公民権運動に関する英文であり，文系の分野 2 題と分類できる。日頃から，理系・文系いずれの話題にも幅広く親しんでおく必要があるであろう。

03 難易度は？

読解問題の英文は比較的理解しやすいものであるが，何カ所か複雑な文が埋め込まれている。前後の文をじっくり読み込まなければ文意を誤ってとらえる可能性もあるので注意したい。長文問題の内容真偽問題は，どの部分が根拠になるかを書き出したり，点検したりする練習を積んでおくとよい。また，語句にとらわれる表面的な読み方では正解が得られない選択肢が出題されているので，丁寧に内容を吟味する努力が求められる。難しい語句や言い回しも含まれているが，それらには注がついている。会話文問題は，口語的な表現に慣れておく必要がある。基本的な単語を，発音やアクセントに注意して，音読しながら覚えていくとよいだろう。

対策

01 読解力の養成

標準的な問題集で多くの設問に当たり，演習しておくこと。環境問題をはじめとして，現代において話題になっているトピックが取り上げられている。2024 年度は「自閉症」と「公民権運動」が取り上げられた。新聞やテレビ，インターネットなどのニュースを通して，社会の動向を知っておくことも大切である。

02 文法・語彙

文法の知識は文法問題において役立つだけではなく，読解の基礎にもなるので，基礎事項はしっかりと身につけておく必要がある。過去には否定語を伴う倒置文，仮定法過去完了，比較構文が続けて出題され，2023 年度は会話文問題で仮定法が出題された。また，2023 年度は文法・語彙問題で，2024 年度は会話文問題で neither の語法が問われている。このような頻出文法には注意を払う必要がある。文法・語彙問題の対策としては，例えば，『フェイバリット英単語・熟語〈テーマ別〉コーパス 3000』（東京書籍）などで語彙力を積み上げ，『大学入試 すぐわかる英文法』（教学社）や『Next Stage 英文法・語法問題』（桐原書店）のような参考書や問題集を用いて，応用問題にも慣れておくことが望ましい。また，2024 年度に make a difference to ～「～に変化をもたらす」が出題されたように，熟語も出題されるので頻出の熟語表現は覚えておきたい。

03 会話文

2024 年度の例で言えば，Here you are.「ここにあったよ」のような，会話独特の口語表現に慣れるため，『「英語口語表現」パーフェクト演習』（プレイス）などを使って，対策を行っておきたい。

日本史

年度	番号	内容		形式
2024 ●	〔1〕	古墳時代の政治と外交		選択
	〔2〕	鎌倉時代末期から室町時代の政治と外交		選択・正誤
	〔3〕	江戸時代後期から明治時代の外交	⊘史料	選択・正誤
	〔4〕	第二次世界大戦後の政治と外交		選択
2023 ●	〔1〕	律令制度		選択・正誤
	〔2〕	鎌倉時代の社会経済	⊘視覚資料	選択・正誤
	〔3〕	江戸時代後期の外交と政治	⊘史料	選択・配列・正誤
	〔4〕	森鷗外から見た明治・大正期の政治・外交・文化		選択・正誤
2022 ●	〔1〕	聖武天皇と桓武天皇の政治		選択・正誤・配列
	〔2〕	鎌倉時代の政治と社会経済	⊘史料	選択・配列・正誤
	〔3〕	徳川家綱と綱吉の政治		選択・配列・正誤
	〔4〕	明治時代の政治・経済・文化	⊘視覚資料	選択・正誤

（注）●印は全問，◑印は一部マークシート方式採用であることを表す。

傾向　基本重視で広範囲からの出題　視覚資料などを用いた問題が頻出

01　出題形式は？

大問4題，解答個数は各大問につき7個ずつの合計28個である。全問マークシート式で試験時間は60分。文中の空所補充問題や下線部分に関する語句選択問題が中心であるが，各大問の1，2問で，4文からの正文・誤文選択問題や，2文の正誤判定問題が出題されている。また，年代配列問題も出題されている。

なお，2025年度は出題科目が「歴史総合，日本史探究」となる予定である（本書編集時点）。

02 出題内容はどうか？

時代別では，古代・中世・近世・近現代が各１題出題されている。古代は，2023 年度は奈良時代，2022・2024 年度は古墳時代から出題された。近現代では 2024 年度に現代史が出題されている。

分野別では例年，政治史・外交史・社会経済史・文化史からバランスよく出題されている。視覚資料などを用いた出題も見られる。また，史料を使った問題も出題されている。受験生にとって初見であろう史料が用いられることもあるが，容易に内容が推測できるものが中心である。

03 難易度は？

教科書で習得した知識で十分対応できる基本的な問題が中心であるが，一部に歴史的事象について詳細な理解を求める出題も見られる。また視覚資料を用いた問題が見られ，慣れていないと間違いやすい。基本的な問題から手早く的確に解答し，残りの時間で上記のような問題をじっくり検討しよう。

対策

01 教科書を基本とした学習

教科書で得た知識で対応できるので，教科書の精読は欠かせない。一部に詳細な理解を求める問題があるので，『日本史用語集』（山川出版社）などを併用して事項・人物に関する内容を確認しておきたい。文化史に関しては書名や雑誌名を問う問題がよく出されるので，各時代の代表的な書物・雑誌の名称を，内容も含めて把握しておきたい。

02 過去問の研究

大学入試においては過去問の研究は不可欠である。本書を用いて過去問を研究し，どのような形式，時代，分野が出題されるのかを的確に把握して設問に慣れ，教科書に戻って知識を確認することを心がけよう。

03 近現代史の学習

近代史の問題が中心であるが，2024 年度は戦後の政治と外交について出題されているので，現代史もおろそかにできない。深い内容理解が問われたこともあるので，教科書・用語集を用いて丁寧な学習を心がけたい。

04 視覚資料・地図・史料問題

美術作品や建築物の写真など，視覚資料を用いた問題が出題されている。また，過去には地図を使って歴史的な事象の位置を問う問題も見られた。写真を使った設問ではその写真に見られる作品を知っているかどうかが問われることもあるので，図説を使って日頃から写真を見て慣れておくこと。また教科書の学習の際，事件の起こった場所，主要な寺社，鉱山などの位置を地図を見て把握しておきたい。

史料問題については，初見史料であっても史料の中のキーワードを把握すれば，それが何について書かれた史料であるかは理解できる。また史料そのものではわからなくても，設問文から史料の内容に気づくこともあるので，史料問題集などを用いて演習を繰り返しておくとよいだろう。

05 年代配列問題に注意

年代配列問題は，正確な年代を暗記していなくても，歴史の流れを理解していれば解答できる問題が出題されている。教科書を学習する際にこうした問題を意識して歴史的な展開を把握し，時代ごとの主要な出来事の前後関係を年表にまとめるなど，自分なりの対策をとっておきたい。

世界史

年度	番号	内容		形式
2024 ●	〔1〕	ペルシア戦争		選択
	〔2〕	3つの絵画に関する問題	⊘視覚資料	選択
	〔3〕	中央アジアと西アジアの繁栄		選択
	〔4〕	19世紀後半の世界		選択
2023 ●	〔1〕	古代の遺跡	⊘視覚資料	選択
	〔2〕	東南アジア史		選択
	〔3〕	三十年戦争		選択
	〔4〕	日本の中国侵略		選択
2022 ●	〔1〕	中世ヨーロッパ		選択
	〔2〕	活版印刷の歴史		選択
	〔3〕	中国現代史		選択
	〔4〕	中国の世界遺産	⊘視覚資料	選択

（注）●印は全問，◑印は一部マークシート方式採用であることを表す。

傾向　正文・誤文選択問題がポイント

01　出題形式は？

大問4題，解答個数30個程度の出題パターンが続いている。全問マークシート式による選択問題で，正文・誤文選択問題が出題されることが多い。写真・彫刻・建造物などの視覚資料を用いた問題も出題されている。試験時間は60分。

なお，2025年度は出題科目が「歴史総合，世界史探究」となる予定である（本書編集時点）。

02 出題内容はどうか？

地域別では，欧米地域とアジア地域がほぼ半々の割合で出題されている。アジア地域では中国が中心だが，2023 年度は東南アジア，2024 年度は，中央アジア・西アジアからも出題された。過去にはイスラーム世界やインドの大問が出題されたこともある。多地域混合問題が出題されることもある。

時代別では，近年は古代から現代まで満遍なく幅広い出題になっている。2022 年度は古代史が出題されなかったが，2023 年度は復活した。なお，2024 年度は出題がなかったが，第二次世界大戦後に関する問いが出題される場合も多いので要注意である。

分野別では，政治史・外交史が多くを占めているが，文化史・社会経済史からの出題も見られ，特に文化史は毎年出題されている。

03 難易度は？

問題文中には難度の高い表現も見られるが，設問の大半は教科書に準拠した標準的な問題であり，基礎的な問題も多い。解答個数が少ないので，取りこぼしがないようにしたい。正文・誤文選択問題の出来がポイントになると思われるので，ここに時間を割きたい。

対策

01 教科書学習を基礎に

ほぼ教科書の範囲から出題され，語句の選択法は標準レベルであるが，正文・誤文選択問題にはやや迷う設問も含まれている。必ず，固有名詞を含めた用語の意味を理解し，正確に記憶すること。

02 用語集の活用

「教科書学習」といっても，教科書は各社から何種類も出版されており，難易度にも差がある。自分が使用している教科書に言及されていない歴史事項の確認・理解をするためにも，『世界史用語集』（山川出版社）などの用語集は必ず利用したい。

03 文化史対策を

文化史が例年出題されているのでしっかりと学習しておこう。単に人名や作品名を覚えるだけでなく，時代背景や前後関係も押さえておく必要がある。視覚資料も出題されているので，教科書や図説に掲載されている視覚資料にきちんと目を通しておくとよい。

04 過去問を解いておこう

過去問を解くことは，問題のレベルを知る上で欠かせないものである。特に選択肢に列挙されている正解以外の語句の意味をきちんと調べておくと，非常に有効な対策となろう。

政治・経済

年度	番号	内容	形式
2024 ●	〔1〕	議会制民主主義	選択
	〔2〕	司法制度と冤罪	選択
	〔3〕	消費者問題	選択
	〔4〕	金融市場と金融政策	選択
2023 ●	〔1〕	自衛隊と安全保障	選択
	〔2〕	日本国憲法	選択
	〔3〕	経済主体と経済活動	選択
	〔4〕	貧困問題	選択
2022 ●	〔1〕	核兵器をめぐる問題	選択
	〔2〕	日本の地方自治	選択
	〔3〕	1970 年代以降の日本経済	選択
	〔4〕	資本主義経済の成立	選択

（注）●印は全問，◑印は一部マークシート方式採用であることを表す。

傾向　用語の正しい理解が必須　時事問題は頻出！　歴史的背景に留意

01 出題形式は？

大問 4 題，解答個数は各大問につき 7 個ずつの合計 28 個である。全問マークシート式で試験時間は 60 分。リード文を読んだ上で，下線部に関連した語句や正文・誤文を選ぶ形式となっている。

2025 年度は「政治・経済」に代えて「公共，政治・経済」が課される予定である（本書編集時点）。

02 出題内容はどうか？

大問 4 題で，政治分野 2 題・経済分野 2 題となることが多い。両分野ともに時事問題が問われることもあり，2022 年度は「大阪都構想」「ふるさと納税制度」について，2023 年度は「2022 年 7 月の参議院選挙での政党の主張」について，2024 年度は「新しい紙幣のデザイン」について問われた。政治分野・経済分野ともに，歴史的な経緯や背景が問われることも多く，幅広い関心や知識が求められている。

03 難易度は？

「政治・経済」で学習する基本的な事項が多く問われている。解答個数も少なく，試験時間を考えればやや易といえる。

対策

01 学校の授業を大切に，教科書をじっくり読もう

基本的な事項が多く問われているので，教科書を最初から最後まで何度か読み通して，まずは基本的な知識や考え方を身につけよう。わからない語が出てきたら，『用語集 公共＋政治・経済』（清水書院）などを利用して，用語の定義や意味を正確に理解しておくこと。もう少し詳しく学習したいと思ったら，参考書や資料集，インターネットなども併用して，教科書をさらに精読するとよい。また，各分野の年表をチェックするなど年号にも気をつけよう。

02 歴史的な経緯や時事問題にも関心をもとう

政治・経済の基本的な制度について，歴史的な経緯を関連させながら問われているので，教科書に書かれている内容を中心に一通り学習しておこう。また，時事問題がリード文で取り上げられたり，出題されたりするた

め，日頃から新聞やニュースをこまめにチェックして，国内外の政治・経済の動きにも広く関心をもっておきたい。その際，「なんとなく知っている」というのではなく，議論が多岐にわたる事項については，新聞の論説なども参考にしながら知識を深めておきたい。

03 過去問演習を

出題では，「正しいもの」を選択する設問と「誤っているもの」を選択する設問が混在しているので，問われているものと逆のものを答えないように注意しよう。また，演習の際には，すべての選択肢について，どこが正しいのか，どこが誤っているのかを教科書や参考書を使って一つずつ丁寧に確認し，知識や理解をより確実なものにしていくことを心がけたい。

数 学

年度	番号	項 目	内 容
2024	〔1〕	数と式	連立不等式
	〔2〕	図形の性質	2つの円の位置関係
	〔3〕	図形と方程式	軌跡と方程式
	〔4〕	数列，極限	漸化式，無限等比級数
2023	〔1〕	数と式	式の値
	〔2〕	図形の性質	2つの円の位置関係
	〔3〕	確率	最大値・最小値の確率
	〔4〕	数列，極限	数列の極限
2022	〔1〕	高次方程式	3次方程式の解
	〔2〕	確率	反復試行の確率
	〔3〕	2次関数	絶対値を含む2次不等式
	〔4〕	図形と方程式	点と直線の距離

（注） ●印は全問，◐印は一部マークシート方式採用であることを表す。
2023・2024 年度：〔3〕〔4〕はいずれか1題を選択して解答。

出題範囲の変更

2025 年度入試より，数学は新教育課程での実施となります。詳細については，大学から発表される募集要項等で必ずご確認ください（以下は本書編集時点の情報）。

2024 年度（旧教育課程）	2025 年度（新教育課程）
数学Ⅰ・Ⅱ・Ⅲ・A・B	数学Ⅰ・Ⅱ・Ⅲ・A（図形の性質，場合の数と確率）・B（数列）・C（ベクトル）
数学Ⅰ・Ⅱ・A	数学Ⅰ・Ⅱ・A（図形の性質，場合の数と確率）

傾向 幅広い基礎事項の理解が問われる

01 出題形式は？

すべて記述式の出題である。2022 年度までは大問 4 題であったが，2023 年度より〔3〕〔4〕が選択問題となり，計 3 題を解答する形式になっている。試験時間は 60 分である。問題はA 4 判大のスペースに 2 題という配置で，計算に必要な余白が設けてある。また解答用紙は別紙で，記述式の解答に十分なスペースが用意されている。

02 出題内容はどうか？

さまざまな項目から，満遍なく出題されている。幅広い分野からの出題に備えて，対象となる全範囲をしっかり学習しておく必要がある。

03 難易度は？

おおむね基本的な問題が出題されている。試験時間は 60 分であり，1 題あたりの時間は 20 分となるが，特に時間のかかる問題はほとんどないため，十分解答可能である。

対策

01 基本的な問題を練習しよう

教科書に記載されている定義・定理・公式をしっかり身につけ，例題や演習問題を通してそれらを自分で使えるようにしておこう。また，教科書傍用問題集レベルの問題を繰り返し練習することで，出題範囲のすべての分野を偏りなく演習し，苦手分野を残さないことが重要である。

02 答案を書く訓練をしよう

記述式の答案は答えを書くだけではいけない。自分がどう考え，どうやって答えにたどり着いたかを採点者に伝える必要がある。単に問題を解くだけでなく，答案でどのように自分の考え方を表現するかも意識して問題演習をすることが重要である。場合分けなどにも注意しながら，論理の矛盾がないよう，丁寧に答案を作成すること。

物　理

年　度		番号	項　目	内　容
2024 ●	物理	〔1〕	電磁気	コンデンサーを含む回路
		〔2〕	波動	ドップラー効果，反射板
		〔3〕	力学	等速円運動
	物理基礎※	〔1〕	力学	浮力
		〔2〕	電磁気	オームの法則，合成抵抗
		〔3〕	波動	正弦波の性質，縦波
2023 ●	物理	〔1〕	波動	ドップラー効果
		〔2〕	電磁気	RL 交流回路，LC 交流回路
		〔3〕	力学	2 物体の衝突，単振動
	物理基礎※	〔1〕	力学	自由落下，力学的エネルギー
		〔2〕	波動	正弦波の性質，定在波（定常波）
		〔3〕	力学	ばねの弾性力，力学的エネルギー
2022 ●	物理	〔1〕	力学	放物運動
		〔2〕	力学	2 物体の衝突，エネルギー変化
		〔3〕	電磁気	RLC 直列回路
	物理基礎※	〔1〕	原子	原子核反応
		〔2〕	力学	2 物体の運動方程式
		〔3〕	熱力学	熱量の保存

（注）●印は全問，◑印は一部マークシート方式採用であることを表す。
※物理基礎，化学基礎，生物基礎の中から 2 科目選択。

傾向　教科書全般の学習を

01　出題形式は？

物理，物理基礎ともに，大問 3 題，全問マークシート式の出題が続いている。試験時間は物理が 60 分，物理基礎は基礎 2 科目で 60 分である。

02 出題内容はどうか？

出題範囲は「物理（基礎の内容を含む）」もしくは「物理基礎」である。力学・電磁気・波動からの出題が中心であるが，2022年度には熱力学からも出題されている。

03 難易度は？

教科書の例題レベルの出題が中心であるが，2023年度物理〔1〕のように，難度の高い問題も出題されている。公式を利用するだけに留まらず，物理状況の的確な把握が要求される。また，数値計算を必要とする設問が多いことも注意を要する。

対策

01 教科書を熟読し，例題に取り組もう

まず，教科書の内容を理解しておくことが重要である。物理用語，法則，公式を知識として覚えることに加えて，法則や公式の意味なども考えながら取り組んで理解を深めることや，図やグラフを自分で描いて物理状況を把握する力を養うことが大切である。

02 問題集を用いて，計算練習を

数値計算が出題の大半を占めるが，文字計算も出題されている。どちらにも対応できるよう，教科書傍用の問題集を再確認しながら仕上げておくとよい。『物理基礎問題精講』（旺文社）等の問題を図・グラフを描きながら必ず自力で解き切るようにし，途中でおかしいと思ったら見直し，再度取り組んで欲しい。計算も概算ではなく，しっかりと解き，間違えない力をつけたい。

化　学

年度		番号	項目	内容
2024 ●	化学	〔1〕	構造・状態	化学結合，結晶格子，状態変化，気体の溶解度，気体の状態方程式 ✓計算
		〔2〕	変化	結合エネルギー，電気分解の量的関係，反応速度，平衡移動，平衡定数，中和の量的関係と pH ✓計算
		〔3〕	無機	単体の状態，元素の分類，希硫酸の性質，アンモニアの発生，無機化合物の性質
		〔4〕	有機・高分子	有機化合物の完全燃焼，アセチレンの性質，アルケンの反応，アルコールの酸化，芳香族の反応，スクロースの性質，合成繊維 ✓計算
	化学基礎※	〔1〕	構造	純物質と混合物，物質の分離，元素名，炎色反応，水の状態変化，周期表，原子の構成
		〔2〕	構造・変化	物質量，溶液の濃度，反応式と量的関係，電離度と pH，中和の量的関係，還元剤の反応，電池，合金 ✓計算
2023 ●	化学	〔1〕	理論	物質の構造，化学結合，熱化学方程式，状態図，ボイルの法則，固体の溶解度 ✓計算
		〔2〕	変化	化学反応と熱，鉛蓄電池，反応速度，平衡移動，pH と中和の量的関係 ✓計算
		〔3〕	無機	元素の分類，周期表，気体の発生と捕集，金属元素の単体と化合物
		〔4〕	有機・高分子	有機化合物の特徴，分子式の決定，アルキン，カルボン酸，異性体，核酸，高分子化合物 ✓計算
	化学基礎※	〔1〕	構造	元素名，物質の分類，物質の分離，化学結合
		〔2〕	理論・無機	物質量，反応式と量的関係，酢酸の電離度と pH，中和の量的関係，酸化還元反応，身のまわりの化学 ✓計算
2022 ●	化学	〔1〕	理論	元素，結合，結晶格子，三態，気体，中和 ✓計算
		〔2〕	変化	結合エネルギー，電気分解，電池，反応速度，平衡定数，電離度，弱酸の電離 ✓計算
		〔3〕	無機	非金属・金属の性質，気体の発生，金属の製法，合金
		〔4〕	有機・高分子	脂肪族化合物，芳香族化合物，収率，糖類，合成高分子 ✓計算
	化学基礎※	〔1〕	構造	原子，元素，イオン，分子，分離操作
		〔2〕	状態・変化	物質量，濃度，量的関係，中和，酸化還元，電池，身のまわりの化学 ✓計算

（注）　●印は全問，◐印は一部マークシート方式採用であることを表す。

※物理基礎，化学基礎，生物基礎の中から 2 科目選択。

傾向 出題範囲からバランスよく出題

01 出題形式は？

化学は大問が 4 題で解答個数は 28 個，化学基礎は大問が 2 題で解答個数は 15 個である。全問マークシート式で，試験時間は化学が 60 分，化学基礎が基礎 2 科目で 60 分となっている。計算問題は解答の数値が示され，選択するようになっている。また，文章の正文・誤文選択問題も例年出題されている。

02 出題内容はどうか？

出題範囲は「化学（基礎の内容を含む）」もしくは「化学基礎」であり，化学，化学基礎ともに出題範囲の各分野からバランスよく出題されている。

また，問題の内容をとっても，ほぼすべての問題が独立した問題として出題されており，暗記事項や計算もバランスよく出題されている。

03 難易度は？

教科書に載っている事項や知識が出題されており，基礎的内容がほとんどであるから，易ないしやや易レベルである。

対策

01 理　論

原子，物質量，反応式，反応熱，中和反応，酸化還元反応，電気分解とバランスよく出されているので，苦手分野を残さず，すべてを一通り学習すること。

02 無　機

気体の発生や無機塩の反応・性質はもとより，金属イオンの反応や識別など幅広く学習することが大切である。元素ごと・族ごとの系統的反応などを中心に反応式をまとめるなど，工夫して能率よく知識を身につけよう。

03 有　機

基本問題が中心であるので，まず教科書全体を整理してまとめておくこと。有機化合物の官能基による分類や反応の特性，元素分析を中心とする組成式，分子式の推定などは，標準的な問題集を用いてマスターしておこう。高分子分野に関しても同様にこなしておくとよい。

生　物

年　度		番号	項　目	内　容
2024 ●	生物	〔1〕	細　　胞	物質輸送とタンパク質
		〔2〕	動物の反応	学習
		〔3〕	生　　態	生態系のかく乱
		〔4〕	進化・系統	動物門の系統分類
	生物基礎※	〔1〕	代　　謝	光合成と呼吸
		〔2〕	遺伝情報	遺伝子とその働き
		〔3〕	生　　態	野生生物種の減少
2023 ●	生物	〔1〕	細　　胞	細胞小器官の構造とはたらき
		〔2〕	動物の反応	動物の行動
		〔3〕	生　　態	生態系におけるエネルギーの流れ
		〔4〕	生殖・発生	両生類・は虫類の発生
	生物基礎※	〔1〕	細　　胞	細胞小器官
		〔2〕	体内環境，遺伝情報	タンパク質の合成　✓計算
		〔3〕	細　　胞	浸透圧　✓計算
2022 ●	生物	〔1〕	細　　胞	細胞小器官の構造とはたらき，生物体の構成物質
		〔2〕	動物の反応	動物の行動
		〔3〕	進化・系統	植物の進化
	生物基礎※	〔1〕	細胞，代謝	ミトコンドリアと葉緑体，代謝
		〔2〕	体内環境	魚類の体液濃度の調節
		〔3〕	生　　態	食物連鎖と生物濃縮

（注）●印は全問，◐印は一部マークシート方式採用であることを表す。
※物理基礎，化学基礎，生物基礎の中から２科目選択。

傾向　基本を重視した出題

01　出題形式は？

2024 年度は，生物が大問 4 題で解答個数 44 個，生物基礎が大問 3 題で解答個数 15 個であった。全問マークシート式による選択式で，試験時間は生物が 60 分，生物基礎が基礎 2 科目で 60 分となっている。実験関連問題，用語や正文・誤文の選択問題，図表の読み取り問題，計算問題などが出題されている。

02　出題内容はどうか？

出題範囲は「生物（基礎の内容を含む）」もしくは「生物基礎」である。

各年度を見ると特定の分野に偏る出題となっているが，過年度を通して見ると出題範囲から幅広く出題されている。生物では細胞と動物の反応が，生物基礎では生態と体内環境が特に多く出題されている。

03　難易度は？

出題内容は比較的易しいので，試験時間内で余裕をもって解答できる。しかしその分，点差がつきにくいので，ケアレスミスなどの失点が致命傷になりかねない。ミスをしないよう丁寧に解答する必要がある。

対策

01　まず基本をマスター

受験の基本として，教科書のマスターは必須である。出題は，教科書レベルの標準的な内容であるから，まず教科書中心に学習するとよい。生態では，特定の生物の名称など細かい内容まで問われることがあるので，生物名に関してはしっかりと学習しておきたい。生物用語が主に出題されているが，実験に関する問題も出題されている。教科書傍用問題集もしくは基本問題集でもよいが，１冊をきっちりと終わらせ，繰り返し練習することが重要である。

02 問題集の使い方

問題集で学習するときには，図説も併用して，きちんと理解するようにしよう。マークシート式の問題では選択肢に頼りがちな学習になってしまうが，あやふやなままでは問題数をこなしても点数は伸びない。解答として必要な用語はきちんと記憶しておかねばならない。そのためにも，選択肢に頼ることなく，用語を記憶，理解しておくことが重要である。実験に関連した問題にも慣れておこう。

国　語

年度	番号	種　類	類別	内　容	出　典
2024 ●	〔1〕	現代文	小説	書き取り，空所補充，内容説明	「コンビニ人間」 村田沙耶香
	〔2〕	現代文	評論	書き取り，空所補充，内容説明，内容真偽	「サピエンス全史(上)」 ユヴァル・ノア・ハラリ
2023 ●	〔1〕	現代文	小説	書き取り，空所補充，内容説明	「博士の愛した数式」 小川洋子
	〔2〕	現代文	評論	書き取り，空所補充，内容説明，語意	「豊かさとは何か」 暉峻淑子
2022 ●	〔1〕	現代文	小説	書き取り，空所補充，内容説明，ことわざ，内容真偽	「楽園のカンヴァス」 原田マハ
	〔2〕	現代文	評論	書き取り，空所補充，内容説明，文学史，内容真偽	「日本語の個性」 外山滋比古

（注） ●印は全問，◑印は一部マークシート方式採用であることを表す。

傾向　国語的知識の徹底習得がカギ

01　出題形式は？

現代文２題の出題で試験時間は 60 分。全問マークシート式による選択式となっている。

02　出題内容はどうか？

例年，小説１題と評論１題が出題されている。評論は文化や社会を通して人間の生き方を考えさせるような文章が多い。小説は明確なテーマをもった作品が出題されることが多い。設問は書き取り，空所補充，内容説明などが出題されている。本文の内容，テーマと合致する（しない）ものを選ぶ問題などでは，選択肢がやや紛らわしい設問もある。語意やことわざ，文学史の問題も年度によっては出題されているので，注意しておきたい。

03 難易度は？

出題される文章は読みやすく，標準的なレベル。設問は，前後の文脈から細かく読み取り，慎重に正解を選ばなければならないものもあるが，おおむね基本レベルである。時間配分は見直しも含めて1題30分ずつと考えてよい。

対策

01 国語の知識

漢字の書き取りや語意，文学史などの知識を幅広く徹底的に習得しておく必要がある。そのためにも，普段から意味のわからない言葉を見つけたらこまめに辞書で確認するようにしたい。現代文のキーワードを集めた参考書や，ことわざ・慣用句をまとめた国語便覧などを活用するのもよい。文学史についても，有名な作家の主な作品や時代背景などは確認しておくこと。

02 評　論

傍線部の内容を問う問題では，該当箇所近辺の一語一句の意味や一文一文の意味を細かく確認し，文脈を丁寧にたどることが大切である。『マーク式基礎問題集 現代文』（河合出版）などの解答・解説が詳しい選択式の問題集を用意し，本文を根拠に選択肢のどこが合っており，どこが間違っているのか，確認しながら解く練習を重ねておくとよい。

03 小　説

小説読解で最大のポイントとなる人物の心情把握では，会話や動作，情景などに注意して読み，自分の感覚にとらわれることなく，必ず本文中に書かれていることを根拠として判断するようにしなければならない。登場人物が複数いる場合は，それぞれの人物像を文中の表現からとらえて人物ごとに整理するなどして，本文中に根拠を探す練習を丁寧に繰り返すとよいだろう。評論・小説とも選択肢そのものがヒントになる場合もあるので，読解に役立てたい。

2024年度

問題と解答

一般選抜 一般入試前期日程

問題編

▶試験科目・配点

<table>
<tr><th>方式</th><th>学部等</th><th>教　科</th><th colspan="2">科　　目</th><th>配点</th></tr>
<tr><td rowspan="11">A方式（3教科型）</td><td rowspan="6">社会福祉，教育・心理，スポーツ科，健康科（リハビリテーション〈介護学〉，福祉工〈建築バリアフリー〉），経済</td><td>外国語</td><td>コミュニケーション英語Ⅰ・Ⅱ，英語表現Ⅰ・Ⅱ</td><td rowspan="6">3教科選択</td><td rowspan="11">各100点（300点満点）</td></tr>
<tr><td>数　学</td><td>数学Ⅰ・Ⅱ・Ⅲ・A・B *1</td></tr>
<tr><td>国　語</td><td>国語総合（古文・漢文は除く）</td></tr>
<tr><td>地歴・公　民</td><td>日本史B，世界史B，政治経済から1科目選択</td></tr>
<tr><td>理　科</td><td>物理，化学，生物（いずれも基礎の内容を含む）から1科目選択</td></tr>
<tr><td>理　科（基礎）</td><td>物理基礎，化学基礎，生物基礎から2科目選択</td></tr>
<tr><td rowspan="5">健康科（リハビリテーション〈理学療法学，作業療法学〉，福祉工〈情報工学〉），看護</td><td>外国語</td><td>コミュニケーション英語Ⅰ・Ⅱ，英語表現Ⅰ・Ⅱ</td><td rowspan="5">3教科選択</td></tr>
<tr><td>数　学</td><td>数学Ⅰ・Ⅱ・Ⅲ・A・B *1</td></tr>
<tr><td>国　語</td><td>国語総合（古文・漢文は除く）</td></tr>
<tr><td>理　科</td><td>物理，化学，生物（いずれも基礎の内容を含む）から1科目選択</td></tr>
<tr><td>理　科（基礎）</td><td>物理基礎，化学基礎，生物基礎から2科目選択</td></tr>
</table>

	国際	外国語	コミュニケーション英語Ⅰ・Ⅱ，英語表現Ⅰ・Ⅱ		100点
		数学	数学Ⅰ・Ⅱ・Ⅲ・A・B[*1]	2教科選択	各100点
		国語	国語総合（古文・漢文は除く）		
		地歴・公民	日本史B，世界史B，政治経済から1科目選択		
		理科	物理，化学，生物（いずれも基礎の内容を含む）から1科目選択		
		理科（基礎）	物理基礎，化学基礎，生物基礎から2科目選択		
B方式（2教科型）	社会福祉，教育・心理，スポーツ科，健康科（リハビリテーション〈介護学〉，福祉工〈建築バリアフリー〉），経済	外国語	コミュニケーション英語Ⅰ・Ⅱ，英語表現Ⅰ・Ⅱ	2教科もしくは3教科選択	各[*2]100点（300点満点）
		数学	数学Ⅰ・Ⅱ・Ⅲ・A・B[*1]		
		国語	国語総合（古文・漢文は除く）		
		地歴・公民	日本史B，世界史B，政治経済から1科目選択		
		理科	物理，化学，生物（いずれも基礎の内容を含む）から1科目選択		
		理科（基礎）	物理基礎，化学基礎，生物基礎から2科目選択		
	健康科（リハビリテーション〈理学療法学，作業療法学〉，福祉工〈情報工学〉），看護	外国語	コミュニケーション英語Ⅰ・Ⅱ，英語表現Ⅰ・Ⅱ	2教科もしくは3教科選択	
		数学	数学Ⅰ・Ⅱ・Ⅲ・A・B[*1]		
		国語	国語総合（古文・漢文は除く）		
		理科	物理，化学，生物（いずれも基礎の内容を含む）から1科目選択		
		理科（基礎）	物理基礎，化学基礎，生物基礎から2科目選択		

国　際	外国語	コミュニケーション英語Ⅰ・Ⅱ，英語表現Ⅰ・Ⅱ		各*3 100点（300点満点）
	数　学	数学Ⅰ・Ⅱ・Ⅲ・A・B*1	1教科もしくは2教科選択	
	国　語	国語総合（古文・漢文は除く）		
	地歴・公　民	日本史B，世界史B，政治経済から1科目選択		
	理　科	物理，化学，生物（いずれも基礎の内容を含む）から1科目選択		
	理　科（基礎）	物理基礎，化学基礎，生物基礎から2科目選択		

＊1　選択方法に応じて，数学Ⅰ・Ⅱ・Aの範囲のみでも解答可能。

＊2　選択した2教科のうち高得点の教科を2倍にし，計300点満点で判定。3教科選択した場合，選択した教科のうち高得点2教科の得点を採用し，さらに高得点1教科は2倍にし，計300点満点で判定。

＊3　外国語および選択した1教科のいずれか高得点の教科を2倍にし，計300点満点で判定。外国語も含めて3教科選択した場合，外国語および選択した2教科のうち高得点1教科の得点を採用し，さらに高得点1教科は2倍にし，計300点満点で判定。

▶備　考

- 試験日自由選択制。
- 受験教科の選択は出願時に行うこと。
- 「地歴・公民」と「理科」，「理科（基礎）」は同じ時限に試験を実施するため，同時に選択することはできない。
- 同じ試験日でA方式（3教科型）とB方式（2教科型）と共通テストプラス方式を併願する場合，同じ教科・科目での受験となる。

〔共通テストプラス方式〕

一般入試前期日程の2教科（3教科選択した場合は高得点2教科，国際学部は外国語とその他高得点1教科）の得点（各教科100点で200点満点）と，大学入学共通テストで指定された教科・科目の中から高得点2教科2科目（国際学部は外国語とその他高得点1教科）の得点（各教科100点換算で200点満点）を採用する方式。計400点満点。

英　語

（60 分）

Ⅰ　次の英文を読み，以下の問いに答えよ。

Hello. My name is Naoki Higashida. I am a junior of a correspondence high school. At home, I study and do (1)creative work. I jog with my father in mornings, and sometimes go bowling, shopping, or go to the library with my (2) person.

I have severe autism. When I had no means of communication, I was so alone like a lost and lonely crow in town. Nobody understood me, no matter what I did such as going wild, crying and screaming. Upon hearing the word "severe autism," you may imagine a person who cannot speak, cannot understand others' feelings, and lacks (3) abilities.

I, too, did not think such a day would come when I could be able to communicate and tell you my message like this.

I was encouraged when I learned that there were people in other countries who used a similar communication approach. There must be many (4) people with autism who, like how I used to be, have (5)the inner worlds but have no means to express them.

As a person who cannot speak, I had thought that I should write so people can read my words and to know more about me. I thought that was a way for me to (6) with the world. So I became a writer.

Being a severely autistic person, I may be thought to be unable of understanding anything, but I'm always listening to people around me. I watch TV and enjoy music. I also read some books, although not a whole lot. Having wanted to be normal, I observed people around me. Even (7) I could not behave like they did, I observed the world of normal people, which seemed full of mysteries to me, as if I had been watching a space movie. Once I became able to write sentences, not only I wrote about my thoughts as poems but also I wrote stories in which I appeared as (8)the main character living in the world of so-called normal people. By writing a story where I can imagine myself as a main character, I freely traveled through their world.

In a sense, as a person with autism, I may be unable to understand the behaviors and thoughts of normal people. As I write stories, I always wonder whether normal people can understand what I mean by my writings. So when I write, I pay close attention to whether there are gaps between my own perspective and others' perspectives. Thus I get really happy when many people read my books and I receive comments from the readers, because I feel like I got closer to (9)their world.

(https://www.wretchesandjabberers.org/bios/naoki-higashida/)

出典追記：Used by permission gwurzburg@me.com. All Rights Reserved.

Note: autism＝自閉症

問1　下線部(1)に該当するものを次の中から一つ選び、番号で答えよ。　[1]

①　作文する　②　楽器を作る　③　運動をする　④　計算をする　⑤　暗記する

問2　空所（[2]）に入る語を次の中から一つ選び、番号で答えよ。

①　city　②　dog　③　first　④　interesting　⑤　support

問3　空所（[3]）に入る語を次の中から一つ選び、番号で答えよ。

①　destructive　②　imaginative　③　lost　④　mutual　⑤　negative

問4　空所（[4]）に入る語を次の中から一つ選び、番号で答えよ。

①　less　②　lot　③　more　④　times　⑤　tiny

問5　下線部(5)が示すものを次の中から一つ選び、番号で答えよ。　[5]

①　調和と平和　②　肉体と精神　③　正義と不正義　④　真理と真実
⑤　感情や思考

問6　空所（[6]）に入る語を次の中から一つ選び、番号で答えよ。

①　connect　②　expect　③　hate　④　leave　⑤　study

問7　空所（[7]）に入る語を次の中から一つ選び、番号で答えよ。

①　and　②　as soon as　③　because　④　though　⑤　when

問8　下線部(8)が示すものを次の中から一つ選び、番号で答えよ。　[8]

①　気骨　②　記号　③　特徴　④　脇役　⑤　主人公

問9　下線部(9)が示すものを次の中から一つ選び、番号で答えよ。　[9]

①　障害を持つ人の世界　②　障害を持たない人の世界　③　宇宙という世界
④　あらゆる人の世界　⑤　自分の家族の世界

問10　本文の内容と一致するものを次の中から一つ選び、番号で答えよ。　[10]

①　東田氏には意思疎通の方法がなかったが、野良猫のように孤独ではなかった。

②　東田氏は自分と同様に意思疎通を行えない障害者がいることを知り励まされた。

③　意思疎通は難しいと思うかもしれないが、東田氏は周囲の人たちが話していることに耳を傾けていた。

④　お話を書くことで東田氏は自由に宇宙空間を旅することができた。

Ⅱ　次の英文を読み、以下の問いに答えよ。

Black college students across the South felt the oppressive weight of (11)segregation. Many were better educated than white people who drove segregated buses or waited on tables in segregated restaurants. (12)They were less patient than their elders who had suffered decades of discrimination. They had seen the success of nonviolent action in Montgomery. They are ready to take action themselves.

Monday, February 1, 1960, Greensboro, North Carolina. Four black students from North Carolina A & T College entered Woolworth's Department Store. They sat down at the lunch counter. (13)The waitress refused to serve them. Like every restaurant in Greensboro, Woolworth's lunch counter was segregated. Unlike Montgomery's buses, the lunch counter did not have separate seating for black people. It had no seating for black people. Woolworth's five-and-dime store sold goods to black and white people, but its lunch counter served only white people.

The four young men sat there all afternoon. They were never served. When they finally left, they promised to be (14) at ten o'clock the next morning to continue their sit-down protest against segregation.

That night telephone lines buzzed. More students wanted to join them. Even some white students from Greensboro College wanted to sit in. Student leaders organized the new recruits. By Tuesday morning, 19 more students joined the first 4. By Wednesday, 85 students were taking turns sitting in. They arranged their lunch counter sit-in shifts so that they could also (15) classes.

The white manager of the Greensboro Woolworth's did not know how to respond. At first, they did not have the young people arrested. By the end of the first week, the sit-in had attracted hundreds of eager students. They began sitting in at Kress, (16) big downtown store.

A minister who supported the Greensboro students called civil rights leader Jim Lawson in Nashville, Tennessee. Lawson and some Nashville students had been planning and preparing a (17) action. Adult civil rights leaders had helped to train Nashville students in the theory and practice of nonviolent (18). Now the Nashville students began a sympathy sit-in that quickly escalated into a mass movement.

The Greensboro students themselves contracted other civil rights leaders. Quickly recognizing the importance of the new sit-in movement, Reverend King told them that they were ready to take "honored places in the worldwide struggle for (19)." He urged the students to "fill up the jails."

(Mary C. Turck, *The Civil Rights Movement for Kids*, 2000, Chicago Review Press)

Notes: five-and-dime store＝安物雑貨店　　buzz＝電話が鳴る
Reverend King＝（黒人の公民権のために戦った）キング牧師

問１　下線部(11)と同じ意味で使われている語を次の中から一つ選び、番号で答えよ。　[11]

① civil rights　② discrimination　③ mass movement　④ recruits
⑤ struggle

問２　下線部(12)の内容を適切に表しているものを次の中から一つ選び、番号で答えよ。　[12]

① 黒人学生は自分の上の世代の黒人より忍耐強くなかった
② 白人学生は自分の上の世代の白人より忍耐強くなかった
③ 黒人学生は自分の上の世代の白人より忍耐強くなかった
④ 白人学生は自分の上の世代の黒人より忍耐強くなかった

問３　下線部(13)の理由を次の中から一つ選び、番号で答えよ　[13]

① 満席だったから　② 黒人用の席がなかったから
③ 接客中だったから　④ ウエートレスに嫌われていたから
⑤ 営業時間が終わったから

問４　空所（[14]）に入る語を次の中から一つ選び、番号で答えよ。

① away　② back　③ off　④ on　⑤ with

問５　空所（[15]）に入る語を次の中から一つ選び、番号で答えよ。

① attend　② give　③ miss　④ skip　⑤ take

問６　空所（[16]）に入る語を次の中から一つ選び、番号で答えよ。

① any　② another　③ every　④ other　⑤ others

問７　空所（[17]）に入る語を次の中から一つ選び、番号で答えよ。

① chain　② happy　③ negative　④ opposite　⑤ similar

問８　空所（[18]）に入る語を次の中から一つ選び、番号で答えよ。

① black　② conflict　③ crime　④ protest　⑤ thinking

問９　空所（[19]）に入る語を次の中から一つ選び、番号で答えよ。

① danger　② doom　③ freedom　④ maze　⑤ restriction

問10　本文の内容と一致するものを次の中から一つ選び、番号で答えよ。　[20]

① The civil rights movement started in 1960, North Carolina.
② Some white students joined the sit-in which four black students had started.
③ The Woolworth white manager tried to arrest the black protesters.
④ Jim Lawson was one of the civil rights leaders.

Ⅲ　空所（ 21 ）〜（ 29 ）に入る最も適切な語を選択肢から一つ選び、番号で答えよ。

1．To make a long story (21), I decided to change jobs.

① high　② little　③ old　④ short　⑤ tall

2．She was out of her (22) with grief.

① body　② head　③ mind　④ reach　⑤ soul

3．Do you know the man who runs a ramen (23) over there?

① box　② piece　③ power　④ shop　⑤ noodle

4．I know the convenience (24) which you are talking about.

① box　② piece　③ power　④ shop　⑤ store

5．Let's keep this (25) you and me.

① between　② both　③ either　④ from　⑤ neither

6．It's (26) you to get angry.

① among　② between　③ both　④ from　⑤ unlike

7．I didn't have time to (27) my hair.

① break　② do　③ erase　④ let　⑤ miss

8．Do you have time to (28) a look at this paper?

① break　② do　③ go　④ make　⑤ take

9．We need to do everything to (29) a difference to this country.

① break　② do　③ give　④ make　⑤ take

Ⅳ　対話が完成するように（ 30 ）～（ 34 ）に入る英文を選択肢から一つ選び、番号で答えよ。

A: I'm sorry being late. I missed the train I wanted to get on.

B: Oh, no. What a morning!

A: I know. (30).

① It's not my day　② Make my day　③ Here you are　④ Here we go
⑤ What do you say

A: I cannot find my ID card. Would you help me to find it?

B: Sure. I got it. Have you tried your jacket? (31).

A: Oh, thanks a lot.

① It's not my day　② Never better　③ Doing really well　④ Here you are
⑤ Here we go

A: Why don't you come out and have a dinner with me tomorrow?

B: I wish I could, but I can't, sorry. (32).

① I'm for money　② I'm on the money　③ I'm out of money　④ Money talks
⑤ Rolling in money

A: (33) you could help me to solve the problem.

B: Sure. Count on me.

① According to my opinion　② I might as well　③ I disagree
④ I was wondering if　⑤ If I were you

A: Is there any Japanese food you cannot eat?

B: I don't like natto.

A: (34). Of course there's no natto in my house.

① Here you are　② God bless you　③ Me, neither　④ Me, too
⑤ Same to you

V　日本文の意味になるように（ 35 ）〜（ 40 ）に入る語を選択肢から一つ選び、番号で答えよ。ただし文頭に来る場合も小文字で表記してある。

1　本当の自己実現のためには、他人の意見に頼ることなく生きようとしなくてはならない。

(　　) (35) to (　　) our (　　) (　　) we must be willing to live without (36) (　　) (　　) the opinion of (　　).

① being　② dependent　③ in　④ on　⑤ order　⑥ others
⑦ realize　⑧ self　⑨ true

2　大きな丘に登ってみると、人はただ、さらに登るべきたくさんの山があることを見出す。

(　　) climbing a great hill, (　　) only (　　) (37) there (　　) (　　) (　　) hills (　　) (38).

① after　② are　③ climb　④ finds　⑤ many　⑥ more　⑦ one
⑧ that　⑨ to

3　正直でいることは、必ずしも沢山の友人を持つことにつながらないかもしれないが、それは常に真の友人を持つことにつながる。

Being honest (　　) (　　) (　　) (　　) many (39) but (　　) (　　) always get you the (　　) (40).

① friends　② get　③ it　④ may　⑤ not　⑥ ones　⑦ right
⑧ will　⑨ you

日本史

（60分）

Ⅰ　次の文章を読んで、以下の問いに答えよ。

５世紀になると、倭の王が朝貢して新羅などの朝鮮半島の国々に対する軍事的支配権を認められたことが、［　ア　］の歴史書に記されている。この歴史書には(1)倭の５人の王の名が確認でき、歴代の天皇と対応する可能性が高いと考えられている。この時期、日本国内では大規模な前方後円墳が和泉・河内・大和で造られ、(2)武の別名を記した剣や刀が出土するなど、ヤマト王権の勢力が強大になり、その支配が関東から九州に及んでいたことがわかる。また、中国・朝鮮半島の人々との交流も進み、(3)さまざまな文化や技術が伝わった。ヤマト王権の力が強まるのに対して、地方にはそれに抵抗しようとする豪族たちも存在していた。６世紀前半にヤマト王権が半島への派兵を試みた時には、その途中で新羅と結んだ(4)磐井が反乱を企てて派兵を阻止した。ヤマト王権は２年近くを要してこの反乱を鎮圧すると、(5)西日本への支配を強めていった。このころ、(6)大伴・物部・蘇我などの氏が姓を与えられ王権に仕えていた。大伴金村が失脚した後は、物部氏と蘇我氏が力を持ったが、［　イ　］から伝えられた仏教の受容をめぐって対立し、最終的には仏教を積極的に取り入れようとした蘇我氏が物部氏を滅ぼした。

問１　空欄［　ア　］［　イ　］に入る語句の組合せとして正しいものを、次の中から一つ選び、番号で答えよ。　［　1　］

①　ア　魏　　イ　百済　　②　ア　魏　　イ　任那
③　ア　宋　　イ　百済　　④　ア　宋　　イ　任那

問２　下線部(1)に関して、５人の王のうち武に対応すると考えられている天皇として正しいものを、次の中から一つ選び、番号で答えよ。　［　2　］

①　反正天皇　②　允恭天皇　③　安康天皇　④　雄略天皇

問３　下線部(2)について、武の別名が記された鉄剣が出土した場所として正しいものを、次の中から一つ選び、番号で答えよ。　［　3　］

①　箸墓古墳　②　稲荷山古墳　③　大仙陵古墳　④　造山古墳

問４　下線部(3)に関して、４世紀末から６世紀の文化の伝来について述べた文として、**誤っているもの**を、次の中から一つ選び、番号で答えよ。　［　4　］

①　騎馬の技術を学び、古墳に馬具が副葬されることがあった。
②　漢字の使用が本格化し、政権のさまざまな文書が作成された。
③　倭に五経博士が派遣され、道教が伝えられた。
④　秦氏の祖である弓月君が、機織の技術を伝えた。

問5　下線部(4)について、その立場として正しいものを、次の中から一つ選び、番号で答えよ。　5

① 筑紫国造　② 筑紫県主　③ 吉備国造　④ 吉備県主

問6　下線部(5)に関して、反乱後の接収地などに置かれた王権の直轄領として正しいものを、次の中から一つ選び、番号で答えよ。　6

① 評　② 賜田　③ 田荘　④ 屯倉

問7　下線部(6)について、職能に応じて与えられた姓として正しいものを、次の中から一つ選び、番号で答えよ。　7

① 臣　② 連　③ 君　④ 直

Ⅱ　次の文章を読んで、以下の問いに答えよ。

［ア］から即位した後醍醐天皇は天皇の権限強化を図った。それと同時に、得宗専制に反発を強めていた御家人の動向をふまえて、討幕を試みたが失敗に終わり、後醍醐天皇は隠岐に流された。しかし、反幕府勢力はしだいに勢力を増し、足利高氏が六波羅探題を攻め落とし、(1)新田義貞が最後の得宗を自害に追い込み、鎌倉幕府は滅亡した。

後醍醐天皇は京都に帰り、(2)摂政・関白を設けず天皇に権力を集中させ、鎌倉幕府の組織を引き継いだ職制を整備した。しかし、武士社会の慣習を軽視したため、武士勢力をまとめることはできず、ついには足利尊氏が反旗をひるがえした結果、後醍醐天皇は吉野に逃げ落ちた。尊氏は光明天皇を立て、征夷大将軍になり幕府を開き、南朝と北朝が並び立つことになった。(3)幕府内部にも対立関係が存在し、政治は安定しなかった。この対立に終止符を打ったのが足利義満であった。義満は南北朝の合体を実現すると、統一政権として政治を行った。五山・十刹の制を確立し、京都・鎌倉に定められた五山の寺は幕府の財源となり、(4)五山の僧侶は政治や外交のブレーン、文化の担い手として重要な役割を果たした。(5)不安定な政治が続く間に、各国の武士を統括し地方での支配力を強めていた守護に対しても、義満は攻撃を加え弱体化させた。また、(6)義満は中国や朝鮮とも国交を開き交易を行った。とくに朝鮮との貿易は幕府だけではなく守護や商人なども参加していたため、朝鮮は［イ］の宗氏を通して統制を図ろうとした。

問1　空欄［ア］［イ］に入る語句の組合せとして正しいものを、次の中から一つ選び、番号で答えよ。　8

① ア　持明院統　イ　壱岐　② ア　持明院統　イ　対馬

③ ア　大覚寺統　イ　壱岐　④ ア　大覚寺統　イ　対馬

問2　下線部(1)について、最後の得宗として正しいものを、次の中から一つ選び、番号で答えよ。　9

① 北条義時　② 北条時頼　③ 北条高時　④ 北条貞時

問３　下線部(2)に関して、土地の所有権の確認に必要とされた文書として正しいものを、次の中から一つ選び、番号で答えよ。　10

①　大田文　②　綸旨　③　券契　④　奉書

問４　下線部(3)について、尊氏の執事として勢力を持った人物として正しいものを、次の中から一つ選び、番号で答えよ。　11

①　高師直　②　足利直義　③　長崎高資　④　北畠親房

問５　下線部(4)について、足利義満に重用された五山僧として正しいものを、次の中から一つ選び、番号で答えよ。　12

①　夢窓疎石　②　蘭溪道隆　③　絶海中津　④　無学祖元

問６　下線部(5)に関して述べた次の文Ｘ・Ｙについて、その正誤の組合せとして正しいものを、下の中から一つ選び、番号で答えよ。　13

Ｘ　守護が荘園や公領の年貢徴収を請け負うことを、下地中分という。
Ｙ　足利義満は、明徳の乱で一族の内紛に介入して大内義弘を討伐した。

①　Ｘ　正　Ｙ　正　②　Ｘ　正　Ｙ　誤
③　Ｘ　誤　Ｙ　正　④　Ｘ　誤　Ｙ　誤

問７　下線部(6)について、日朝貿易の輸入品・輸出品の組合せとして正しいものを、次の中から一つ選び、番号で答えよ。　14

①　輸入品―木綿　輸出品―銅
②　輸入品―木綿　輸出品―銀
③　輸入品―絹織物　輸出品―銅
④　輸入品―絹織物　輸出品―銀

Ⅲ 次の文章を読んで、以下の問いに答えよ。

(1)18世紀末から日本近海には欧米諸国の船がたびたび姿を見せるようになった。1853年にアメリカ東インド艦隊司令官ペリー、ロシア使節［ ア ］が来航して通商を要求した。翌年ペリーが再度来航すると、(2)幕府は日米和親条約を結び、イギリスなどとも類似の条約を結んで、これまでの対外政策を大きく転換した。この条約を受けてアメリカ総領事として来日した［ イ ］は引き続き通商条約の締結を求め、日米修好通商条約の締結に至った。続いて、幕府はオランダ・ロシア・イギリス・フランスとも類似の条約を結んだが、いずれも不平等条約であったため、(3)政権を引き継いだ明治政府にとってはその改正が大きな政治課題となった。

(4)貿易の開始は国内の経済にも大きな影響を及ぼした。そのため、幕府は貿易の統制を目的に、次の(5)【資料A】の法令を出した。

【資料A】

(6)神奈川御開港、外国貿易仰せ出され候に付、諸商人共一己之利徳に泥み、競て相場羅上げ、荷元を買受け直に御開港場所へ相廻し候に付、御府内入津の荷物相減じ、諸色払底に相成、難儀致し候趣相聞こえ候に付、当分の内左の通り仰せ出され候

一雑穀　一水油　一蠟　一呉服　一糸

右の品々に限り貿易荷物の分は都て御府内より相廻し候筈に候間、在々より決て神奈川表へ積出し申すまじく候

問1 空欄［ ア ］［ イ ］に入る語句の組合せとして正しいものを、次の中から一つ選び、番号で答えよ。［15］

① ア レザノフ　イ ロッシュ　② ア レザノフ　イ ハリス
③ ア プチャーチン　イ ロッシュ　④ ア プチャーチン　イ ハリス

問2 下線部(1)に関して、開国以前の欧米諸国の動きを述べた文として正しいものを、次の中から一つ選び、番号で答えよ。［16］

① イギリスは、アヘン戦争をきっかけに天津条約を結び、清を開国させた。
② オランダ国王は、幕府に開国を勧める国書を送った。
③ フランス軍艦は、オランダ船を追いかけて長崎に入港した。
④ ロシアは、根室を捕鯨船の寄港地として利用することを求めた。

問3 下線部(2)を行った老中・大老として正しいものを、次の中から一つ選び、番号で答えよ。［17］

① 阿部正弘　② 安藤信正　③ 井伊直弼　④ 堀田正睦

問4 下線部(3)に関して、条約改正に外務卿・外務大臣として関わった人物とその交渉内容・過程について述べた文の組合せとして正しいものを、次の中から一つ選び、番号で答えよ。

［18］

a　大隈重信　　b　青木周蔵

c　極端な欧化主義に基づく政策を採り、外国人判事の任用を導入しようとした。

d　イギリスと税権の一部回復について合意したが、ロシア皇太子の襲撃事件の責任をとり、外務大臣を辞任した。

① a・c　② a・d　③ b・c　④ b・d

問５　下線部(4)に関して、この時期の貿易とその影響について述べた文として**誤っているもの**を、次の中から一つ選び、番号で答えよ。　19

① 貿易相手として、イギリスがもっとも大きな割合を占めていた。
② 輸出超過であったため、物価が騰貴した。
③ 日本と外国の金銀比価が異なるため、銀貨が海外に流出した。
④ 安価な輸入品が増加したため、国内の綿織物業が打撃を受けた。

問６　下線部(5)に関して述べた次の文X・Yについて、その正誤の組合せとして正しいものを、下の中から一つ選び、番号で答えよ。　20

X　幕府は、雑穀などの五品の貿易は江戸の商人が扱うことを命じている。

Y　幕府は、江戸に入る荷物が減少していることを問題視している。

① X　正　Y　正　② X　正　Y　誤
③ X　誤　Y　正　④ X　誤　Y　誤

問７　下線部(6)とともに、同じ条約で新たに開港することが定められた場所として**誤っているもの**を、次の中から一つ選び、番号で答えよ。　21

① 新潟　② 下田　③ 兵庫　④ 長崎

Ⅳ　次の文章を読んで、以下の問いに答えよ。

1945年［ア］、ミズーリ号の上で日本は降伏文書に署名して、日本の戦争は終わった。その後、日本の非軍事化、民主化を目指してアメリカ主導の占領統治が行われた。(1)「国体護持」などを唱えて連合国軍最高司令官総司令部（GHQ）と対立して辞職した内閣にかわって新たな内閣が組織されると、GHQ の司令官マッカーサーは秘密警察の廃止などいわゆる五大改革を指示し、国家神道を解体するなど、占領政策を推し進めた。GHQ は憲法改正も指示し、(2)改正に至る過程でさまざまな草案が作成され、最終的に衆議院と貴族院での可決を経て、日本国憲法が1946年11月3日に公布、翌年5月3日から施行された。この新憲法のもと、(3)衆参両院議員選挙が1947年4月に行われた。

第二次世界大戦の終結後、しだいにアメリカとソ連の対立が明確になってきた。中国で内乱に勝利した中華人民共和国がソ連と友好同盟相互援助条約を結ぶと、アメリカの占領政策は経済力を持つ友好国の創出へと転換した。そのため、(4)GHQ は日本の経済復興にむけて積極的な措置をとり、政府もそれに応じた政策を採用した。その結果、日本は不況に陥ったが、朝鮮戦争が起こり軍需物資の需要が高まると、日本経済は息を吹き返し戦前の水準を回復した。朝鮮戦争に在日アメリカ軍が動員されると、GHQ の指令により警察予備隊が新設され、［イ］が進められた。アメリカは朝鮮戦争を通して日本を自立させ自由主義陣営の一員とする必要性を認め、日本との講和条約の締結を急いだ。1951年9月サンフランシスコでの講和会議で、(5)日本は48か国との間でサンフランシスコ講和条約を結んだ。この条約が発効することにより日本は主権を回復した。しかし、(6)経済復興の一方で、アメリカの強い影響を受け、占領下の政策に修正が加えられていった。

問1　空欄［ア］［イ］に入る語句の組合せとして正しいものを、次の中から一つ選び、番号で答えよ。　［22］

① ア　8月15日　　イ　共産主義者の追放
② ア　8月15日　　イ　旧軍人の公職追放
③ ア　9月2日　　イ　共産主義者の追放
④ ア　9月2日　　イ　旧軍人の公職追放

問2　下線部(1)に関して、この新たな内閣を組織した総理大臣として正しいものを、次の中から一つ選び、番号で答えよ。　［23］

① 東久邇宮稔彦　② 幣原喜重郎　③ 鈴木貫太郎　④ 吉田茂

問3　下線部(2)について述べた文として**誤っているもの**を、次の中から一つ選び、番号で答えよ。　［24］

① 憲法問題調査委員会が提出した草案は、GHQ に拒否された。
② 憲法研究会は、国民主権を原則とする「憲法草案要綱」を発表した。
③ 政府が作成した「帝国憲法改正草案要綱」が、国会審議の対象となった。
④ マッカーサー草案で示された天皇を元首とする原則は、新憲法でも維持された。

問４　下線部(3)について、この選挙で衆議院第一党となった政党とその後に内閣を組織した人の組合せとして正しいものを、次の中から一つ選び、番号で答えよ。 25

a　日本社会党　　b　民主党　　c　片山哲　　d　芦田均

① a・c　② a・d　③ b・c　④ b・d

問５　下線部(4)について、この時期の経済政策として正しいものを、次の中から一つ選び、番号で答えよ。 26

① 変動制の為替レートの設定
② 累進課税制を採用した税制改革
③ 過度経済力集中排除法に基づく企業分割
④ 傾斜生産方式による産業への資金投入

問６　下線部(5)について、日本と講和条約を締結した国として正しいものを、次の中から一つ選び、番号で答えよ。 27

① インドネシア　② インド　③ 中華人民共和国　④ ビルマ

問７　下線部(6)に関して、サンフランシスコ講和条約締結から1956年までの間の出来事として正しいものを、次の中から一つ選び、番号で答えよ。 28

① 破壊活動防止法の制定　② 日米相互協力及び安全保障条約の締結
③ 自治体警察の設置　④ 日本労働組合総評議会の設立

世界史

（60分）

I 次の文章を読み、以下の問いに答えよ。

ギリシアが僭主(1)らの手から解放されてからいかほどの年数も経ずして、マラトンにおけるペルシア(2)対アテナイ(※1)の戦いがおこなわれた。この戦いの後ペルシアはギリシアを従えるために、大軍を率いて侵攻(3)した。頭上に危機が迫ったとき、戦力抜群であったラケダイモン人(※2)は同盟ギリシア勢の先頭に立った。またアテナイ人は、ペルシア勢が接近すると、城市を捨てることを決意して家財を取り払い、軍船に乗り組んで全市民が海兵となった(4)。こうして全ギリシア人は一致協力してペルシア勢撃退に成功したのである。

やがてほどなくギリシア人は、ペルシアの支配から解放されたものも、解放軍に加わっていたものも、アテナイあるいはラケダイモンの両陣営のいずれかに与することとなった(5)。これら両国は、一つは海軍他は陸軍によって覇をとなえ、他のいずれの国にもまさる勢力を示したからである。そしてしばらくは両者のあいだに戦友の友誼が保たれていたが、やがてラケダイモン、アテナイ両国間に紛争(6)が生じると、そのつどおのおのの同盟国を率いてたがいに戦いに挑んだ。

※1 アテナイとはアテネのこと

※2 ラケダイモン人とはスパルタ人の総称

トゥキュディデス著『戦史』（久保正彰訳 中公クラシックス 2013 p. 20）を参照

問1 下線部(1)について、アテネの代表的な僭主として、最も適切なものを、次の中から一つ選び、番号で答えよ。 1

① ソロン
② ペイシストラトス
③ クレイステネス
④ テミストクレス

問2 下線部(2)に関連して、マラトンの戦い時においてペルシア（アケメネス朝）の支配者であったダレイオス1世の記述として、**誤っているもの**を、次の中から一つ選び、番号で答えよ。 2

① メディア王国とリディア王国を征服し、バビロンを開城した。
② 西はエーゲ海北岸から東はインダス川にいたる大帝国を建設した。
③ 「王の目」「王の耳」と呼ばれる監察官を巡回させて中央集権をはかった。
④ 「王の道」と呼ばれる国道をつくり、駅伝制を整備した。

問3　下線部(3)について、**誤っているもの**を、次の中から一つ選び、番号で答えよ。　［3］

①　テルモピレーの戦いで、スパルタ軍は全滅した。

②　サラミスの海戦では、ペリクレス率いるギリシア艦隊が勝利を収めた。

③　海戦では三段櫂船と呼ばれる軍船が活躍した。

④　プラタイアの戦いで、ギリシア連合軍はペルシア陸軍を撃破し、ギリシアの勝利が確定した。

問4　下線部(4)に関連して、市民（無産階級）の参戦、それに伴う発言権の高まりを通して発展したアテネの民主政について、**誤っているもの**を、次の中から一つ選び、番号で答えよ。　［4］

①　成年男性の全体集会である民会が開かれ、多数決によって政策が決められた。

②　一般市民から抽選された任期1年の役人が行政を担当した。

③　性別、貧富にかかわらず市民は平等に参政権を持った。

④　将軍は民会において選挙で選ばれた。

問5　下線部(5)について、**誤っているもの**を、次の中から一つ選び、番号で答えよ。　［5］

①　前478年、アテネを盟主としたデロス同盟が結成された。

②　前６世紀、スパルタを盟主としたペロポネソス同盟が結成された。

③　デロス同盟に脅威を感じたスパルタは、ペロポネソス同盟を結成した。

④　ペロポネソス同盟の盟主であるスパルタにおいても民主政は発展した。

問6　下線部(6)について、**誤っているもの**を、次の中から一つ選び、番号で答えよ。　［6］

①　アテネとコリントの紛争が発端となり、ペロポネソス戦争が始まった。

②　アテネでは指導者のペリクレスが病死し、政治が混乱した。

③　スパルタはマケドニアの支援を受け、アテネを破った。

④　ペロポネソス戦争後も、ペルシアの介入などにより有力ポリス間の争いは収まらなかった。

Ⅱ　次の絵画をみて、以下の問いに答えよ。

絵画A

絵画B

絵画C

問1　絵画Aは、第1回十字軍の遠征の様子を描いたものである。クレルモン宗教会議を招集して聖地奪還を提唱したローマ教皇として、最も適切なものを、次の中から一つ選び、番号で答えよ。　7

① ウルバヌス2世
② インノケンティウス3世
③ フリードリヒ2世
④ ルイ9世

問2　絵画Aに関連して、カイロを都とするアイユーブ朝は十字軍の主要勢力とたたかった。この王朝を建国したクルド人武将として、最も適切なものを、次の中から一つ選び、番号で答えよ。　8

① トゥグリル＝ベク
② フラグ
③ ガザン＝ハン
④ サラディン

問3　絵画Bは、科挙の地方での予備試験の合格発表風景を描いたものである。これら合格者がうける官吏任用制度としての中央の統一試験が確立した時代として、最も適切なものを、次の中から一つ選び、番号で答えよ。　9

① 隋
② 唐
③ 宋
④ 明

問4　絵画Bに関連して、科挙の最終試験として、最も適切なものを、次の中から一つ選び、番号で答えよ。　10

① 州試
② 省試
③ 殿試
④ 追試

問5　絵画Bに関連して、科挙は朝鮮でも導入された。法制・税制を整備し、女真や倭寇の侵入を防ぐなど、内政・外交両面で朝鮮の最盛期を築いた第4代国王として、最も適切なものを、次の中から一つ選び、番号で答えよ。 11

① 李成桂
② 太宗
③ 李舜臣
④ 世宗

問6　絵画Cは、ヨーロッパの造船所の様子を描いたものである。東地中海交易の覇権を握り､「アドリア海の女王」とも呼ばれた都市として、最も適切なものを、次の中から一つ選び、番号で答えよ。 12

① ジェノヴァ
② ヴェネツィア
③ ピサ
④ ミラノ

問7　絵画Cに描かれている船は、近距離の航路で風が比較的弱く不安定な地中海の航海に向いていた。この船として、最も適切なものを、次の中から一つ選び、番号で答えよ。 13

① ジャンク船
② ダウ船
③ ガレー船
④ ガレオン船

Ⅲ　次の文章を読んで、以下の問いに答えよ。

14世紀半ばに中央アジアのチャガタイ＝ハン国は東西に分裂し、その後1370年に(1)ティムールがティムール朝を開いた。ティムールの死後、ティムール朝は分裂と統合を繰り返したが、やがて(2)ウズベク人に滅ぼされた。その間には、支配層によって学芸が愛好され、(3)ティムール朝期の文化が発達した。

イラン北西部では、ティムール朝が衰えると、1501年にイスマーイールが(4)サファヴィー朝を開いた。サファヴィー朝は(5)アッバース１世のときに最盛期を迎えるが、その死後次第に衰退していった。18世紀末には、テヘランを首都とするカージャール朝がおこったが、ロシアとの戦いにやぶれて(6)ロシアに治外法権を認め、関税自主権を失った。ロシアやイギリスの進出による混乱や税負担の増大を背景に、(7)1848年に農民、商人、職人による反乱がおこったが、政府軍によって鎮圧された。

問1　下線部(1)に関する記述として、**誤っているもの**を、次の中から一つ選び、番号で答えよ。 14

① ティムールは、ヘラートを首都とした。
② ティムールはアンカラの戦いでオスマン帝国をやぶり、バヤジット１世を捕虜とした。
③ ティムールは、東チャガタイ＝ハン国を制圧した。
④ ティムールは、マムルーク朝の領内に侵入した。

問2　下線部(2)を中心に建設された国家として、**誤っているもの**を、次の中から一つ選び、番号で答えよ。 15

① コーカンド＝ハン国
② ブハラ＝ハン国
③ クリム＝ハン国
④ ヒヴァ＝ハン国

問3　下線部(3)に関する記述として、最も適切なものを、次の中から一つ選び、番号で答えよ。 16

① ハギア＝ソフィア大聖堂は、アヤソフィアとしてモスクに改修された。
② ウルグ＝ベクは、サマルカンド郊外に天文台を建設した。
③ アダム＝シャールやフェルビーストが暦の改定を行った。
④ ペルシア語とアラビア語の要素を取り入れたウルドゥー語が誕生した。

問4　下線部(4)の国教として、最も適切なものを、次の中から一つ選び、番号で答えよ。 17

① キリスト教
② シーア派
③ ゾロアスター教
④ スンナ派

問5　下線部(5)に関する記述として、最も適切なものを、次の中から一つ選び、番号で答えよ。 18

① アッバース1世は、オランダ人をホルムズ島から追放した。
② アッバース1世は、赤の広場を中心に王のモスクを建設した。
③ アッバース1世は、首都をタブリーズに移した。
④ アッバース1世は、ヨーロッパ諸国と通商関係を結んだ。

問6　下線部(6)の根拠となる条約として、最も適切なものを、次の中から一つ選び、番号で答えよ。 19

① ラムサール条約
② エルズルム条約
③ トルコマンチャーイ条約
④ パリ条約

問7　下線部(7)の反乱として、最も適切なものを、次の中から一つ選び、番号で答えよ。 20

① 白蓮教徒の乱
② シク教徒の乱
③ ヒンドゥー教徒の乱
④ バーブ教徒の乱

Ⅳ　次の文章を読んで、以下の問いに答えよ。

世界経済は、過剰生産による1870年代の恐慌から20年に及ぶ大不況期に入った。これに対応せざるを得なくなった欧米各国は、経済構造を大きく変化させた。電力、化学産業が活性化し、鉄鋼、機械の分野の技術革新が進み、ドイツ(1)を中心にヨーロッパで重化学工業が発達した。大規模な産業を支えるための銀行や証券会社を中心とする独占体の形成(2)も進んだ。経済再編に伴う科学技術の進歩は、日常生活にも大きな変化を与え、さらに時代の変化に対応した新たな文化(3)も生まれた。鉄道や船舶の発達は、ヨーロッパからアメリカ(4)への移住も激増させた。この再編過程でイギリス(5)の圧倒的優位は崩れ、世界は政治・経済をめぐる覇権抗争が激化する多極化の時代に入った。欧米各国における産業資本主義は、原料や輸出市場を求める対外進出や植民地獲得戦争(6)を促し、世界各地で紛争を起こした。他方、急激な変化への不安から、社会主義運動(7)も活発化し、また国内の緊張を緩和する動きとして、ナショナリズムや排外主義が横行した。

問１　下線部(1)のヴィルヘルム２世の政策として、**誤っているもの**を、次の中から一つ選び、番号で答えよ。　21

① パン＝ゲルマン主義の立場から、世界政策を推進した。
② 社会主義に対抗するため社会主義者鎮圧法を延長した。
③ 人種主義を掲げ、好戦的愛国主義政策を進めた。
④ 黄禍論を唱えた。

問２　下線部(2)に関連する説明として、最も適切なものを、次の中から一つ選び、番号で答えよ。　22

① コンツェルンは主にドイツで発達した。
② カルテルは、主にアメリカで顕著であった。
③ コンツェルンは、企業連合のことである。
④ トラストは、大銀行を中心とする企業集団である。

問３　下線部(3)に関連する説明として、**誤っているもの**を、次の中から一つ選び、番号で答えよ。　23

① ニーチェは、超人を賛美し、権力への意志を生の原理とした。
② ボードレールは、美を享受することに最高の価値を見出す耽美主義を生み出した。
③ マラルメは、人間の内面を象徴的に表現しようとする象徴主義を推進した。
④ フロイトは、深層心理の分析を通して人間の精神のあり方を捉えようとした。

問４　下線部(4)に関連する説明として、**誤っているもの**を、次の中から一つ選び、番号で答えよ。　24

① 政治腐敗を批判し、自然保護などの立法化を進めた。
② 20世紀に入りフロンティアの消滅が宣言された。
③ キューバの独立支援を理由に、アメリカ＝スペイン戦争を行った。
④ 中南米に対して、武力干渉を伴うカリブ海政策をとった。

問５　下線部(5)の自治領に含まれない国として、最も適切なものを、次の中から一つ選び、番号で答えよ。 25

① 南アフリカ連邦
② オーストラリア連邦
③ ニュージーランド
④ エジプト

問６　下線部(6)に関連して、フランスの対外政策の説明として、**誤っているもの**を、次の中から一つ選び、番号で答えよ。 26

① ドイツへの報復機運が強まり共和政に反対する運動を引き起こした。
② 露仏同盟を結び、ロシアに大量の資本投下がなされた。
③ チュニジアやインドシナで領土を拡大した。
④ 英仏協商で、モロッコに対する優越権をイギリスに譲った。

問７　下線部(7)に関連する説明として、**誤っているもの**を、次の中から一つ選び、番号で答えよ。 27

① 第二インターナショナルがパリで結成され、反戦主義を唱えた。
② イギリスでは、フェビアン協会が設立され、労働党の母体となった。
③ フランスでは、議会や政党を基盤としたサンディカリズムが活発化した。
④ ドイツでは、社会民主党が勢力を伸ばし、修正主義が主流となった。

政治・経済

（60分）

Ⅰ　次の文章を読んで、以下の問いに答えよ。

民主主義は、(1)「人民の、人民による、人民のための政治」という言葉にその意味がよく示されているが、大きく分けると二つに分かれる。国民が直接政治に携わる(2)直接民主主義と、国民が選んだ代表者を通じて政治が行われる間接民主主義である。近代国家においては後者を基本とし、それは(3)議会制民主主義とも呼ばれる。

議会に代表者を送り込むための選挙権は、当初は階級や納税額、性別などによって制限されていたが、このような制限は少しずつ撤廃され、選挙権を持つ有権者数は拡大していった。しかし多数の有権者の経済的・社会的不安感を巧みに利用したファシズムが登場し、(4)ドイツではヒトラー率いるナチスが政権を掌握して第二次世界大戦の引き金になった。今日でも、(5)社会的な混乱や経済的な困難の原因を外国人などのマイノリティのせいにして差別や排除を主張したり、財政負担を顧みない巨額の支出を伴う政策を主張したりする(6)大衆迎合的な政治が行われることがありうる。しかし、多数の支持があるからといって少数派の権利を侵害することは(7)法の支配に反する。また、財政負担を顧みない政策は将来的な財政危機や経済的混乱を招きかねない。

問1　下線部(1)について、このように述べたアメリカ合衆国の大統領の名前として正しいものを、次の中から一つ選び、番号で答えよ。　[1]

①　ケネディ
②　リンカン
③　ローズヴェルト
④　ワシントン

問2　下線部(2)について、直接民主主義の方法の一つである国民投票（住民投票）を示す制度として正しいものを、次の中から一つ選び、番号で答えよ。　[2]

①　イニシアティブ
②　オンブズマン
③　リコール
④　レファレンダム

問3　下線部(3)について、議会制民主主義に基づく議員や議会運営の考え方として**適切でないもの**を、次の中から一つ選び、番号で答えよ。 3

① 議員は全国民の代表ではなく、自分を選出した選挙区の利益代表である。

② 議会では、国民の様々な意見を十分に反映させながら、審議を進めなければならない。

③ 議決は最終的には多数決で行うが、議事運営については少数意見の尊重が求められる。

④ 各議員に十分な質問時間や討論時間を保障しなければならない。

問4　下線部(4)について、ナチスに関する記述として**誤っているもの**を、次の中から一つ選び、番号で答えよ。 4

① 議会を廃止し、王制を復活させた。

② 独裁者を頂点とする集権的な官僚機構を整備した。

③ 特定の民族の優越を唱え、ユダヤ人を強制的に収容所に送り込んだ。

④ メディアを使った宣伝を多用し、大衆の熱狂的な支持を獲得しようとした。

問5　下線部(5)について、外国人などのマイノリティに対する差別や排除をあおる言動の名称として正しいものを、次の中から一つ選び、番号で答えよ。 5

① キーノート・スピーチ

② フェアウェル・スピーチ

③ ヘイト・スピーチ

④ マイノリティ・スピーチ

問6　下線部(6)について、大衆迎合的な政治の名称として最も適切なものを、次の中から一つ選び、番号で答えよ。 6

① キャピタリズム

② ポピュリズム

③ リベラリズム

④ マルキシズム

問7　下線部(7)について、法の支配に基づく考え方として正しいものを、次の中から一つ選び、番号で答えよ。 7

① その時の権力者の意向によって左右されない不可侵の法や権利がある。

② 法の内容を問わず、一定の形式をみたす法であれば法に従うべきである。

③ 法とは国王などの権力者の命令であり、権力者によって自由に制定したり改廃したりすることができる。

④ 法をつかさどる裁判官こそが国家の最高権力者である。

Ⅱ　次の文章を読んで、以下の問いに答えよ。

1966年に静岡県清水市（現、静岡市）で発生した袴田事件の再審請求審で、2023年3月、東京高等裁判所は、同事件で死刑判決を受けた死刑囚への再審開始を支持する決定を行った。(1)日本国憲法下で発生した死刑確定事件に対する再審としては、実に5例目となる。

憲法第76条は、司法権を裁判所に対してのみ与え(2)特別裁判所の設置を禁じている。さらに、裁判所とそこに(3)所属する裁判官も、国会や内閣、他の裁判官からの干渉を受けず独立して裁判を行うことを保障している。これを(4)司法権の独立と呼ぶ。

(5)日本の裁判所は、最高裁判所と下級裁判所から構成される。そして、これらの裁判所が、私人間の権利義務に関する民事裁判、犯罪を犯した被告人に対して法を適用し刑罰を科す刑事裁判、行政を相手として権利救済を求める行政裁判を行う。これらの内、(6)刑事裁判において最も重要なことは、一件の冤罪を出さないことにある。ところが、冤罪事件は後を絶たない。その要因としては様々なことが考えられるが、その一つとして(7)「代用刑事施設」の存在が挙げられることも多く、その廃止をはじめとするさらなる刑事司法改革が求められている。

問１　下線部(1)について、死刑確定事件に対する再審によって冤罪が明らかとなり無罪判決が出た事件として**誤っているもの**を、次の中から一つ選び、番号で答えよ。　8

① 足利事件
② 免田事件
③ 松山事件
④ 島田事件

問２　下線部(2)について、特別裁判所として**誤っているもの**を、次の中から一つ選び、番号で答えよ。　9

① 皇室裁判所
② 軍法会議
③ 知的財産高等裁判所
④ 行政裁判所

問３　下線部(3)について、日本の裁判官に関する記述として正しいものを、次の中から一つ選び、番号で答えよ。　10

① 自らの良心に従って独立して職権を行い、必ずしも法律に従う必要はない。
② 最高裁判所の裁判官は、任命後5年ごとに国民審査に付される。
③ 下級裁判所の裁判官は、法務大臣が提出した名簿に従って任命される。
④ 裁判官に対する懲戒処分は、行政機関がなすことはできない。

問４　下線部(4)について、1891年の大津事件で司法権の独立を守ったとされる当時の大審院長の名前として正しいものを、次の中から一つ選び、番号で答えよ。　11

① 津田三蔵
② 梅謙次郎
③ 陸奥宗光
④ 児島惟謙

問５　下線部(5)について、日本の裁判所の組織及び構成に関する説明として**誤っているもの**を、次の中から一つ選び、番号で答えよ。　12

① 最高裁判所の長官は、内閣が指名し天皇が任命する。
② 下級裁判所の一つに高等裁判所がある。
③ 最高裁判所は、長官を含む３名の裁判官から構成される。
④ 下級裁判所は、任期10年の裁判官から構成され、それらの裁判官は再任も可能である。

問６　下線部(6)について、冤罪の発生を防ぐために近代法が採用してきた原則として**誤っているもの**を、次の中から一つ選び、番号で答えよ。　13

① 適正手続の原則
② 推定無罪の原則
③ 罪刑法定主義の原則
④ 私的自治の原則

問７　下線部(7)について、代用刑事施設をめぐる記述として**誤っているもの**を、次の中から一つ選び、番号で答えよ。　14

① 監獄法が廃止されるまでは、「代用監獄」と呼ばれていた。
② 法務省管轄下の留置場を指し、被疑者への警察による自白の強要が問題となっている。
③ 代用刑事施設においても、黙秘権は保障される。
④ 被疑者の身柄は、逮捕から72時間以内に警察から離れ、拘置所に収容されるのが原則である。

Ⅲ　次の文章を読んで、以下の問いに答えよ。

現代のような大量生産・大量消費の経済構造のもとでは、(1)消費者が商品を購入するときに不利益が発生してしまうことがある。消費者が不利益を被ってしまうのは、(2)消費者が生産者に比べて購入する商品について十分な情報を持っていないためである。なかには、(3)企業による広告や宣伝だけで商品を購入しようとした結果、意図したものと異なる商品を購入してしまう問題が発生することもある。このような問題を解決するためには、政府による商品の許認可や禁止などを適切に行う必要があるが、実行に移すには難しい環境にある。

日本では消費者の保護のため、また、(4)製造物責任法の制定によって商品の欠陥だけで損害賠償請求が可能になっている。つまり、(5)企業が消費者に損害を生じさせた場合に、企業に過失がなくても責任を負わなければならないのである。しかし、この法律には(6)欧米が柱としていることが欠けているため、日本では、消費者の立証負担が重い。

その後も様々な法の制定や制度の導入をしていき、2009年には消費者行政を一元化するための新組織の創設を行った。そして、現在は消費者問題や環境に対応することが(7)企業の社会的責任の中心課題となってきている。

問１　下線部(1)について、消費者が商品を購入するときに直面する悪徳商法の名称として**誤っているもの**を、次の中から一つ選び、番号で答えよ。　15

① マルチ商法
② 霊感商法
③ デート商法
④ おもてなし商法

問２　下線部(2)について、消費者が直面するこのような状況を表す言葉として正しいものを、次の中から一つ選び、番号で答えよ。　16

① 情報の非対称性
② 情報の不溶性
③ 情報の非条理性
④ 情報の不安定性

問３　下線部(3)について、消費者がこのような消費活動をすることを表す言葉として正しいものを、次の中から一つ選び、番号で答えよ。　17

① 乗数効果
② 所得効果
③ 代替効果
④ 依存効果

問４　下線部(4)について、この法律を表す略称として正しいものを、次の中から一つ選び、番号で答えよ。　18

① PL 法
② PM 法
③ LP 法
④ MP 法

問５　下線部(5)について、下線部が表す言葉として正しいものを、次の中から一つ選び、番号で答えよ。　19

① 連帯責任
② 事後責任
③ 無過失責任
④ 片務的責任

問６　下線部(6)について、製造物責任法において欧米が柱としていることとして最も適切なものを、次の中から一つ選び、番号で答えよ。　20

① メネラウスの定理
② グリーン・コンシューマー運動
③ 欠陥の推定
④ 契約自由の原則

問7　下線部(7)について、これはCSRと略されることが多いが、このCが表す言葉として正しいものを、次の中から一つ選び、番号で答えよ。[21]

① Customer
② Consumer
③ Company
④ Corporate

Ⅳ　次の文章を読んで、以下の問いに答えよ。

金融とは、資金を融通することである。(1)企業が株式や社債を、政府が公債を発行して投資家から資金を調達する仕組みを[ア]というのに対し、企業や政府などが必要とする資金を金融仲介機関からの借り入れによって調達する仕組みを[イ]という。

金融取引を行う場である金融市場は、長期金融市場と短期金融市場にわけることができる。長期金融市場には、(2)株式の取引を行う株式市場と社債や公債などの取引を行う公社債市場がある。短期金融市場は、(3)金融機関だけが取引に参加することができるインターバンク市場と金融機関だけではなく企業などの経済主体も取引に参加することができるオープン市場にわけることができる。

中央銀行は、(4)発券銀行、銀行の銀行、政府の銀行としての役割を果たしている。中央銀行は短期金融市場において金融政策を行う。日本の中央銀行である日本銀行は、(5)物価の安定を図ることを通じて国民経済の健全な発展に資するために、(6)通貨および金融の調節、すなわち金融政策を実行している。金融政策の手段としては、公定歩合操作、預金準備率操作、(7)公開市場操作がある。これらの伝統的な金融政策の手段に対し、近年、日本で実施されている量的緩和政策、量的・質的金融緩和政策、マイナス金利政策などは、非伝統的金融政策と呼ばれることがある。

問1　下線部(1)について、空欄[ア][イ]に入る語句の組み合わせとして正しいものを、次の中から一つ選び、番号で答えよ。[22]

① ア：外部金融　イ：内部金融
② ア：内部金融　イ：外部金融
③ ア：間接金融　イ：直接金融
④ ア：直接金融　イ：間接金融

問2　下線部(2)について、2022年4月に東京証券取引所は三つの市場に再編されたが、再編後の三つの市場の組み合わせとして正しいものを、次の中から一つ選び、番号で答えよ。[23]

① グロース市場、スタンダード市場、プライム市場
② ローカル市場、ドメスティック市場、グローバル市場
③ プライマリー市場、セカンダリー市場、ターシャリー市場
④ 市場第一部、市場第二部、マザーズ市場

問３　下線部(3)について、インターバンク市場を代表する市場として正しいものを、次の中から一つ選び、番号で答えよ。 24

① 譲渡性預金市場
② 債券現先市場
③ コール市場
④ コマーシャルペーパー市場

問４　下線部(4)について、日本では2024年7月前半を目途に紙幣のデザインが一新されることになっているが、新1万円札に描かれる予定になっている「日本資本主義の父」と呼ばれることもある人物として正しいものを、次の中から一つ選び、番号で答えよ。 25

① 盛田昭夫
② 渋沢栄一
③ 松下幸之助
④ 岩崎弥太郎

問５　下線部(5)について、物価安定の目標値として日本銀行が設定している消費者物価の前年比上昇率として正しいものを、次の中から一つ選び、番号で答えよ。 26

① ０パーセント
② ２パーセント
③ ６パーセント
④ 10パーセント

問６　下線部(6)について、2020年の平均残高でみたとき、M3（エムスリー）に占める現金通貨の割合として最も適切なものを、次の中から一つ選び、番号で答えよ。 27

① 7.4パーセント
② 32.6パーセント
③ 67.4パーセント
④ 92.6パーセント

問７　下線部(7)について、景気を良くするために公開市場操作を実施する場合の記述として最も適切なものを、次の中から一つ選び、番号で答えよ。 28

① 通貨の供給を増やすために、売りオペレーションを行う。
② 通貨の供給を増やすために、買いオペレーションを行う。
③ 通貨の供給を減らすために、売りオペレーションを行う。
④ 通貨の供給を減らすために、買いオペレーションを行う。

数　学

（60 分）

（注）問題は問Ⅰから問Ⅳまである。問Ⅰ・問Ⅱは共通問題で，問Ⅲ・問Ⅳはいずれかを選択し解答すること。

Ⅰ　不等式 $\dfrac{2}{\sqrt{3}-\sqrt{2}}x < (\sqrt{2}+\sqrt{3})(x+1) < \dfrac{2}{\sqrt{2}-\sqrt{3}}x$ を解け。

Ⅱ　次の問いに答えよ。

（1）半径 7 の円 O，半径 3 の円 O′ がある。O，O′ の中心間の距離を a とすると，この 2 つの円の共通接線が 2 本となる a の範囲を求めよ。

（2）2 つの円 O，O′ は互いに外接している。それらの共通接線で O，O′ とそれぞれ異なる点で接するもののひとつを l とし，l と円 O の接点を A，l と円 O′ の接点を B とする。円 O の半径を r，円 O′ の半径を r' とするとき，線分 AB の長さを示せ。

Ⅲ　点 Q が円 $x^2+y^2=9$ 上を動くとき，点 A$(6, 0)$ と点 Q を結ぶ線分 AQ 上の AP : PQ = 2 : 1 となる点 P の軌跡を求める。

（1）点 Q が x 軸上にあるとき，点 P の座標を求めよ。

（2）点 P，Q の座標をそれぞれ (x, y)，(s, t) とするとき，(s, t) を x，y で表せ。

（3）点 P の軌跡を求めよ。

Ⅳ　次の問いに答えよ。

（1）次の条件によって定められる数列 $\{a_n\}$ の一般項を求めよ。

$$a_1=5, \qquad a_{n+1}=\frac{1}{3}a_n-4 \quad (n=1,\ 2,\ 3,\ \cdots)$$

（2）次の無限級数の和を求めよ。

$$\sum_{n=1}^{\infty}\frac{5^n+2\cdot 3^n}{6^n}$$

理　科

◀物　　理▶

（60分）

Ⅰ　図のように内部抵抗の無視できる起電力5.0Vの電池E，電気容量が0.10Fの平行板コンデンサーC，抵抗値が10Ωの抵抗R，スイッチSを接続した回路がある。スイッチSは開いた状態でコンデンサーCに電荷は蓄えられていないとする。以下の問いの［　　］に当てはまる解答を，選択肢から一つ選び番号で答えよ。

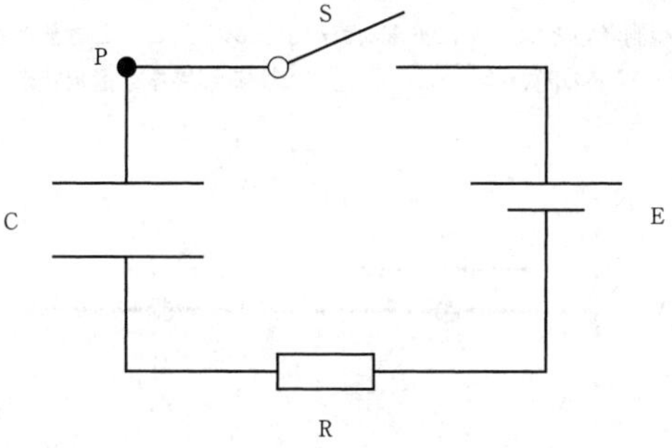

問1　まず，スイッチSを閉じてコンデンサーCを充電する場合を考える。Sを閉じた直後に，抵抗Rを流れる電流は，［ 1 ］Aである。

①　0.10　②　0.20　③　0.30　④　0.40　⑤　0.50　⑥　0.60　⑦　0.70
⑧　0.80　⑨　0.90

問2　スイッチSを閉じてから十分時間がたったとき，コンデンサーCに蓄えられている静電エネルギーは，［ 2 ］Jになる。

①　1.0　②　1.1　③　1.2　④　1.3　⑤　1.4　⑥　1.5　⑦　1.6　⑧　1.7
⑨　1.8

問3　問2の充電の過程で電池がした仕事は，［ 3 ］Jである。

①　1.0　②　1.5　③　2.0　④　2.5　⑤　3.0　⑥　3.5　⑦　4.0　⑧　4.5
⑨　5.0

問４　問３の充電の過程で，抵抗Rで発生したジュール熱は，[4] Jである。

①　1.1　②　1.3　③　1.5　④　1.7　⑤　1.9　⑥　2.1　⑦　2.3　⑧　2.5

問５　次に，充電が完了した後，スイッチSを開いた場合を考える。極板間隔がdであったコンデンサーCを極板を平行に保ったまま，間隔$2d$に広げた。このとき，コンデンサーCの抵抗側の極板の電位を0とするとP点の電位は，[5] Vとなる。なお，極板を広げる際に電荷の変化はないものとする。

①　6.0　②　6.5　③　7.0　④　7.5　⑤　8.0　⑥　8.5　⑦　9.0　⑧　9.5
⑨　10

問６　問５のとき，極板を広げるのに要した仕事は，[6] Jとなる。

①　0.5　②　0.7　③　0.9　④　1.1　⑤　1.3　⑥　1.5　⑦　1.7　⑧　1.9
⑨　2.1

Ⅱ　図のように振動数f_0の音源Sは，観測者Oと音をよく反射する壁Wとの間にある。また振動数f_0の音源Sと観測者Oとは，Wに垂直な直線上にある。このとき無風状態にあるとして音速をVとするとき，以下の問いの[　　]に当てはまる解答を，選択肢から一つ選び番号で答えよ。

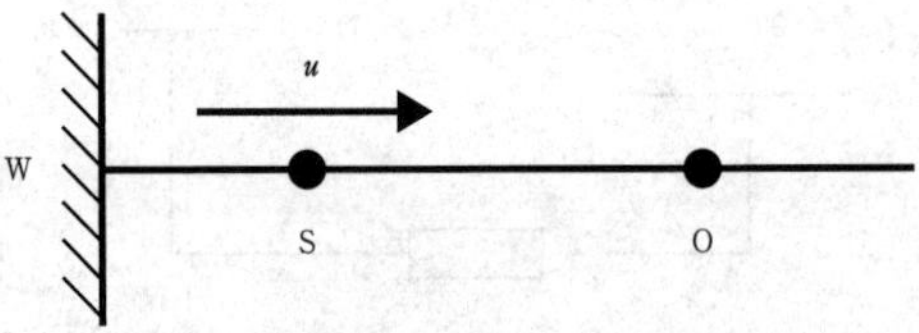

問１　観測者Oは静止していて，音源Sは壁Wから一定の速さuで遠ざかるときを考える。このとき，音源Sから観測者Oに直接届く音の観測者Oが聞く振動数は，振動数f_0の，[7] 倍である。

①　$\frac{V-u}{V}$　②　$\frac{V}{V-u}$　③　$\frac{V-u}{2V}$　④　$\frac{2V}{V-u}$

⑤　$\frac{2V-u}{2V}$　⑥　$\frac{2V}{2V-u}$　⑦　$V-u$　⑧　$2V-u$

問２　問１のとき，壁Wで反射して観測者Oに届く音の観測者Oが聞く振動数は，振動数f_0の，[8] 倍である。

①　$\frac{V-u}{V}$　②　$\frac{V+u}{V}$　③　$\frac{V}{V-u}$　④　$\frac{V}{V+u}$

⑤　$\frac{V-u}{2V}$　⑥　$\frac{V+u}{2V}$　⑦　$\frac{2V-u}{2V}$　⑧　$\frac{2V+u}{2V}$

問3　問1のとき，観測者Oが聞く単位時間当たりのうなりの回数は，振動数f_0の，[9] 倍である。

① $\dfrac{Vu^2}{V^2-u^2}$　② $\dfrac{V^2-u^2}{Vu^2}$　③ $\dfrac{Vu}{2V^2+u^2}$　④ $\dfrac{Vu}{2V^2-u^2}$

⑤ $\dfrac{Vu}{V^2+u^2}$　⑥ $\dfrac{Vu}{V^2-u^2}$　⑦ $\dfrac{2Vu}{V^2+u^2}$　⑧ $\dfrac{2Vu}{V^2-u^2}$

問4　次に，観測者Oも壁Wから遠ざかるように一定の速さvで動くときを考える。このとき，音源Sから観測者Oに直接届く音の観測者Oが聞く振動数は，振動数f_0の，[10] 倍である。

① $\dfrac{V-u}{V-v}$　② $\dfrac{V-v}{V-u}$　③ $\dfrac{V+u}{V+v}$　④ $\dfrac{V-v}{V+u}$

⑤ $\dfrac{V+u}{V-v}$　⑥ $\dfrac{V-u}{V+v}$　⑦ 2　⑧ 4

問5　問4のとき，壁Wで反射して観測者Oに届く音の観測者Oが聞く振動数は，振動数f_0の，[11] 倍である。

① $\dfrac{V-u}{V-v}$　② $\dfrac{V-v}{V-u}$　③ $\dfrac{V+u}{V+v}$　④ $\dfrac{V-v}{V+u}$

⑤ $\dfrac{V+u}{V-v}$　⑥ $\dfrac{V-u}{V+v}$　⑦ 2　⑧ 4

問6　問4のとき，観測者Oが聞く単位時間当たりのうなりの回数は，振動数f_0の，[12] 倍である。

① $\dfrac{2(V-v)u}{V^2-u^2}$　② $\dfrac{V^2-u^2}{2(V-v)u}$　③ $\dfrac{(V-v)u}{V^2-u^2}$　④ $\dfrac{V^2-u^2}{(V-v)u}$

⑤ $\dfrac{2(V-v)u}{V}$　⑥ $\dfrac{V^2-u^2}{2V}$　⑦ $\dfrac{V}{2(V-v)u}$　⑧ $\dfrac{2V}{V^2-u^2}$

Ⅲ　以下の問いの[　　]に当てはまる解答を，選択肢から一つ選び番号で答えよ。

問１　等速円運動をする物体がある。中心から見て物体が１秒間に90°回転する場合の角速度は，[13]〔rad/s〕であり，周期は，[14]〔s〕である。

[13]の選択肢

① $\frac{1}{4}\pi$　② $\frac{1}{2}\pi$　③ π　④ 2π　⑤ $\frac{1}{4\pi}$　⑥ $\frac{1}{2\pi}$　⑦ $\frac{1}{\pi}$

⑧ $\frac{2}{\pi}$　⑨ $\frac{4}{\pi}$

[14]の選択肢

① $\frac{1}{90}$　② $\frac{1}{4}$　③ $\frac{1}{2}$　④ 1　⑤ 2　⑥ 4　⑦ 90

⑧ 180　⑨ 360

問２　以下の問いでは，円周率を3.14，重力加速度の大きさを$9.8 m/s^2$，$\sqrt{2} = 1.4$とし，解答の有効数字は２桁とする。また，空気抵抗はないものとする。

質量7.3kgのハンマー投げ用のハンマーが，滑らかな水平面上を，半径2.0m，１回転0.50秒で等速円運動している。このとき回転中心軸につながっているハンマーの柄のワイヤーには，[15]がはたらき，その力は，約[16]Nである。この状態からハンマーが回転中心軸から離れたところ，ハンマーは，[17]km/hの速さで飛んだ。なお，ハンマーの柄のワイヤー部分の質量は無視し，ハンマーの鉄球部分を質点とする。

次に，[17]km/hの速さで水平面に対して45°上向きの角度でハンマーが飛んだときを考える。ハンマーは放物線を描いて飛び，ハンマーを離した位置と同じ高さにハンマーが落ちるまでの時間が，[18]秒かかった。その間にハンマーは水平方向に，[19]m飛んだ。

[15]の選択肢

① 重力　② 回転力　③ 遠心力　④ 向心力　⑤ 同心力　⑥ 慣性力

⑦ 復元力

[16]の選択肢

① 6.0　② 1.0×10^2　③ 1.4×10^2　④ 1.8×10^3　⑤ 2.3×10^3

⑥ 2.6×10^3　⑦ 3.0×10^3　⑧ 3.4×10^3　⑨ 3.8×10^3

17 の選択肢

① 30　② 40　③ 50　④ 60　⑤ 70　⑥ 80　⑦ 90　⑧ 1.0×10^2
⑨ 1.1×10^2

18 の選択肢

① 2.4　② 2.6　③ 2.8　④ 3.0　⑤ 3.2　⑥ 3.4　⑦ 3.6　⑧ 3.8
⑨ 4.0

19 の選択肢

① 54　② 59　③ 64　④ 69　⑤ 74　⑥ 79　⑦ 84　⑧ 89

問３　問２のハンマー投げの円運動の角速度になるまでに，角速度が0rad/sの状態から一定の割合で増加し，４回転で達したとする。単位時間あたりの角速度の変化の平均は，［20］rad/s^2 である。また，４回転する間の時間は，［21］sである。

20 の選択肢

① 2.5　② 3.1　③ 3.7　④ 4.5　⑤ 5.2　⑥ 6.0　⑦ 8.2　⑧ 13

21 の選択肢

① 2.0　② 2.4　③ 2.8　④ 3.2　⑤ 3.6　⑥ 4.0　⑦ 4.4　⑧ 4.8
⑨ 5.2

◀化　　学▶

（60分）

I　物質の状態と平衡に関する次の文章（1～4）を読み，以下の問いに答えよ。

1．固体の構造に関する以下の問いに答えよ。

問1　アルミニウム（Al）の結晶の種類として最も適切なものを，次の中から一つ選び，番号で答えよ。 [1]

① 金属結晶　② イオン結晶　③ 共有結合の結晶　④ 分子結晶

問2　下図の立方体は塩化ナトリウム（NaCl）の結晶の単位格子を表す。1個のNa^+に接しているCl^-の個数として最も適切なものを，次の中から一つ選び，番号で答えよ。 [2] 個

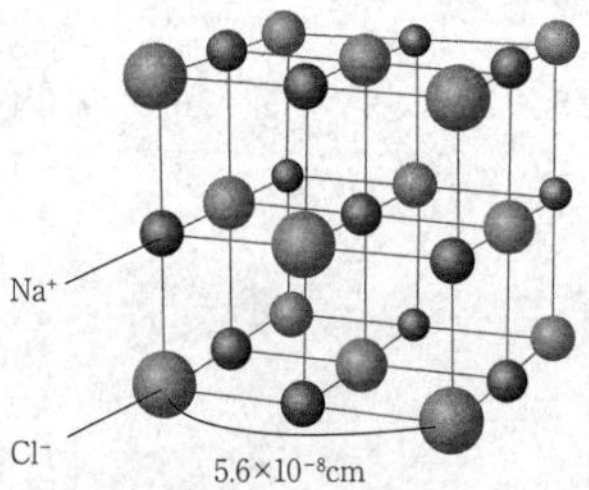

① 6　② 8　③ 10　④ 12

問3　下図の立方体は銅（Cu）の結晶の単位格子を表す。結晶1.0 cm^3に含まれる原子の個数として最も適切なものを，次の中から一つ選び，番号で答えよ。ただし，アボガドロ定数を6.0×10^{23}/mol，$(3.6)^3 = 47$, $\sqrt{2} = 1.4$とする。 [3] 個

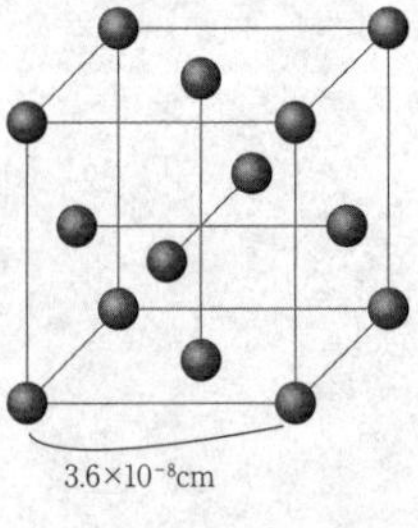

① 5.5×10^{11}　② 8.5×10^{11}　③ 5.5×10^{22}　④ 8.5×10^{22}

2．物質の状態に関する以下の問いに答えよ。

問4　固体から液体への変化を表す用語として最も適切なものを，次の中から一つ選び，番号で答えよ。 4

① 蒸発　② 凝縮　③ 融解　④ 凝固

3．溶液の性質に関する以下の問いに答えよ。

問5　1.0×10^5 Paの酸素と窒素は，0℃の水1.0 Lにそれぞれ48 mL，24 mL溶ける。1.0×10^6 Paの空気（酸素：窒素＝1：4（体積比）の混合気体）が0℃の水1.0 Lと接している場合，水に溶けた酸素と窒素の質量比として最も適切なものを，次の中から一つ選び，番号で答えよ。なお，分子量は酸素（O_2）＝32，窒素（N_2）＝28とする。また，気体の水への溶解はヘンリーの法則に従うものとする。 5

① 2：3　② 3：5　③ 4：7　④ 5：8

4．ある気体の密度を27℃，1.5×10^5 Paのもとで測定すると2.2 g/Lであった。以下の問いに答えよ。なお，気体定数は $R = 8.3 \times 10^3$ Pa・L/（mol・K）とする。

問6　この気体の化合物名として最も適切なものを，次の中から一つ選び，番号で答えよ。ただし，原子量は水素（H）＝1.0，炭素（C）＝12，酸素（O）＝16，塩素（Cl）＝35.5とする。 6

① メタン　② 二酸化炭素　③ 一酸化炭素　④ 塩化水素

問7　27℃，1.5×10^5 Pa，1.0 Lの体積を占めるこの気体の物質量〔mol〕として最も適切なものを，次の中から一つ選び，番号で答えよ。 7 mol

① 0.015　② 0.030　③ 0.045　④ 0.060

Ⅱ 物質の変化と平衡に関する次の文章（1～7）を読み，以下の問いに答えよ。ただし，原子量は$H=1.0$，$O=16$，$Na=23$，$S=32$，$Cl=35.5$，$Cu=63.5$とする。

1．メタンCH_4（気）の生成熱は75 kJ/mol，黒鉛Cの昇華熱は721 kJ/mol，水素分子中のH−Hの結合エネルギーは436 kJ/molである。

問1 CH_4中のC−Hの結合エネルギーは何kJ/molか。最も適当な数値を，次の中から一つ選び，番号で答えよ。 [8] kJ/mol

① 300 ② 417 ③ 586 ④ 1157

2．白金電極を用いて，硫酸銅（Ⅱ）水溶液を0.50 Aの電流で20分間電気分解した。

問2 このとき，陰極で析出した銅の質量は何gか。最も適当な数値を，次の中から一つ選び，番号で答えよ。ただし，ファラデー定数は，9.65×10^4 C/molとする。また，電気分解をしている間，陰極で生成した物質は銅のみとする。 [9] g

① 0.20 ② 0.39 ③ 0.65 ④ 0.78

3．化学反応の速さに関する以下の問いに答えよ。

問3 以下の反応速度に関する記述に最も関係が深い要因はどれか。最も適当なものを，次の中から一つ選び，番号で答えよ。

・同じ体積の1 mol/Lの塩酸と酢酸水溶液それぞれに同量の粉末状の亜鉛を加えると，塩酸の方が激しく水素を発生する。 [10]

① 温度 ② 触媒 ③ 濃度 ④ 表面積

4．$2X + Y \rightarrow 2Z$で表されるある気体反応について，反応時の温度が10 K上昇すると，Zの生成速度は3倍になる。

問4 この反応の反応温度を40 K昇温させると，反応速度は何倍になるか。最も適当な数値を，次の中から一つ選び，番号で答えよ。 [11] 倍

① 3 ② 12 ③ 81 ④ 324

5．次の熱化学方程式で表される反応が，化学平衡の状態にある。

問5 これらのうち，圧力を変えても平衡は移動しないが，温度を上げると平衡が右へ移動するものはどれか。最も適当なものを，次の中から一つ選び，番号で答えよ。ただし，式中の物質はすべて気体の状態にある。 [12]

① $2HI = H_2 + I_2 - 9.6$ kJ

② $N_2O_4 = 2NO_2 - 57.3$ kJ

③ $CO + 2H_2 = CH_3OH + 90.0\ kJ$
④ $CO + H_2O = CO_2 + H_2 + 41.0\ kJ$

6．化学平衡に関する以下の問いに答えよ。

問6　可逆反応 $H_2 + I_2 \rightleftarrows 2HI$ について，平衡状態におけるモル濃度が $[H_2] = 0.36$ mol/L, $[I_2] = 0.49$ mol/L，$[HI] = 0.070$ mol/Lのとき，平衡定数 K の値はいくつか。最も適当な数値を，次の中から一つ選び，番号で答えよ。 13

① 7.0×10^{-3}　② 2.8×10^{-2}　③ 3.6×10^{-2}　④ 4.9×10^{-2}

7．水溶液のpHに関する以下の問いに答えよ。

問7　0.10 mol/Lの塩酸150 mLと0.10 mol/Lの水酸化ナトリウム水溶液100 mLの混合溶液のpHの値はいくつか。最も適当な数値を，次の中から一つ選び，番号で答えよ。ただし，混合後の溶液の体積は混合前の溶液の体積の和に等しいものとし，塩酸および水酸化ナトリウムは完全に電離しているものとする。また，水のイオン積 K_w を 1.0×10^{-14} $(mol/L)^2$ とし，$\log_{10}2 = 0.30$，$\log_{10}3 = 0.48$ とする。 14

① 1.7　② 2.3　③ 3.5　④ 4.6

Ⅲ　無機物質に関する次の文章（1～5）を読み，以下の問いに答えよ。

1．元素の周期表に関する以下の問いに答えよ。

問1　常温（25℃），1.013×10^5 Paにおける単体の状態が気体である元素を，次の中から一つ選び，番号で答えよ。 15

① ヘリウム（He）　② 臭素（Br）　③ 水銀（Hg）　④ セシウム（Cs）

問2　典型元素で非金属元素に分類される元素を，次の中から一つ選び，番号で答えよ。 16

① マグネシウム（Mg）　② 金（Au）　③ 水銀（Hg）　④ キセノン（Xe）

2．非金属元素の単体と化合物に関する以下の問いに答えよ。

問3「亜鉛に希硫酸を加えると，水素が発生する」現象について，希硫酸の性質として最も適切なものを，次の中から一つ選び，番号で答えよ。 17

① 不揮発性　② 強酸性　③ 脱水作用　④ 酸化作用

問4　実験室で水酸化カルシウムとともに加熱するとアンモニアが発生する試薬として最も適切なものを，次の中から一つ選び，番号で答えよ。 18

① NaCl　② MnO_2　③ NH_4Cl　④ H_2O_2

3．典型金属元素の化合物に関する以下の問いに答えよ。

問5　NaOH水溶液にCO_2を通じることで生成される化合物として最も適切なものを，次の中から一つ選び，番号で答えよ。　19

① $NaCl$　② Na_2O　③ Na_2CO_3　④ HCl

4．遷移元素の化合物に関する以下の問いに答えよ。

問6　硫化銀の化学式として最も適切なものを，次の中から一つ選び，番号で答えよ。　20

① Ag_2O　② $AgCl$　③ AgI　④ Ag_2S

5．無機物と人間生活に関する以下の問いに答えよ。

問7　食品の保存や調味料として使用される無機塩として最も適切なものを，次の中から一つ選び，番号で答えよ。　21

① カリウム　② マグネシウム　③ クロム　④ 塩化ナトリウム

Ⅳ　有機化合物および高分子化合物に関する次の文章（1～7）を読み，以下の問いに答えよ。ただし，原子量は$H = 1.0$，$C = 12$，$O = 16$，$Br = 80$とする。

1．分子式が$C_nH_{2n+2}O$である有機化合物0.4 molに酸素を通じて完全燃焼させた。

問1　このときに消費された酸素の物質量は何molか。最も適当な数値を，次の中から一つ選び，番号で答えよ。　22 mol

① $0.4n$　② $0.6n$　③ $0.8n$　④ $0.9n$

2．アセチレンに関する以下の問いに答えよ。

問2　アセチレンに関する記述として**誤りを含むもの**はどれか。最も適当なものを，次の中から一つ選び，番号で答えよ。　23

① 分子は直線構造をしている。
② 酢酸を付加させると酢酸ビニルになる。
③ アセチレンの三重結合の結合距離はエチレンの二重結合の結合距離より長い。
④ 1分子の臭素を反応させて得られた化合物にシス-トランス異性体（幾何異性体）が存在する。

3．11.2 gのアルケンC_nH_{2n}に臭素を完全に反応させ，75.2 gの化合物を得た。

問3　このアルケンの炭素数nはいくつか。最も適当な数値を，次の中から一つ選び，番号で答えよ。　24

① 2　② 3　③ 4　④ 5

4．アルコールに関する以下の問いに答えよ。

問4　次に示すアルコールのうち酸化するとケトンになるものはどれか。最も適当なものを，次の中から一つ選び，番号で答えよ。 25

① $CH_3CH_2CH(OH)CH_3$
② $(CH_3)_3COH$
③ $CH_3CH_2CH_2OH$
④ $(CH_3)_2CHCH_2OH$

5．芳香族化合物に関する以下の問いに答えよ。

問5　次に示す芳香族化合物のうち，水酸化ナトリウム水溶液にはよく溶けるが，炭酸水素ナトリウム水溶液には溶けにくいものはどれか。最も適当なものを，次の中から一つ選び，番号で答えよ。 26

① o-クレゾール　② フタル酸　③ アセチルサリチル酸　④ p-キシレン

6．スクロースに関する以下の問いに答えよ。

問6　スクロースに関する記述として**誤りを含むもの**はどれか。最も適当なものを，次の中から一つ選び，番号で答えよ。 27

① スクロースを加水分解すると，グルコースとフルクトースになる。
② スクロースの水溶液は，銀鏡反応を示さない。
③ スクロースの水溶液は，フェーリング液を還元しない。
④ スクロースから得られる転化糖は，還元性を示さない。

7．合成繊維に関する以下の問いに答えよ。

問7　次に示す合成繊維のうち，開環重合により合成されるものはどれか。最も適当なものを，次の中から一つ選び，番号で答えよ。 28

① ナイロン6　② ナイロン66　③ アクリル繊維　④ アラミド繊維

◀生　物▶

（60分）

Ⅰ　物質輸送とタンパク質に関する次の文章を読み，以下の問いに答えよ。

単細胞生物のアメーバだけでなく，ヒトの体内にみられるマクロファージや（　ア　）といった血液細胞も，図のように，細胞表面で細胞膜が変形することで細胞外にあるものを取り込む。この働きを（　イ　）という。

(a)消化酵素や(b)ホルモンなどが分泌される際には，図とは逆方向（D→C→B→A）に進む。分泌タンパク質の場合，（　ウ　）内で，遺伝子が転写されてできたmRNA前駆体がスプライシングを受けmRNAとなり，（　エ　）を通って細胞質に移行したmRNAに（　オ　）が結合する。翻訳が始まると（　オ　）が（　カ　）の表面に結合し，合成されたポリペプチドは（　カ　）内へと輸送され，修飾を受ける。翻訳と修飾が完了したポリペプチドは，小胞により（　キ　）へ輸送され，さらに修飾を受けて分泌タンパク質として完成する。分泌タンパク質は（　ク　）内で濃縮され，細胞膜の近くへと運ばれ，（　ク　）が細胞膜と融合することによって，内容物が細胞外へと放出される。

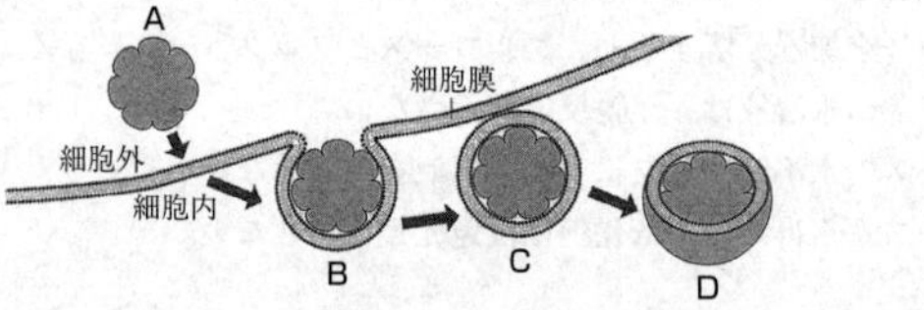

図

問1　文章中の（　ア　）・（　イ　）に入る語の組合せとして最も適切なものを，次のうちから一つ選び，番号で答えよ。　1

	ア	イ
①	赤血球	エキソサイトーシス
②	赤血球	エンドサイトーシス
③	好中球	エキソサイトーシス
④	好中球	エンドサイトーシス
⑤	血小板	エキソサイトーシス
⑥	血小板	エンドサイトーシス

問2　文章中の（　ウ　）～（　ク　）に入る語として最も適切なものを，次のうちから一つずつ選び，番号で答えよ。

ウ［2］　エ［3］　オ［4］　カ［5］　キ［6］　ク［7］

① 液胞　② 核　③ 核膜孔　④ ゴルジ体　⑤ 小胞体
⑥ 分泌小胞　⑦ ミトコンドリア　⑧ リソソーム　⑨ リボソーム

問3　下線部(a)に関連して，消化酵素の合成・分泌に文章中の経路を利用することにはどのような利点があると考えられるか。最も適切なものを，次のうちから一つ選び，番号で答えよ。［8］

① タンパク質合成に必要なエネルギーを小さくできる。
② タンパク質合成に必要なアミノ酸を効率よく利用できる。
③ 細胞自身の成分を消化してしまう可能性が小さくなる。
④ 細胞自身の成分を消化できる可能性が大きくなる。

問4　下線部(b)に関連して，ホルモンの性質と働きに関する以下の(1)・(2)の問いに答えよ。

(1) すべてのホルモンが共通にもつ特徴について説明した次の記述ⓐ～ⓔのうち，正しいものはどれか。それらを過不足なく含むものを，下の①～⑨のうちから一つ選び，番号で答えよ。［9］

ⓐ 疎水性で，生体膜を透過しやすい。
ⓑ 標的細胞の細胞内にある受容体と結合する。
ⓒ 標的細胞の細胞膜にある受容体と結合する。
ⓓ 血流にのって全身に行き渡る。
ⓔ ホルモンは対応する受容体をもつ標的細胞のみに働く。

① ⓑ　② ⓒ　③ ⓓ
④ ⓐ，ⓓ　⑤ ⓑ，ⓓ　⑥ ⓒ，ⓔ
⑦ ⓓ，ⓔ　⑧ ⓐ，ⓒ，ⓔ　⑨ ⓑ，ⓒ，ⓔ

(2) ステロイドホルモンとして適切なものを，次のうちから**二つ**選び，番号で答えよ。ただし，解答の順序は問わない。［10］［11］

① アドレナリン　② インスリン　③ グルカゴン
④ 鉱質コルチコイド　⑤ 成長ホルモン　⑥ セレクチン
⑦ チロキシン　⑧ 糖質コルチコイド　⑨ 副腎皮質刺激ホルモン

Ⅱ　学習に関する次の文章を読み，以下の問いに答えよ。

軟体動物であるアメフラシは，(a)背中のえらに続く水管から海水を出し入れして呼吸をしている。アメフラシの水管の感覚ニューロンは，えらの運動ニューロンとシナプスでつながっている。水管への接触刺激により水管の感覚ニューロンが興奮すると神経伝達物質がシナプス間隙に放出され，運動ニューロンに興奮性シナプス後電位（EPSP）が発生する。

問１　下線部(a)について，この水管に接触刺激を加えたときに見られる反応として最も適切なものを，次のうちから一つ選び，番号で答えよ。　12

① 水管から海水の放出量が増える。
② 水管から海水の取り込み量が増える。
③ 水管から海水の出し入れが増える。
④ 背中のえらが大きく飛び出る。
⑤ 背中のえらを引っ込める。
⑥ 背中のえらを引っ込めなくなる。

問２　下線部(a)について，この水管に弱い接触刺激を繰り返し与えたときに見られる反応として最も適切なものを，次のうちから一つ選び，番号で答えよ。　13

① 水管から海水の放出量が増える。
② 水管から海水の取り込み量が増える。
③ 水管から海水の出し入れが増える。
④ 背中のえらが大きく飛び出る。
⑤ 背中のえらを引っ込める。
⑥ 背中のえらを引っ込めなくなる。

問３　問２で見られる反応として最も適切なものを，次のうちから一つ選び，番号で答えよ。　14

① 慣れ
② 定位
③ 習得
④ 鋭敏化
⑤ 走性
⑥ かぎ刺激

問４　アメフラシに問３の反応を形成させた後，より強い刺激を尾部に与えると，通常では問１の反応が見られないような弱い水管への刺激に対しても顕著に問１の反応が見られるようになるが，この反応について最も適切なものを，次のうちから一つ選び，番号で答えよ。　15

① 慣れ
② 定位
③ 習得
④ 鋭敏化
⑤ 走性
⑥ かぎ刺激

問５ 問３の反応が形成されたときに見られるものとして適切なものを，次のうちから**三つ**選び，番号で答えよ。ただし，解答の順序は問わない。 16 17 18

① シナプス小胞の数が減少する。
② カルシウムチャネルが不活性化する。
③ シナプス小胞から放出される神経伝達物質の量が増加する。
④ 介在ニューロンはセロトニンを放出する。
⑤ えらの運動ニューロンに発生するEPSPが増大する。
⑥ えらの運動ニューロンに発生するEPSPが小さくなる。

問６ 問４の反応を引き起こす刺激を何度も繰り返すことにより見られる反応として最も適切なものを，次のうちから一つ選び，番号で答えよ。 19

① 問４の反応は見られなくなる。
② 問４の反応は小さくなっていく。
③ 問４の反応は長く持続する。
④ 問４の反応に変化は見られない。

問７ 問４の反応が形成されたときに見られるものとして適切なものを，次のうちから**三つ**選び，番号で答えよ。ただし，解答の順序は問わない。 20 21 22

① シナプス小胞の数が減少する。
② カルシウムチャネルが不活性化する。
③ シナプス小胞から放出される神経伝達物質の量が増加する。
④ 介在ニューロンはセロトニンを放出する。
⑤ えらの運動ニューロンに発生するEPSPが増大する。
⑥ えらの運動ニューロンに発生するEPSPが小さくなる。

Ⅲ 生態系のかく乱に関する次の文章を読み，以下の問いに答えよ。

生態系を破壊して，その維持に影響を与えることをかく乱という。かく乱には，台風・火山の噴火・河川の氾濫などの自然現象によって生じる自然かく乱と，森林伐採，乱獲，過放牧，外来生物(a)の持ち込みなどの人間活動によって生じる人為かく乱がある。

かく乱が（ ア ）の場合，ストレスに対して寛容性を持つ特定の種のみが存続することになる。

一方，かく乱が（ イ ）の場合，種間競争(b)に強い種だけが存在する傾向がみられる。すなわち種間競争に強い種による他種の（ ウ ）が起こり，その生態系においてその種が大部分を占めることとなり優占種となる。

それに対して，かく乱が（ エ ）の場合，生態系のバランスが保たれ，生物多様性も維持され，種多様性が増大する。例えば森林において，樹木が枯れたり倒れたりして，強い光が林床に届く（ オ ）ができる場合がある。この場所では草本や（ カ ）が生育可能になる。また（ エ ）のかく乱では（ キ ）が近い種間の（ ウ ）を防ぎ，共存を可能にすることがある。

問1 文章中の（ ア ），（ イ ），（ エ ）に入る語の組合せとして，最も適切なものを，次のうちから一つ選び，番号で答えよ。 23

	ア	イ	エ
①	小規模	中規模	大規模
②	小規模	大規模	中規模
③	中規模	小規模	大規模
④	中規模	大規模	小規模
⑤	大規模	小規模	中規模
⑥	大規模	中規模	小規模

問2 文章中の（ ウ ），（ オ ），（ カ ），（ キ ）に入る語を，次のうちから一つずつ選び，番号で答えよ。

ウ 24 オ 25 カ 26 キ 27

① 陽樹 ② 縄張り ③ 林冠 ④ 陰樹 ⑤ 極相
⑥ ギャップ ⑦ 競争的排除 ⑧ 生態的地位（ニッチ） ⑨ 遷移

問3 下線部(a)に関連して，日本で見られる外来生物の具体例として適切なものを，次のうちから**三つ**選び，番号で答えよ。ただし，解答の順序は問わない。 28 29 30

① ムササビ ② ウシガエル ③ ツユクサ ④ ヤンバルクイナ
⑤ カワネズミ ⑥ ブルーギル ⑦ アオダイショウ ⑧ クロユリ
⑨ フイリマングース

問4　下線部(b)に関連して，種間競争の具体例として最も適切な生物の組合せを，次のうちから一つ選び，番号で答えよ。　31

① ナマコとカクレウオ　② サメとコバンザメ　③ イヌとノミ
④ ヤマネコとウサギ　⑤ アリとアブラムシ　⑥ クマノミとイソギンチャク
⑦ ソバとヤエナリ

問5　（　カ　）の植物種の具体例として適切なものを，次のうちから**二つ**選び，番号で答えよ。ただし，解答の順序は問わない。　32　33

① クスノキ　② クロマツ　③ ブナ　④ ススキ　⑤ アカマツ
⑥ スダジイ　⑦ コメツガ　⑧ アラカシ　⑨ アカツメクサ

Ⅳ　動物の体に関する以下の問いに答えよ。

問1　消化器官に，口とは別の肛門を持つ動物の組合せとして最も適切なものを，次のうちから一つ選び，番号で答えよ。　34

① ヒト，クラゲ，カタツムリ　② イソギンチャク，ザリガニ，アサリ
③ カブトムシ，ウニ，イモリ　④ カエル，ヒトデ，サンゴ
⑤ カイメン，ハマグリ，ヘビ

問2　中胚葉を持つ動物の組合せとして最も適切なものを，次のうちから一つ選び，番号で答えよ。　35

① イソギンチャク，トンボ，ナマコ　② クラゲ，アサリ，ワニ
③ カイメン，ムカデ，プラナリア　④ ミミズ，ダンゴムシ，サメ
⑤ カマキリ，ホヤ，サンゴ

問3　脱皮動物に分類される動物として適切なものを，次のうちから**二つ**選び，番号で答えよ。ただし，解答の順序は問わない。　36　37

① カイチュウ　② テントウムシ　③ ミミズ　④ ウニ
⑤ ホヤ　⑥ ヘビ　⑦ カエル　⑧ ナメクジウオ

問4　原口が将来の口になる動物として適切なものを，次のうちから**二つ**選び，番号で答えよ。ただし，解答の順序は問わない。　38　39

① トンボ　② ニワトリ　③ ナマコ　④ ヒト　⑤ ミミズ
⑥ カエル　⑦ カメ　⑧ ホヤ　⑨ ウニ

問5　原口とは別の部分が将来の口になる動物として適切なものを，次のうちから**二つ**選び，番号で答えよ。ただし，解答の順序は問わない。 40 41

① カブトムシ　② ゴカイ　③ ハマグリ　④ スズメ　⑤ カイチュウ
⑥ イソギンチャク　⑦ カニ　⑧ ヒトデ　⑨ サソリ

問6　胚葉の分化が見られない動物として最も適切なものを，次のうちから一つ選び，番号で答えよ。 42

① クラゲ　② ヒドラ　③ カイメン　④ プラナリア
⑤ センチュウ　⑥ ホヤ

問7　体節が外見上もはっきりと見られる動物として適切なものを，次のうちから**二つ**選び，番号で答えよ。ただし，解答の順序は問わない。 43 44

① ウニ　② センチュウ　③ ナメクジウオ　④ ワニ　⑤ イモリ
⑥ ミミズ　⑦ カメ　⑧ トンボ　⑨ ヒト

理科（基礎）

（注）　物理基礎，化学基礎，生物基礎の中から２科目選択。

◀物理基礎▶

（基礎２科目で60分）

Ⅰ　ある物体が水中に浸かっているときの浮力を考える。以下の問いの［　　］に当てはまる解答を，選択肢から一つ選び番号で答えよ。

問１　物体が水中に浸かっている場合，浮力の大きさFは，水の密度をρ，物体が排除した水の体積をV，重力加速度をgとすると，$F=$［ 16 ］となる。

①　$\dfrac{g}{\rho V}$　②　$\dfrac{\rho V}{g}$　③　$\dfrac{\rho}{gV}$　④　$\dfrac{gV}{\rho}$　⑤　ρVg　⑥　$\dfrac{1}{\rho Vg}$

⑦　$\dfrac{\rho g}{V}$　⑧　$\dfrac{V}{\rho g}$

問２　底面積が$1.0\times10^{-1}\mathrm{m}^2$の直方体の物体が直方体の底面が水面と平行になるように水中に浮かんでいる場合を考える。このとき物体が受ける浮力の大きさは，［ 17 ］Nとなる。ただし，物体の水面下の長さを$1.0\times10^{-1}\mathrm{m}$，水の密度を$1.0\times10^3\mathrm{kg/m^3}$，重力加速度の大きさを$g=9.8\mathrm{m/s^2}$とする。

①　84　②　86　③　88　④　90　⑤　92　⑥　94　⑦　96　⑧　98

問３　問２のとき，物体の質量は，［ 18 ］kgとなる。

①　3.0　②　4.0　③　5.0　④　6.0　⑤　7.0　⑥　8.0　⑦　9.0　⑧　10

問４　次に体積が$1.0\mathrm{m}^3$の氷が水中に浮かんでいる場合を考える。氷の密度は水の密度の0.90倍であるとすると，氷にはたらく浮力の大きさは，［ 19 ］Nとなる。

①　8.4×10^3　②　8.6×10^3　③　8.8×10^3　④　9.0×10^3　⑤　9.2×10^3

⑥　9.4×10^3　⑦　9.6×10^3　⑧　9.8×10^3

問５　問４のとき，水面より上に出ている部分の氷の体積は氷全体の体積の，［ 20 ］%になる。

①　2.0　②　4.0　③　6.0　④　8.0　⑤　10　⑥　12　⑦　14　⑧　16

Ⅱ　図のように内部抵抗が無視できる電圧 $E = 9.0\,\mathrm{V}$ の電池に，$R_1 = 0.50\,\Omega$，$R_2 = 3.0\,\Omega$，$R_3 = 6.0\,\Omega$ の3つの抵抗を接続した回路がある。

以下の問いの［　］に当てはまる解答を，選択肢から一つ選び番号で答えよ。

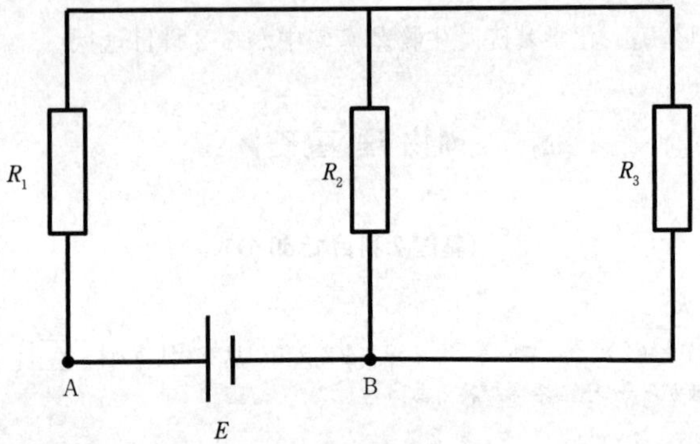

問1　A－B間の合成抵抗は，［21］Ωである。

①　0.40　②　0.50　③　1.0　④　2.0　⑤　2.5　⑥　4.5　⑦　9.0　⑧　9.5

問2　抵抗 R_1 に流れる電流は，［22］Aである。

①　1.2　②　1.8　③　2.4　④　3.0　⑤　3.6　⑥　4.5　⑦　7.2　⑧　18

問3　抵抗 R_2 に流れる電流は，［23］Aである。

①　1.2　②　1.8　③　2.4　④　3.0　⑤　3.6　⑥　4.5　⑦　7.2　⑧　18

問4　抵抗 R_3 に流れる電流は，［24］Aである。

①　1.2　②　1.8　③　2.4　④　3.0　⑤　3.6　⑥　4.5　⑦　7.2　⑧　18

問5　抵抗 R_1 と同じ抵抗値をもつ電熱線を，抵抗 R_1 を取り外して同じ場所に接続したとき，1.0分間に発生するジュール熱は，［25］Jである。

①　1.3×10^2　②　1.7×10^2　③　3.9×10^2　④　4.8×10^2　⑤　5.0×10^2

⑥　6.1×10^2　⑦　1.5×10^3　⑧　9.7×10^3

Ⅲ　図のように，周期 T の正弦波が媒質中を x 軸の正の向きに進み，現在，波の先端は x_4 の位置にある。この時刻を0とする。x 軸上の x_0 から x_8 までの間の各間隔は等間隔とし，各間隔の長さを l とする。やがて波は点 x_8 の壁で固定端反射される。

以下の問いの［　　］に当てはまる解答を，選択肢から一つ選び番号で答えよ。

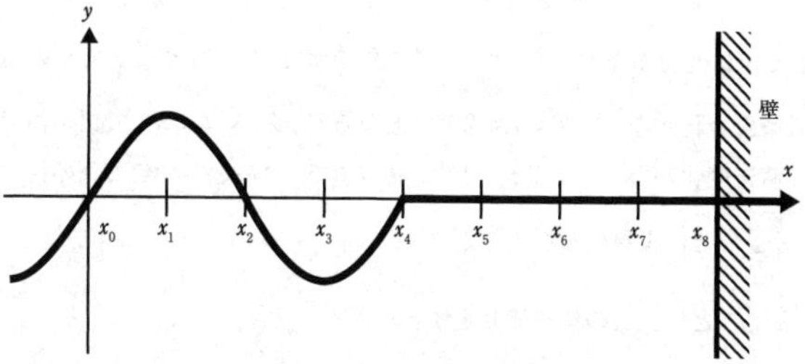

問1　この波の振動数は，［26］であり，この波の速度は，［27］である。

［26］の選択肢

①　0　　②　l　　③　T　　④　lT　　⑤　$2lT$　　⑥　$\frac{1}{T}$　　⑦　$\frac{2}{T}$

⑧　$\frac{l}{T}$　　⑨　$\frac{T}{l}$

［27］の選択肢

①　lT　　②　$2lT$　　③　$4lT$　　④　$\frac{T}{l}$　　⑤　$\frac{2T}{l}$　　⑥　$\frac{4T}{l}$　　⑦　$\frac{l}{T}$

⑧　$\frac{2l}{T}$　　⑨　$\frac{4l}{T}$

問２　時刻を t とすると x_6 の位置における波の振動の様子は，**28** である。

① $0 \leqq t \leqq \frac{1}{4}T$ で値に変化がなく，$\frac{1}{4}T < t < \frac{1}{2}T$ で正の値で，$\frac{1}{2}T < t < \frac{3}{4}T$ で負の値である。

② $0 \leqq t \leqq \frac{1}{4}T$ で値に変化がなく，$\frac{1}{4}T < t < \frac{1}{2}T$ で負の値で，$\frac{1}{2}T < t < \frac{3}{4}T$ で正の値である。

③ $0 \leqq t \leqq \frac{1}{2}T$ で値に変化がなく，$\frac{1}{2}T < t < T$ で正の値で，$T < t < \frac{3}{2}T$ まで負の値である。

④ $0 \leqq t \leqq \frac{1}{2}T$ で値に変化がなく，$\frac{1}{2}T < t < T$ で負の値で，$T < t < \frac{3}{2}T$ で正の値である。

⑤ $0 \leqq t \leqq T$ で値に変化がなく，$T < t < 2T$ で正の値で，$2T < t < 3T$ で負の値である。

⑥ $0 \leqq t \leqq T$ で値に変化がなく，$T < t < 2T$ で負の値で，$2T < t < 3T$ で正の値である。

⑦ $t = 0$ から，$\frac{1}{4}T$ ごとに正負の値を繰り返す。

⑧ $t = 0$ から，$\frac{1}{2}T$ ごとに正負の値を繰り返す。

⑨ $t = 0$ から，T ごとに正負の値を繰り返す。

問３　縦波は x 軸の各点での正負の変位を y 軸での変位に置き変えることで，縦波を横波と同じように表すことができる。この波が縦波であるなら，位置 x_6 においてはじめて最も密になる時刻は，**29** である。

① $\frac{1}{4}T$　② $\frac{1}{2}T$　③ T　④ $2T$　⑤ $3T$　⑥ $4T$　⑦ $6T$　⑧ $8T$

問４　波が反射して x_0 から x_8 までの全ての範囲で定常波ができたときの腹の位置は，**30** である。

① x_0，x_1，x_2，x_3，x_4，x_5，x_6，x_7，x_8　② x_0，x_2，x_4，x_6，x_8　③ x_1，x_3，x_5，x_7

④ x_0，x_3，x_6　⑤ x_1，x_4，x_7　⑥ x_0，x_4，x_8

⑦ x_1，x_5　⑧ x_2，x_6　⑨ x_3，x_7

◀化 学 基 礎▶

（基礎 2 科目で 60 分）

Ⅰ　物質の構成と化学結合に関する次の文章（1 ～ 7）を読み，以下の問いに答えよ。

1．純物質と混合物に関する以下の問いに答えよ。

問 1　物質の組み合わせ①～④のうち，純物質に分類される物質どうしの組み合わせとして最も適切なものを，次の中から一つ選び，番号で答えよ。　[1]

① 石油　と　エタノール
② エタノール　と　酸化マグネシウム
③ 酸化マグネシウム　と　塩酸
④ 塩酸　と　水素

2．物質の分離と精製に関する以下の問いに答えよ。

問 2　分離・精製の操作に用いられる方法として，蒸留が最も適切なものを，次の中から一つ選び，番号で答えよ。　[2]

① 海水から純粋な水を取り出す。
② 石油からガソリン，軽油，重油を分離する。
③ すりつぶした大豆から，溶媒にヘキサンを使って大豆油を取り出す。
④ 食塩水から食塩を分離する。

3．元素名に関する以下の問いに答えよ。

問 3　水素の英語名として最も適切なものを，次の中から一つ選び，番号で答えよ。　[3]

① Hydrogen
② Nitrogen
③ Oxygen
④ Helium

4．成分元素の検出に関する以下の問いに答えよ。

問 4　銅（Cu）が示す炎色反応の色として最も適切なものを，次の中から一つ選び，番号で答えよ。　[4]

① 赤色　② 黄色　③ 橙赤色　④ 青緑色

5．氷を1.013×10^5 Pa（1気圧）のもとで同じ割合で加熱したときの，加熱時間と温度の関係を図に模式的に示す。以下の問いに答えよ。

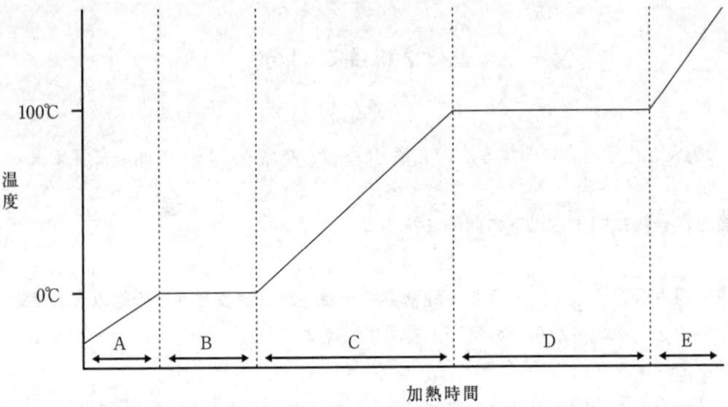

問5　物質の状態として水（液体）と氷（固体）が共存する範囲として最も適切なものを，次の中から一つ選び，番号で答えよ。 5

① A　② B　③ C　④ D　⑤ E

6．元素の周期表に関する以下の問いに答えよ。

問6　水素（H）が配置されている周期と族との組み合わせとして最も適切なものを，次の中から一つ選び，番号で答えよ。 6

① 第1周期―1族
② 第1周期―18族
③ 第2周期―15族
④ 第2周期―16族

7．陽子と中性子に関する以下の問いに答えよ。

問7　中性子数が陽子数より1だけ大きい原子どうしの組み合わせとして最も適切なものを，次の中から一つ選び，番号で答えよ。 7

① ^{12}C，^{23}Na　② ^{18}O，^{31}P　③ ^{12}C，^{18}O　④ ^{23}Na，^{31}P

Ⅱ　物質の変化ならびに化学と人間生活に関する次の文章（1～8）を読み，以下の問いに答えよ。ただし，標準状態における気体のモル体積 = 22.4 L/molとし，原子量はH = 1.0，C = 12，O = 16，S = 32，Ca = 40とする。

1．分子の物質量とその分子に含まれる原子数に関する以下の問いに答えよ。

問1　1 molの水には，6.0×10^{23}個の水分子が含まれる。36 gの水には，何個の水素原子が含まれるか。最も適当な数値を，次の中から一つ選び，番号で答えよ。　8　個

①　2.4×10^{23}　②　6.0×10^{23}　③　1.2×10^{24}　④　2.4×10^{24}

2．溶液の濃度に関する以下の問いに答えよ。

問2　質量パーセント濃度が49％の硫酸水溶液のモル濃度は何mol/Lか。最も適当な数値を，次の中から一つ選び，番号で答えよ。ただし，この硫酸水溶液の密度は1.4 g/cm^{3}とする。

9　mol/L

①　3.6　②　4.9　③　7.0　④　9.8

3．次式のように，エタンC_2H_6を完全燃焼させると二酸化炭素と水を生じる。

$$2C_2H_6 + 7O_2 \rightarrow 4CO_2 + 6H_2O$$

問3　1.5 gのエタンと標準状態で4.48 Lの酸素を完全に反応させたとき，生成した二酸化炭素は何gか。最も適当な数値を，次の中から一つ選び，番号で答えよ。　10　g

①　1.5　②　3.0　③　4.4　④　5.6

4．水溶液のpHに関する以下の問いに答えよ。

問4　0.050 mol/Lの酢酸CH_3COOH水溶液の電離度を0.020とすると，この水溶液のpHはいくつか。最も適当な数値を，次の中から一つ選び，番号で答えよ。　11

①　1.0　②　2.0　③　3.0　④　4.0

5．中和反応に関する以下の問いに答えよ。

問5　1.0 mol/Lの希硫酸50.0 mLを完全に中和するには，少なくとも水酸化カルシウムの固体が何g必要か。最も適当な数値を，次の中から一つ選び，番号で答えよ。　12　g

①　2.5　②　3.7　③　5.0　④　7.4

6．酸化還元反応に関する以下の問いに答えよ。

問6　下線で示す物質が還元剤としてはたらいている化学反応式はどれか。最も適当なものを，次の中から一つ選び，番号で答えよ。　[13]

① $Cl_2 + Na_2SO_3 + H_2O \rightarrow Na_2SO_4 + 2HCl$

② $2FeCl_2 + Cl_2 \rightarrow 2FeCl_3$

③ $NH_3 + HCl \rightarrow NH_4Cl$

④ $MnO_2 + 4HCl \rightarrow MnCl_2 + 2H_2O + Cl_2$

7．電池に関する以下の問いに答えよ。

問7　電池に関する記述として**下線部に誤りを含むもの**はどれか。最も適当なものを，次の中から一つ選び，番号で答えよ。　[14]

① 充電によって繰り返し使うことのできる電池を，二次電池という。

② 電池の両極間の電位差を起電力という。

③ 導線から電子が流れこむ電極を，電池の正極という。

④ 鉛蓄電池では，負極に酸化鉛（Ⅳ）が用いられる。

8．化学と人間生活に関する以下の問いに答えよ。

問8　身近に使われている合金に関する記述として**下線部に誤りを含むもの**はどれか。最も適当なものを，次の中から一つ選び，番号で答えよ。　[15]

① 真ちゅう（黄銅）は，銅に亜鉛を加えて得られる黄色の光沢をもつ合金で，楽器などに用いられる。

② ニクロムは，ニッケルとクロムの合金であり，電気抵抗が小さく，電熱線の材料に用いられる。

③ チタンとニッケルからなる形状記憶合金は，変形した後でも温度を変えて，元の形に戻すことができる。

④ ステンレス鋼は，クロムやニッケルなどを鉄に加えた合金で，さびにくい。

◀生物基礎▶

（基礎2科目で60分）

Ⅰ　光合成と呼吸に関する以下の問いに答えよ。

問1　次の記述(a)～(h)のうち，正しいものを過不足なく含むものを，下の①～⑨のうちから一つ選び，番号で答えよ。　31

(a)　同化反応ではATPが合成されるが，異化反応にはATPは関与しない。
(b)　同化反応ではATPが分解されるが，異化反応にはATPは関与しない。
(c)　光合成は異化反応，呼吸は同化反応である。
(d)　光合成は同化反応，呼吸は異化反応である。
(e)　呼吸ではATPが合成されるが，光合成ではATPは関与しない。
(f)　呼吸ではATPが分解されるが，光合成ではATPは関与しない。
(g)　光合成ではATPの合成と分解の両方が行われる。
(h)　光合成ではATPが分解されるが，呼吸ではATPは関与しない。

①　a，c　　②　b，d　　③　c，e　　④　d，f　　⑤　b，g
⑥　d，g　　⑦　c，h　　⑧　a，f　　⑨　b，h

問2　次の記述(a)～(h)のうち，正しいものを過不足なく含むものを，下の①～⑨のうちから一つ選び，番号で答えよ。　32

(a)　シアノバクテリアは，光合成を行うので，葉緑体がある。
(b)　シアノバクテリアは，光合成を行うが，葉緑体はない。
(c)　シアノバクテリアは，光合成を行わないが，葉緑体はある。
(d)　シアノバクテリアは，光合成を行わず，葉緑体もない。
(e)　好気性細菌は，呼吸を行うので，ミトコンドリアがある。
(f)　好気性細菌は，呼吸を行うが，ミトコンドリアはない。
(g)　好気性細菌は，呼吸を行わないが，ミトコンドリアはある。
(h)　好気性細菌は，呼吸を行わず，ミトコンドリアもない。

①　a，e　　②　b，f　　③　c，g　　④　d，h　　⑤　a，f
⑥　b，g　　⑦　c，h　　⑧　d，e　　⑨　a，g

問3　呼吸に関する次の記述(1)～(3)のうち，**正しいものには①，誤っているものには②**をマークせよ。

(1)　すべての生物は呼吸する。　33

(2)　動物は一日中呼吸をするが，植物は夜だけ呼吸する。　34

(3)　物体の燃焼よりも，生物の呼吸の方が発熱量が小さく，得られる化学エネルギーはATPに変換されて貯蔵できる。　35

Ⅱ　遺伝子とその働きに関する次の文章を読み，以下の問いに答えよ。

(a)現代遺伝学の基盤は，1800年代後半から1900年代半ばにかけて構築された。1870年ごろにミーシャーによって，包帯についた白血球の細胞核から核酸が発見された。その後，グリフィスやエイブリーらによる肺炎双球菌を用いた研究などから，この核酸は遺伝子の本体であると考えられるようになり，急速にその研究が進んだ。肺炎双球菌には，ネズミに肺炎を起こすS型菌と，起こさないR型菌とがある。S型菌は多糖類（炭水化物）でできた鞘（カプセル，被膜）をもつが，R型菌にはこの鞘がないため病原性がない。グリフィスやエイブリーらが行った実験にならって以下の実験１～５を行った。

実験１　S型菌をネズミに注射するとネズミは肺炎を起こしたが，R型菌を注射した場合は肺炎を起こさなかった。

実験２　加熱殺菌したS型菌をネズミに注射しても，ネズミは肺炎を起こさなかった。

実験３　(b)加熱殺菌したS型菌と生きたR型菌を混ぜて注射すると，肺炎を起こすネズミが現れ，このネズミから生きたS型菌が検出された。

実験４　**実験３**で得られたS型菌を数世代培養した後にネズミに注射すると，ネズミは肺炎を起こした。

実験５　(c)加熱殺菌したS型菌をすりつぶして得た抽出液を生きたR型菌と混ぜて培養すると，S型菌が出現する場合があった。

問１　下線部(a)に関連して，DNAや遺伝子発現にまつわる研究の歴史に関する記述として**誤っているもの**を，次のうちから一つ選び，番号で答えよ。　36

①　メンデルは，エンドウの親の形質が次の世代に遺伝する現象から，遺伝の法則性を発見し，概念として遺伝子の存在を示した。

②　メセルソンとスタールは，ショウジョウバエの交雑実験から，遺伝子は染色体上で一定の順序に配列しているという説を提唱した。

③　シャルガフは，どの生物でも，DNAを構成する塩基のうち，Aの数の割合とTの数の割合が同じであることを発見した。

④　ハーシーとチェイスは，ファージを使った実験から，DNAが遺伝子の本体の物質であることを決定した。

⑤　ワトソンとクリックは，DNAの構造は二重らせんであることを提唱した。

問２　下線部(b)のように，生きたR型菌が加熱殺菌されたS型菌から影響を受けて病原性のタイプに変わるような遺伝的性質の変化を何というか。最も適切なものを，次のうちから一つ選び，番号で答えよ。 37

①　感染　②　組換え　③　形質転換　④　交雑　⑤　適応現象　⑥　突然変異

問３　実験１～５の結果から考察される，S型菌の形質を決定する物質の性質として**誤っているもの**を，次のうちから一つ選び，番号で答えよ。 38

①　熱に対して比較的安定である。
②　遺伝に関係する。
③　R型菌に移りその形質を変化させる。
④　加熱するとS型菌の形質を決める物質に変化する。

問４　実験１～５の結果をふまえたうえで，下線部(c)の抽出液を様々な酵素で処理して，R型菌と混ぜて培養した後に，S型菌が出現するかどうかを調べる実験を考えた。この実験に関して，処理に使う酵素とS型菌の出現との組合せとして適切なものを，次のうちから**二つ**選び，番号で答えよ。ただし，解答の順序は問わない。なお，処理に使う酵素は，他の酵素の作用に影響しないものとする。 39 40

	処理に使う酵素	**S型菌**
①	タンパク質を分解する酵素とDNAを分解する酵素	出現する
②	タンパク質を分解する酵素と多糖類（鞘）を分解する酵素	出現する
③	DNAを分解する酵素と多糖類（鞘）を分解する酵素	出現する
④	タンパク質を分解する酵素，DNAを分解する酵素，および多糖類（鞘）を分解する酵素	出現する
⑤	タンパク質を分解する酵素	出現しない
⑥	DNAを分解する酵素	出現しない
⑦	多糖類（鞘）を分解する酵素	出現しない

Ⅲ　野生生物種の減少に関する次の文章を読み，以下の問いに答えよ。

インドネシアでは，首都ジャカルタを有するジャワ島の人口増加に伴い，スマトラ島，ボルネオ島への移住が進み，スマトラサイなど（　ア　）の減少が加速した。アフリカでは，アフリカゾウの減少が問題となっている。その原因となる象牙の国際取引は現在禁止されているが，密猟の行為が後を絶たず，それを監視する役割が重要である。

また，他地域から人為的に持ち込まれた生物は，生態系や経済に重大な影響を与えることがあり，環境問題の一つとして扱われることがある。このような生物を（　イ　）といい，（　ウ　）がいないため，持ち込まれた直後から増えすぎることがあり，（　ア　）の減少にも影響を及ぼすことがある。

問1　（　ア　）・（　イ　）に入る語として最も適切なものを，次のうちから一つずつ選び，番号で答えよ。　ア［41］　イ［42］

① 在来種　② パイオニア種　③ キーストーン種　④ 外来種
⑤ バイオーム

問2　日本で見られる（　イ　）の具体例として最も適切なものを，次のうちから一つ選び，番号で答えよ。　［43］

① オオクチバス　② アオダイショウ　③ クロユリ　④ カワネズミ
⑤ ムササビ

問3　文章中のアフリカゾウやスマトラサイなどの，絶滅の恐れがある生物について，その危険性の高さを判定して分類したものとして最も適切なものを，次のうちから一つ選び，番号で答えよ。　［44］

① レンジャー　② ブローカー　③ ハンター　④ レッドリスト　⑤ モニター

問4　（　ウ　）に入る語として最も適切なものを，次のうちから一つ選び，番号で答えよ。　［45］

① 分解者　② 生産者　③ 天敵　④ 被食者　⑤ 宿主　⑥ リーダー

① DNAの突然変異が伝わるのは同じ科に属する動物どうしである
② 属が異なる動物どうしであっても種が同じであれば子孫を残す
③ チンパンジーはサル科に属する
④ チーターはネコ科のチーター属のチーター種である
⑤ ジャッカルは一頭のネコ科動物を祖先にもつ

問六　波線部B「不面目」の理由として最も適切なものを、次の中から一つ選び、番号で答えよ。 36

① ホモ・サピエンスが一つの科に属していることが、秘密として厳重に守られていたのに、今は守られていないから
② ホモ・サピエンスが動物とは無縁の存在ではないことを知りながら、無縁の存在と見なしてきたから
③ 人類の祖先が類猿人であるから
④ 遠くない将来、人類が再び争いごとを起こすと考えられているから
⑤ ホモ属に所属する種が多数あったにもかかわらず、ホモ・サピエンスは自分たちだけがホモ属だと見なしてきたから

問七　波線部C「野蛮ないとこ」にあてはまるものとして最も適切なものを、次の中から一つ選び、番号で答えよ。 37

① ホモ・エレクトス　② オランウータン　③ パンテラ・レオ　④ 太古の人類　⑤ イヌ科

問八　本文に書かれている内容と一致するものを、次の中から一つ選び、番号で答えよ。 38

① ホモ・エレクトスはうだるように暑い密林で生き抜くのに適した特性を有していた
② 数多くいたホモ・サピエンスの種のなかで、私たちの人類種だけが現存している
③ 地球上には複数の人類種が同時に存在していた
④ ホモ・アウストラロピテクスはアフリカだけでなくアジアにも住み着いた
⑤ ホモ属はアウストラロピテクス、ネアンデルターレンシス、エレクトス、サピエンスの順に進化した

エ　① 想定外の　② お馴染みの　③ 先史時代的　④ ムラ社会の　⑤ アフリカ特有の　エ 28

オ　① 利き　② 嗅ぎ　③ 振り　④ 選り　⑤ 嚙み　オ 29

カ　① 世代　② 社会　③ 水準　④ 階級　⑤ 番付　カ 30

キ　① 孤児　② 異星人　③ 神　④ 一人っ子　⑤ 一匹オオカミ　キ 31

ク　① むろん　② つまり　③ ただし　④ いわば　⑤ ちなみに　ク 32

問三　空欄 Ⅰ と Ⅱ と Ⅲ にあてはまる語句の組み合わせとして最も適切なものを、次の中から一つ選び、番号で答えよ。 33

① Ⅰ エネルギー学　Ⅱ 遺伝子工学　Ⅲ 人間発達学

② Ⅰ 熱力学　Ⅱ 遺伝子工学　Ⅲ 文化人類学

③ Ⅰ エネルギー学　Ⅱ 天文学　Ⅲ 文化人類学

④ Ⅰ 化学　Ⅱ 生物学　Ⅲ 歴史

⑤ Ⅰ 熱力学　Ⅱ 地学　Ⅲ 社会学

問四　空欄 Ⅳ にあてはまる表現として最も適切なものを、次の中から一つ選び、番号で答えよ。 34

① サピエンスでない人類

② 野蛮ないとこたち

③ 現存するもっとも近しい縁者

④ 地球上の未知の生物

⑤ ホモ・サピエンス

問五　波線部Ａ「生き物を「種」に分類する」について本文に書かれている内容と一致するものを、次の中から一つ選び、番号で答えよ。 35

(3)　クッタク　22

① 教科書をサイタクする
② ジュンタクな資金を得る
③ ギョタクを作成する
④ タクエツした技術をもつ
⑤ 資産管理を銀行にシンタクする

(4)　コジ　23

① 自説にコシツする
② 相手の名前をレンコする
③ リコ的な考え方
④ コチョウして似顔絵を描く
⑤ 去年の出来事をカイコする

(5)　フオン　24

① 正しくハツオンする
② オンケンな思想
③ オンコウな人柄
④ オンネンを晴らす
⑤ 自然のオンケイに浴する

問二　空欄 ア から ク にあてはまる言葉として最も適切なものを、次の各群の①から⑤の中から一つずつ選び、番号で答えよ。

ア　① すなわち　② もちろん　③ 俗に言う　④ いわゆる　⑤ さしずめ　ア 25

イ　① 物質　② 環境　③ 空気　④ 光　⑤ 太陽　イ 26

ウ　① 扇動　② 認知　③ 始動　④ 翻弄　⑤ 暗転　ウ 27

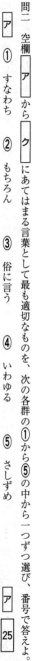

ヨーロッパとアジア西部の人類は、ホモ・ネアンデルターレンシス（「ネアンデル谷《タール》出身のヒト」の意）で、一般にはたんに「ネアンデルタール人」と呼ばれている。ネアンデルタール人は私たちサピエンスよりも大柄で逞しく、氷河時代のユーラシア大陸西部の寒冷な気候にうまく適応していた。アジアのもっと東側に住んでいたのがホモ・エレクトス（「直立したヒト」の意）で、そこで二〇〇万年近く生き延びた。これほど長く存在した人類種は他になく、この記録は私たちの種にさえ破れそうにない。ホモ・サピエンスは今から一〇〇〇年後にまだ生きているかどうかすら怪しいのだから、二〇〇万年も生き延びることなど望むべくもない。

（ユヴァル・ノア・ハラリ（柴田裕之訳）『サピエンス全史（上）―文明の構造と人類の幸福』河出書房新社）

問一　傍線部⑴から⑸と同じ漢字を用いるものを、次の各群の①から⑤の中から一つずつ選び、番号で答えよ。

⑴　セイコウ　　20

①　要塞をコウチクする
②　メイコウが作った陶器
③　鋼のコウドを測る
④　コウゲン令色な態度
⑤　コウオの感情が強い

⑵　グンゾウ　　21

①　ウゾウムゾウの集団
②　ゾウキを移植する
③　グウゾウ崇拝する
④　資産をゾウヨする
⑤　若手議員がゾウハンする

モス、マストドン）という具合だ。ある科に属する生き物はみな、血統をさかのぼっていくと、おおもとの単一の祖先にたどり着く。たとえば、最も小さなイエネコから最も獰猛《どうもう》なライオンまで、ネコ科の動物はみな、およそ二五〇〇万年前に生きていた、一頭のネコ科の祖先を共有している。

ホモ・サピエンスも一つの科に属している。このごく当然の事実はかつて、歴史上最も厳重に守られていた部類の秘密だった。ホモ・サピエンスは長年、自らを動物とは無縁の存在と見なしたがっていた。親類がなく、兄弟姉妹やいとこも持たず、これがいちばん肝心なのだが、親すらいない、完全なる［キ］というわけだ。だが、それは断じて間違っている。好むと好まざるとにかかわらず、私たちもヒト科と呼ばれる、大きな、ひどくやかましい科に所属しているのだ。現存する最も近しい縁者には、チンパンジーとゴリラとオランウータンがいる。なかでも、チンパンジーがいちばん近い。わずか六〇〇万年前、ある一頭の類人猿のメスに、二頭の娘がいた。そして、一頭はあらゆるチンパンジーの祖先となり、もう一頭が私たちの祖先となった。

B 不面目な秘密

ホモ・サピエンスは、さらに(5)フオンな秘密を隠してきた。私たちには C 野蛮ないとこたちが大勢いるばかりでなく、かつては多くの兄弟姉妹もいたのだ。私たちは自分たちが唯一の人類だとばかり思っている。それは実際、過去一万三〇〇〇年間に存在していた人類種が唯一私たちだけだったからだ。とはいえ、「人類」という言葉の本当の意味は、「ホモ属に属する動物」であり、以前はホモ・サピエンス以外にも、この属に入る種は他に数多くあった。そのうえ、本書の最終章で見るように、そう遠くない将来、私たちは再び、［Ⅳ］と競い合う羽目になるかもしれない。この点をはっきりさせるために、私はホモ・サピエンスという種の生き物（現生人類）を指すときに、「サピエンス」という言葉をしばしば使い、ホモ属の生き物すべてを指すときに「人類」という用語を使うことにする。

人類が初めて姿を現したのは、およそ二五〇万年前の東アフリカで、アウストラロピテクス属と呼ばれる、先行する猿人から進化した（［ク］、アウストラロピテクスとは、「南のサル」の意）。約二〇〇万年前、この太古の人類の一部が故郷を離れて北アフリカ、ヨーロッパ、アジアの広い範囲に進出し、住み着いた。ヨーロッパ北部の雪の多い森で生き延びるには、インドネシアのうだるように暑い密林で生き抜くのに適したものとは異なる特性を必要としたので、それぞれの地に暮らす人類は、異なる方向へ進化していった。その結果、いくつか別個の種が誕生し、学者たちはその一つひとつに仰々しいラテン語の学名をつけた。

のかという物語を綴っていく。

人類は、歴史が始まるはるか以前から存在していた。現生人類と非常によく似た動物が初めて姿を現したのは、およそ二五〇万年前のことだった。だが、数え切れぬほどの世代にわたって、彼らは生息環境を共にする多種多様な生き物のなかで突出することはなかった。

もしあなたが二〇〇万年前に東アフリカを歩き回ったとしたら、きっと［エ］(2)グンゾウに出くわしたことだろう。心配そうに赤ん坊を抱いてあやす母親、泥まみれで遊ぶ(3)クッタクのない子供たち、社会の掟に苛立つ気難しい若者たち、くたびれ果て、そっとしておいてもらいたがる老人たち、逞《たくま》しさを(4)コジし、あたりに住む愛らしい娘の気を惹こうとする男たち、酸いも甘いも［オ］分けた、賢い女性の長老たち。彼ら太古の人類も、愛し、遊び、固い友情を結び、地位と権力を求めて競い合った——ただし、それはチンパンジーやヒヒやゾウにしても同じだ。太古の人類に特別なところは何一つない。彼らの子孫がいつの日にか月面を歩き、原子を分裂させ、遺伝子コードを解読し、歴史書を書こうなどとは、当の人類はもとより、誰であれ知る由もなかった。先史時代の人類について何をおいても承知しておくべきなのは、彼らが取るに足りない動物にすぎず、環境に与える影響は微々たるもので、ゴリラやホタルやクラゲと大差なかった点だ。

生物学者はA生き物を「種」に分類する。動物の場合、交尾をする傾向があって、しかも繁殖力のある子孫を残す者どうしが同じ種に属すると言われる。馬とロバは比較的最近、共通の祖先から分かれたので、多くの身体的特徴を共有している。だが、交尾相手として互いに興味を示すことはない。交尾するように仕向けられればそうするが、そこから生まれた子供（ラバ）には繁殖力がない。したがって、ロバのDNAの突然変異が馬に伝わることはけっしてないし、その逆も起こりえない。そのため馬とロバは、それぞれ別の進化の道筋をたどっている、二つの別個の種と見なされる。それとは対照的に、ブルドッグとスパニエルは外見がはなはだ異なっていても同じ種の動物で、同じDNAプールを共有している。両者は喜んで交尾し、生まれた子犬は長じて他の犬とつがい、次の世代の子犬を残す。

共通の祖先から進化したさまざまな種はみな、「属」という上位の分類［カ］に所属する。ライオン、トラ、ヒョウ、ジャガーはそれぞれ種は違うが、みなヒョウ属に入る。生物学者は二つの部分（前の部分が属を表す属名、後ろの部分が種の特徴を表す種小名《しゅしょうめい》）から成るラテン語の学名を各生物種につける。たとえばライオンは、パンテラ（ヒョウ）属のレオ（ライオン）で「パンテラ・レオ」。そして、本書の読者はおそらく全員、ホモ（ヒト）属のサピエンス（賢い）という生き物である「ホモ・サピエンス」のはずだ。

属が集まると「科」になる。ネコ科（ライオン、チーター、イエネコ）、イヌ科（オオカミ、キツネ、ジャッカル）、ゾウ科（ゾウ、マン

問八　波線部E「まっとうでない人間」がさす内容として最も適切なものを、次の中から一つ選び、番号で答えよ。［19］

①　マニュアル通りにしか働くことができない人
②　就職も結婚も手遅れになってしまった人
③　家族や友人等の周囲の人に心配をかけている人
④　犯罪を繰り返している人
⑤　多数の人が当たり前と考えることとは異なる行動をする人

二　次の文章を読んで、後の問に答えよ。

今からおよそ一三五億年前、［ア］「ビッグバン」によって、［イ］、エネルギー、時間、空間が誕生した。私たちの宇宙の根本を成すこれらの要素の物語を「物理学」という。

物質とエネルギーは、この世に現れてから三〇万年ほど後に融合し始め、原子と呼ばれる複雑な構造体を成し、やがてその原子が結合して分子ができた。原子と分子とそれらの相互作用の物語を「［Ⅰ］」という。

およそ三八億年前、地球と呼ばれる惑星の上で特定の分子が結合し、格別大きく入り組んだ構造体、すなわち有機体（生物）を形作った。有機体の物語を「［Ⅱ］」という。

そしておよそ七万年前、ホモ・サピエンスという種に属する生き物が、なおさら(1)セイコウな構造体、すなわち文化を形成し始めた。そうした人間文化のその後の発展を「［Ⅲ］」という。

歴史の道筋は、三つの重要な革命が決めた。約七万年前に歴史を［ウ］させた認知革命、約一万二〇〇〇年前に歴史の流れを加速させた農業革命、そしてわずか五〇〇年前に始まった科学革命だ。三つ目の科学革命は、歴史に終止符を打ち、何かまったく異なる展開を引き起こす可能性が十分ある。本書ではこれら三つの革命が、人類をはじめ、この地上の生きとし生けるものにどのような影響を与えてきた

⑤ 夜眠れないときにスマイルマート日色町駅前店のことを考えると安心することができる

問五　本文の内容に照らし合わせて波線部B「普通の人間」に**あてはまらないもの**を、次の中から一つ選び、番号で答えよ。 16

① 結婚と同時に正規雇用の職を離職し無職を続ける既婚女性
② コンビニでパートタイム就労する既婚女性
③ 大学卒業時に正規雇用の職に就職できず非正規雇用で就労し続ける未婚女性
④ 自宅近くの会社に転職して家事の合間に就労する既婚女性
⑤ 海外支社で勤務し男性以上の収入を得ている未婚女性

問六　波線部C「近況」の内容として最も適切なものを、次の中から一つ選び、番号で答えよ。 17

① サツキは洋司が紹介した男性と結婚した
② ユカリは人間関係が原因で転職した
③ ミホは婚活サイトに登録して結婚した
④ 恵子は身体が弱いわけではないがアルバイトで働いている
⑤ ミキは男性より収入を多く得ているため彼女に見合う結婚相手が見つからない

問七　波線部D「女はいいよな、その点」がさす内容として最も適切なものを、次の中から一つ選び、番号で答えよ。 18

① 誰でもいいという条件であれば女性のほうが結婚相手を見つけやすい
② 身体が弱いのでコンビニでアルバイトしているという言い訳を女性がすれば納得してもらえる
③ 女性は身体が弱くても結婚相手を見つけやすい
④ 女性はアルバイト就労であっても結婚相手を見つけやすい
⑤ 結婚相手を紹介してもらえる機会が男性より多い

問二　空欄［ア］から［ク］にあてはまる言葉として最も適切なものを、次の各群の①から⑤の中から一つずつ選び、番号で答えよ。

［ア］　①サンゴ礁　②アルバイト　③機械仕掛け　④貝がら　⑤不眠不休　［ア］ 6

［イ］　①世界の歯車　②雇われ店長　③世間の勝ち組　④マネキン人形　⑤店の看板娘　［イ］ 7

［ウ］　①四面楚歌だ　②脈がない　③旗色が悪い　④肩身が狭い　⑤とうが立ってる　［ウ］ 8

［エ］　①不遜な　②心配そうな　③意地悪な　④戒めの　⑤怪訝な　［エ］ 9

［オ］　①厄介者　②妖怪　③飼い犬　④詐欺師　⑤時代劇　［オ］ 10

［カ］　①馬が合う　②押しが強い　③立つ瀬がない　④隅に置けない　⑤顔広い　［カ］ 11

［キ］　①軽快に　②ぼくとつに　③大げさに　④意図的に　⑤熱心に　［キ］ 12

［ク］　①弱肉強食の　②資本主義の　③幼なじみの　④正常な　⑤コンビニの　［ク］ 13

問三　空欄［Ｉ］にあてはまる表現として最も適切なものを、次の中から一つ選び、番号で答えよ。　14

①痛くもない腹を探る
②眉間に皺を寄せる
③後ろ指を指す
④煮え湯を飲ませる
⑤天狗になる

問四　波線部Ａ「店員としての私」について本文に書かれている内容と一致するものを、次の中から一つ選び、番号で答えよ。　15

①夜遅くまでコンビニで働いているため帰宅後すぐに布団の上に身体を横たえる
②毎日働いているせいか夜に熟睡できていない
③大学生のときに就職活動をしたが就職できずにアルバイトを始めた
④スマイルマート日色町駅前店で店員をしている間に店長が８人交代した

(2) スイソウ

① シソウ膿漏と診断される
② 商品をソウコに運ぶ
③ 水にジュウソウを加える
④ コウソウビルを建てる
⑤ 排水ソウチが壊れる

2

(3) コマク

① コキュウの速度が速い
② 相手の立場をコリョする
③ 数式をカッコでくくる
④ コダイな宣伝
⑤ 監督が選手をコブする

3

(4) フクショク

① 真珠をヨウショクする
② 糸をセンショクする
③ 事実をフンショクして話す
④ フショクフのマスクを着ける
⑤ 不安をフッショクする

4

(5) ヒョウシ

① 機械のシクミを知る
② 借金のリシを払う
③ シュウシ一貫
④ 全国クッシの強豪校
⑤ 作業を一時テイシする

5

キちゃんは仕事が凄いもんね。稼ぎだって男よりあるしさ、ミキちゃんほどになると、見合う相手もなかなかいないよなー」とユカリの旦那さんにフォローされていた。

「あ、肉焼けた、肉！」

場をとりなすようにミホが叫び、皆がほっとしたように、肉を皿に取り始めた。ユカリの旦那さんの唾液が飛び散った肉に、皆がかじりつく。

気が付くと、小学校のあのときのように、皆、少し遠ざかりながら私に身体を背け、それでも目だけはどこか好奇心を交えながら不気味な生き物を見るように、こちらに向けられていた。

あ、私、異物になっている。ぼんやりと私は思った。

店を辞めさせられた白羽さんの姿が浮かぶ。次は私の番なのだろうか。

［ク］世界はとても強引だから、異物は静かに削除《さくじょ》される。E まっとうでない人間は処理されていく。

（村田沙耶香『コンビニ人間』文春文庫）

問一　傍線部⑴から⑸の漢字と同じ漢字を用いるものを、次の各群の①から⑤の中から一つずつ選び、番号で答えよ。

⑴　センコウ　［1］

① 契約コウショウが難航する
② 隣国とのユウコウ関係
③ 作品のコウセツを問わない
④ 自己コウテイ感が低い
⑤ 論理的シコウ力を身につける

「え、ずっと……？　いや、就職が難しくても、結婚くらいした方がいいよ。今はさ、ほら、ネット婚活とかいろいろあるでしょ？」

私はユカリの旦那さんが強く言葉を発したヒョウシ(5)に、唾液《だえき》がバーベキューの肉の上に飛んで行ったのを眺めていた。食べ物の前に身を乗り出して喋るのはやめたほうがいいのではないかな、と思っていると、ミホの旦那さんも大きく頷いた。

「うんうん、誰でもいいから相手見つけたら？　D女はいいよな、その点。男だったらやばかったよ」

「誰か紹介してあげたらー？　洋司さん、［カ］じゃない」

サツキの言葉に、シホたちが、「そうそう！」「誰かいないの、ちょうどいい人？」と盛り上がった。

ミホの旦那さんは、ミホに何か耳打ちしたあと、

「あー、でも俺の友達、既婚者しかいないからなー。無理無理、紹介は」

と苦笑いした。

「あ、婚活サイトに登録したら？　そうだ、今、婚活用の写真とればいいじゃん。ああいうのって、自撮りの画像より、今日みたいなバーベキューとか、大勢で集まってるときの写真のほうが、好感度高くて連絡来るらしいよー」

「へえ、いいねいいね、撮ろうよ！」

ミホが言い、ユカリの旦那さんが、笑いを堪《こら》えながら、

「そうそう、チャンスチャンス！」

と言った。

「チャンス……それって、やってみるといいことありますか？」

素朴に尋ねると、ミホの旦那さんが戸惑った表情になった。

「いや、早いほうがいいでしょ。このままじゃ駄目だろうし、焦ってるでしょ、正直？　あんまり年齢いっちゃうとねえ、ほら、手遅れになるしさ」

「このままじゃ……あの、今のままじゃだめってことですか？　それって、何でですか？」

純粋に聞いているだけなのに、ミホの旦那さんが小さな声で、「やべえ」と呟くのが聞こえた。

同じ独身という立場のミキは、「私も焦ってるんですけどね、海外出張とかが多くてー」と［キ］自分の環境を説明して、「まあ、ミ

「私は今、横浜に住んでるよー。会社が近いんだ」
「あ、転職したんだ?」
「そうそう! 今はね、(4)フクショク系の会社ー! 前の職場は人間関係がちょっとね」
「私はね、結婚して埼玉にいるよー。仕事は前と同じ!」
「私はご覧のとおり、チビができて会社は育休中だよー」
ユカリが言い、私の番になった。
「私はコンビニでアルバイトしてる。身体が……」
いつも通り、妹の作ってくれた言い訳を続けようとすると、その前にエリが身を乗り出した。
「ああ、パート? 結婚したんだねー! いつ?」
当然のようにエリが言うので、
「ううん、してないよ」
と答えた。
「あの、え、それなのにアルバイト?」
マミコが戸惑った声を出す。
「うん。ええとね、私は身体が……」
「そうそう、恵子は身体が弱いんだよね。だからバイトで働いてるんだよね」
私を庇うようにミホが言う。私の代わりに言い訳をしてくれたミホに感謝していると、ユカリの旦那さんが、
「え、でも立ち仕事でしょ? 身体弱いのに?」
と［エ］声を出した。
彼とは初めて会うのに、そんなに身を乗り出して［Ⅰ］ほど、私の存在が疑問なのだろうか。
「ええと、他の仕事は経験がないので、体力的にも精神的にも、コンビニは楽なんです」
私の説明に、ユカリの旦那さんは、まるで［オ］でも見るような顔で私をみた。

あって、「店員」になることはできても、マニュアルの外ではどうすれば^B^普通の人間になれるのか、やはりさっぱりわからないままなのだった。

両親は甘く、いつまでもアルバイトをしている私を見守ってくれている。申し訳なく思い、二十代のころ、一応就職活動をしてみたこともあるが、コンビニのバイトしかしていない私は、書類(1)センコウを通ることさえめったになく、面接にこぎつけても何故《なぜ》何年もアルバイトをしていたのかうまく説明できなかった。

毎日働いているせいか、夢の中でもコンビニのレジを打っていることがよくある。ああ、ポテトチップスの新商品の値札が付いていないとか、ホットのお茶が沢山《たくさん》売れたので補充しなくては、などと思いながらはっと目が覚める。「いらっしゃいませ！」という自分の声で夜中に起きたこともある。

眠れない夜は、今も蠢《うごめ》いているあの透《す》き通ったガラスの箱のことを思う。清潔な(2)スイソウの中で、［ア］のように、今もなお店は動いている。その光景を思い浮かべていると、店内の音が(3)コマクの内側に蘇《よみがえ》ってきて、安心して眠りにつくことができる。

朝になれば、また私は店員になり、［イ］になれる。そのことだけが、私を正常な人間にしているのだった。

（中略）

翌日、約束通り午前から買い出しを手伝い、ミホの家まで運んで準備をした。昼にはミホの旦那さんやサツキの旦那さん、少し離れた所に住んでいる友達たちも集まり、懐かしい顔ぶれがそろった。

十四、五人ほど集まった中で、結婚していないのは私の他に二人だけだった。夫婦で来ている友達ばかりではないので何とも思わなかったが、結婚していないミキは「私たちだけ［ウ］ね」と私に耳打ちした。

「皆ほんとうに久しぶりー！　いつ以来だろ、お花見やったとき以来？」

「私もそうかも！　地元に来るのもあのとき以来だもん」

「ねえねえ、皆今どうしてるの？」

久しぶりに地元に帰ってきたという友達も何人かいたので、一人ずつ^C^近況を言う流れになった。

国語

（六〇分）

一　次の文章を読んで、後の問に答えよ。

私はたまに、電卓で、その日から過ぎた時間を数えてみることがある。スマイルマート日色町駅前店は一日も休むことなく、灯《あか》りを灯《とも》したまま回転し続けている。先日、お店は19回目の5月1日を迎え、あれから15万7800時間が経過した。私は36歳になり、お店も、A店員としての私も、18歳になった。あの日研修で一緒に学んだ店員は、もう一人も残っていない。店長も8人目だ。店の商品だって、あの日の物は一つも残っていない。けれど私は変わらず店員のままだ。

私がアルバイトを始めたとき、家族はとても喜んでくれた。

大学を出て、そのままアルバイトを続けると言ったときも、ほとんど世界と接点がなかった少し前の私に比べれば大変な成長だと、応援してくれた。

大学一年生のときは土日含めて週4日だったアルバイトに、今は週に5日通っている。いつも家に帰るとすぐに、狭い六畳半の敷きっぱなしの布団《ふとん》の上に身体を横たえる。

大学に入った時、私は実家を出て家賃の安い部屋を探して住み始めた。

いつまでも就職をしないで、執拗《しつよう》といっていいほど同じ店でアルバイトをし続ける私に、家族はだんだんと不安になったようだが、そのころにはもう手遅れになっていた。

なぜコンビニエンスストアでないといけないのか、普通の就職先ではだめなのか、私にもわからなかった。ただ、完璧なマニュアルが

解答編

英語

I 解答

問1. ① **問2.** ⑤ **問3.** ② **問4.** ③ **問5.** ⑤
問6. ① **問7.** ④ **問8.** ⑤ **問9.** ② **問10.** ③

解説

《自閉症を乗り越える》

問1. creative work は何かを作ることを表すので，まず①と②に絞られる。そして第5～最終段（As a person … to their world.）で執筆活動に言及している一方，楽器に関する記述は見当たらないので，①が正解とわかる。

問2. support person は「支援者」という意味である。よって⑤が正解。

問3. imaginative abilities は「想像力」という意味である。よって②が正解。

問4. many more people で「さらに多くの人々」という意味なので，③が正解。

問5. the inner worlds は「内面の世界」という意味なので，⑤が正解。

問6. connect with the world で「世界とつながる」という意味なので，①が正解である。

問7. even though ～ は「たとえ～であっても」。この文の前半は「私は彼らのようには振る舞えない」，後半が「私は普通の人々の世界を観察した」となっている。よって2つのつながりには「たとえ～であっても」の④が適切。

問8. the main character は「主人公」なので，⑤が正解。

問9. 下線部の their は前の the readers「読者」を指す。この段落の第2文（As I write …）の「私が作品によって伝えようとしていることを普通の人々は理解できるだろうかと思う」より，読者は「普通の（＝自閉症ではない）人々」だと分かるので，②が正解。

問10． 第６段第１文（Being a severely …）の「何も理解できないと思われるかもしれないが，私は常に周囲の人の話に耳を傾けている」に③が一致する。第４段第１文（I was encouraged …）に「…を知り励まされた」とあるが，筆者が励みとしたのは「自分と同様に意思疎通を行えない障害者がいること」ではなく「自分と同様の意思疎通の方法を採る人々が他の国々にいること」なので，②は不正解である。

Ⅱ 解答

問１． ②　**問２．** ①　**問３．** ②　**問４．** ②　**問５．** ①
問６． ②　**問７．** ⑤　**問８．** ④　**問９．** ③　**問10．** ④

解説

《アメリカでの黒人学生の座り込み運動》

問１． segregation は「人種隔離政策」という意味なので，選択肢の中では，② discrimination「人種差別」が正解。

問２． まず they が誰を指しているかを考える。第１段第１文の Black college students across the South である。their elders は「彼ら（＝黒人学生）の年長者」という意味で，「上の世代の黒人」を指している。よって①が正解。

問３． 下線部の文の２・３文後（Unlike Montgomery's buses, … for black people.）に「黒人用の席がなかった」とあるので，②が正解である。

問４． be back で「帰って来る」。つまり食事を出されなかった黒人学生たちが夕方そのレストランを去る際に，翌朝また来ると宣言したことを表している。②が正解である。

問５． attend classes は「授業に出席する」という意味。つまり，抗議に参加した学生たちが大学の授業に出席できるように順番に交替したことを表している。①が正解。

問６． another big downtown store「別の大きな繁華街の店」という意味なので，②が正解である。

問７． similar action は，「同じような行動」つまり抗議行動を表している。⑤が正解。

問８． practice of nonviolent protest で「暴力を用いない抗議の実践」な

ので，④が正解。

問９． the worldwide struggle for freedom は「自由を求めての世界的な戦い」という意味である。③が正解である。

問10． ①「公民権運動は1960年にノースカロライナで始まった」

グリーンズボロの座り込みは公民権運動の一環である。公民権運動自体が1960年に始まったという記述はない。

②「４人の黒人学生が始めた座り込みに参加する白人学生もいた」

第４段第３文（Even some white …）に「白人学生の中にさえ，座り込みへの参加を希望する者がいた」とあるが，その学生たちが実際に参加したという記述はない。白人だからといって運動から排除されたとは考えにくいため，参加しただろうと推測できるが，断定まではできないので②は除外される。

③「ウールワースの白人店長は黒人の抗議者たちを逮捕しようとした」

第５段第１・２文（The white manager … young people arrested.）に「白人店長はどうしてよいかわからなかった。当初は，若者たちを逮捕してもらうことはなかった」とあるので一致しない。

④「ジム＝ローソンは公民権運動指導者の１人だった」

第６段第１文（A minister who …）に「グリーンズボロの学生たちを支持する１人の牧師がテネシー州のナッシュビルにいる公民権運動指導者，ジム＝ローソンを呼んだ」，同段第３文に Adult civil rights leaders「成人の公民権運動指導者たち」とあり，公民権運動には複数の指導者がいて，ジム＝ローソンはその１人だったことが分かるので，④が正解。

Ⅲ　解答

1－④　**2**－③　**3**－④　**4**－⑤　**5**－①
6－⑤　**7**－②　**8**－⑤　**9**－④

解説

1．「早い話が，私は転職することにした」

to make a long story short は「手短に話せば」という意味である。④が正解。

2．「彼女は正気を失わんばかりに悲しんだ」

be out of *one's* mind は「正気を失って」の意。よって③が正解。

3．「あそこでラーメン屋を経営している男性をご存じですか」

a ramen shop は「ラーメン屋」の意。よって④が正解。

4.「君の話しているコンビニのことは知っているよ」

a convenience store「コンビニ」なので，⑤が正解。shop は主に「特定の商品を売る店」，store は主に「さまざまな種類の商品を売る店」を指す。

5.「このことはあなたと私だけの秘密にしておきましょう」

keep *A* between *B* and *C* で「*A*（事柄）を *B* と *C* の間だけの秘密にしておく」なので①が正解である。

6.「怒るなんて君らしくないな」

It is unlike *A* to *do* で「〜するなんて，*A*（人）らしくない」の意味である。⑤が正解。

7.「髪を整える暇がなかった」

do *one's* hair で「髪の手入れをする」の意。よって②が正解。

8.「この論文に目を通す時間はありますか」

take a look で「ちょっと目を通す」という意味である。⑤が正解。

9.「我々はこの国に変化をもたらすために手を尽くす必要がある」

make a difference to 〜 で「〜に違いを生む，影響を与える」という意味なので，④が正解。

Ⅳ　解答　**30**—①　**31**—④　**32**—③　**33**—④　**34**—③

解説

30.　A：「遅れてごめんなさい。乗りたかった電車に乗り遅れたんです」

B：「それはいけませんね。なんて朝なんでしょう！」

A：「その通りです。今日はついていません」

①が正解。It is not my day. で「今日は，自分にとってふさわしくない日である」という意味。

31.　A：「私の身分証明書が見つけられないんです。一緒に探してくれませんか？」

B：「いいですよ。わかりました。上着を探してみましたか？　ここにありましたよ」

A：「ああ，どうもありがとうございます」

④が正解。

32. A：「明日私と一緒に外出して，夕食を食べない？」

B：「できたらそうしたいんですが，お金がないんです」

I wish＋仮定法で「～だったらいいのだが（実際は～ではないので残念だ）」という用法。外食ができない理由としては，③が正解。out of money「お金がなくて」

33. A：「この問題を解くのを手伝っていただけますか？」

B：「いいですよ。私を頼ってください」

④が正解。

34. A：「あなたが食べられない日本食は何かありますか？」

B：「納豆が嫌いです」

A：「私も嫌いです。もちろん我が家には納豆はありませんよ」

③が正解。否定文に同意する場合は Me, neither，肯定文の場合は Me, too を用いる。

V　解答

1. **35**―⑤　**36**―①
2. **37**―⑧　**38**―③
3. **39**―①　**40**―⑥

解説

完成した文は以下のとおり。

1. In order (to) realize (our) true self (we must be willing to live without) being dependent on (the opinion of) others(.)

2. After (climbing a great hill,) one (only) finds that (there) are many more (hills) to climb(.)

3. (Being honest) may not get you (many) friends (but) it will (always get you the) right ones(.)

日本史

Ⅰ 解答 《古墳時代の政治と外交》

問1．③　問2．④　問3．②　問4．③　問5．①　問6．④
問7．②

Ⅱ 解答 《鎌倉時代末期から室町時代の政治と外交》

問1．④　問2．③　問3．②　問4．①　問5．③　問6．④
問7．①

Ⅲ 解答 《江戸時代後期から明治時代の外交》

問1．④　問2．②　問3．①　問4．④　問5．③　問6．①
問7．②

Ⅳ 解答 《第二次世界大戦後の政治と外交》

問1．③　問2．②　問3．④　問4．①　問5．②　問6．①
問7．①

世界史

Ⅰ 解答 《ペルシア戦争》

問1．② 問2．① 問3．② 問4．③ 問5．④ 問6．③

Ⅱ 解答 《3つの絵画に関する問題》

問1．① 問2．④ 問3．③ 問4．③ 問5．④ 問6．②
問7．③

Ⅲ 解答 《中央アジアと西アジアの繁栄》

問1．① 問2．③ 問3．② 問4．② 問5．④ 問6．③
問7．④

Ⅳ 解答 《19 世紀後半の世界》

問1．② 問2．① 問3．② 問4．② 問5．④ 問6．④
問7．③

政治・経済

Ⅰ 解答 《議会制民主主義》

問1．② 問2．④ 問3．① 問4．① 問5．③ 問6．②
問7．①

Ⅱ 解答 《司法制度と冤罪》

問1．① 問2．③ 問3．④ 問4．④ 問5．③ 問6．④
問7．②

Ⅲ 解答 《消費者問題》

問1．④ 問2．① 問3．④ 問4．① 問5．③ 問6．③
問7．④

Ⅳ 解答 《金融市場と金融政策》

問1．④ 問2．① 問3．③ 問4．② 問5．② 問6．①
問7．②

数学

Ⅰ 解答 《連立不等式》

$\sqrt{2}+\sqrt{3}=\sqrt{3}+\sqrt{2}$，$\sqrt{2}-\sqrt{3}=-(\sqrt{3}-\sqrt{2})$ であるので，各辺を正の値 $\sqrt{3}+\sqrt{2}$ で割って

$$\frac{2}{(\sqrt{3}-\sqrt{2})(\sqrt{3}+\sqrt{2})}x<x+1<\frac{-2}{(\sqrt{3}-\sqrt{2})(\sqrt{3}+\sqrt{2})}x$$

$(\sqrt{3}-\sqrt{2})(\sqrt{3}+\sqrt{2})=(\sqrt{3})^2-(\sqrt{2})^2=1$ であるので，この不等式は

$$2x<x+1<-2x$$

$2x<x+1$ より

$$x<1 \quad \cdots\cdots ①$$

$x+1<-2x$ より

$$x<-\frac{1}{3} \quad \cdots\cdots ②$$

①，②の共通部分を求めて

$$x<-\frac{1}{3} \quad \cdots\cdots (答)$$

Ⅱ 解答 《2つの円の位置関係》

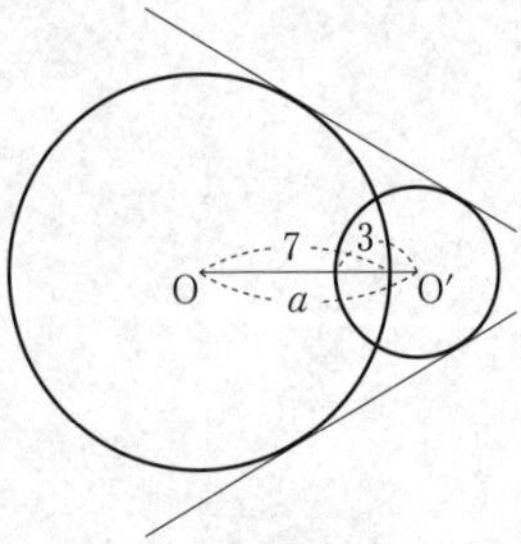

(1)　2つの円の共通接線が2本となるのはO，O′が右図のように2点で交わるときで

$$7-3<a<7+3$$

すなわち

$$4<a<10 \quad \cdots\cdots (答)$$

(2)　2つの円の中心をO，O′とする。

［1］$r=r'$ のとき

$$AB=OO'=r+r'=2r$$

［2］$r>r'$ のとき

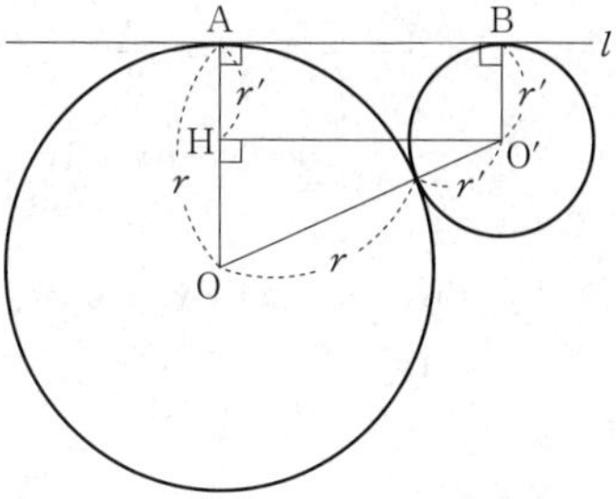

点 O′ から線分 OA に垂線 O′H を下ろすと

$$\mathrm{O'H}=\mathrm{AB}\quad かつ\quad \mathrm{AH}=\mathrm{BO'}$$

直角三角形 OO′H において，三平方の定理により

$$\mathrm{OO'}^2=\mathrm{O'H}^2+\mathrm{OH}^2$$

$\mathrm{OO'}=r+r'$，$\mathrm{OH}=r-r'$ であるので

$$\mathrm{O'H}=\sqrt{\mathrm{OO'}^2-\mathrm{OH}^2}=\sqrt{(r+r')^2-(r-r')^2}=\sqrt{4rr'}=2\sqrt{rr'}$$

よって

$$\mathrm{AB}=2\sqrt{rr'}$$

$r<r'$ のときも同様にして

$$\mathrm{AB}=2\sqrt{rr'}$$

$r=r'$ のときもこの式を満たす。

すなわち

$$\mathrm{AB}=2\sqrt{rr'}\quad \cdots\cdots(答)$$

Ⅲ　解答　《軌跡と方程式》

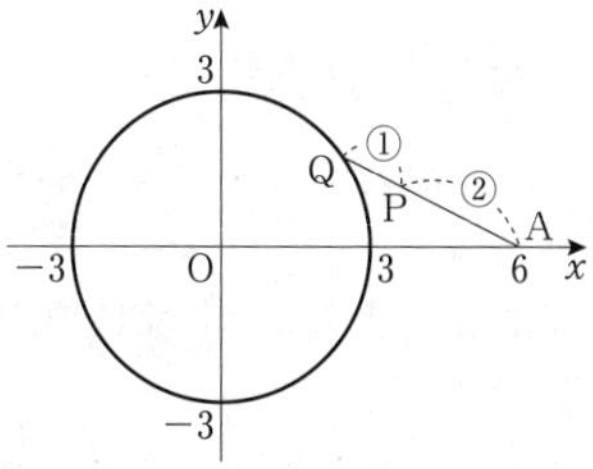

(1)　線分 AQ の内分点 P も x 軸上にあるので，P$(x,\ 0)$ とおく。

Q$(3,\ 0)$ のとき

$$x=\frac{1\times 6+2\times 3}{2+1}=4$$

Q$(-3,\ 0)$ のとき

$$x=\frac{1\times 6+2\times(-3)}{2+1}=0$$

よって

$$\mathrm{P}(4,\ 0)\quad または\quad \mathrm{P}(0,\ 0)\quad \cdots\cdots(答)$$

(2)　$x=\dfrac{1\times 6+2\times s}{2+1}=\dfrac{6+2s}{3}$，$y=\dfrac{1\times 0+2\times t}{2+1}=\dfrac{2t}{3}$

ゆえに

$$s=\frac{3x-6}{2},\ t=\frac{3y}{2}$$

$$(s,\ t)=\left(\frac{3x-6}{2},\ \frac{3y}{2}\right)\quad \cdots\cdots(答)$$

(3)　点 $\mathrm{Q}(s,\ t)$ は円 $x^2+y^2=9$ 上の点であるので

$$\left(\frac{3x-6}{2}\right)^2+\left(\frac{3y}{2}\right)^2=9$$

すなわち

$$(x-2)^2+y^2=4\quad \cdots\cdots①$$

ゆえに点Pは円①上にある。

逆に円①上にある任意の点は与えられた条件を満たす。

よって求める軌跡は，中心が点 $(2,\ 0)$，半径が2の円である。

……(答)

Ⅳ　解答　《漸化式，無限等比級数》

(1)　$a_{n+1}=\frac{1}{3}a_n-4$ を変形すると

$$a_{n+1}+6=\frac{1}{3}(a_n+6)$$

$a_n+6=b_n$ とおくと

$$b_{n+1}=\frac{1}{3}b_n,\ b_1=a_1+6=5+6=11$$

よって数列 $\{b_n\}$ は初項11，公比 $\frac{1}{3}$ の等比数列であるから

$$b_n=11\cdot\left(\frac{1}{3}\right)^{n-1}=\frac{11}{3^{n-1}}$$

ゆえに

$$a_n=b_n-6=\frac{11}{3^{n-1}}-6\quad \cdots\cdots(答)$$

(2)　$\frac{5^n}{6^n}=\frac{5}{6}\cdot\left(\frac{5}{6}\right)^{n-1}$，$\frac{2\cdot 3^n}{6^n}=\left(\frac{1}{2}\right)^{n-1}$ であるので

$\sum_{n=1}^{\infty}\frac{5^n}{6^n}$ は初項 $\frac{5}{6}$，公比 $\frac{5}{6}$ の無限等比級数であり，$\sum_{n=1}^{\infty}\frac{2\cdot 3^n}{6^n}$ は初項1，

公比 $\frac{1}{2}$ の無限等比級数である。

公比について，$\left|\frac{5}{6}\right|<1$，$\left|\frac{1}{2}\right|<1$ であるから，この 2 つの無限等比級数はともに収束して

$$\sum_{n=1}^{\infty}\frac{5^n}{6^n}=\frac{\frac{5}{6}}{1-\frac{5}{6}}=5,\quad \sum_{n=1}^{\infty}\frac{2\cdot 3^n}{6^n}=\frac{1}{1-\frac{1}{2}}=2$$

よって

$$\sum_{n=1}^{\infty}\frac{5^n+2\cdot 3^n}{6^n}=\sum_{n=1}^{\infty}\frac{5^n}{6^n}+\sum_{n=1}^{\infty}\frac{2\cdot 3^n}{6^n}=5+2=7 \quad \cdots\cdots(答)$$

理　科

◀物　理▶

Ⅰ　解答　《コンデンサーを含む回路》

問1. ⑤　**問2.** ④　**問3.** ④　**問4.** ②　**問5.** ⑨　**問6.** ⑤

Ⅱ　解答　《ドップラー効果，反射板》

問1. ②　**問2.** ④　**問3.** ⑧　**問4.** ②　**問5.** ④　**問6.** ①

Ⅲ　解答　《等速円運動》

問1. **13**—②　**14**—⑥　**問2.** **15**—③　**16**—⑤　**17**—⑦　**18**—⑦　**19**—③
問3. **20**—②　**21**—⑥

◀化　学▶

Ⅰ　解答　《化学結合，結晶格子，状態変化，気体の溶解度，気体の状態方程式》

問1． ①　**問2．** ①　**問3．** ④　**問4．** ③　**問5．** ③　**問6．** ④
問7． ④

Ⅱ　解答　《結合エネルギー，電気分解の量的関係，反応速度，平衡移動，平衡定数，中和の量的関係とpH》

問1． ②　**問2．** ①　**問3．** ③　**問4．** ③　**問5．** ①　**問6．** ②
問7． ①

Ⅲ　解答　《単体の状態，元素の分類，希硫酸の性質，アンモニアの発生，無機化合物の性質》

問1． ①　**問2．** ④　**問3．** ②　**問4．** ③　**問5．** ③　**問6．** ④
問7． ④

Ⅳ　解答　《有機化合物の完全燃焼，アセチレンの性質，アルケンの反応，アルコールの酸化，芳香族の反応，スクロースの性質，合成繊維》

問1． ②　**問2．** ③　**問3．** ①　**問4．** ①　**問5．** ①　**問6．** ④
問7． ①

◀生　　物▶

Ⅰ　解答　《物質輸送とタンパク質》

問1. ④　**問2.** **ウ**—②　**エ**—③　**オ**—⑨　**カ**—⑤　**キ**—④　**ク**—⑥
問3. ③　**問4.** (1)—⑦　(2)—④・⑧

Ⅱ　解答　《学　習》

問1. ⑤　**問2.** ⑥　**問3.** ①　**問4.** ④
問5. ①・②・⑥　**問6.** ①　**問7.** ③・④・⑤

Ⅲ　解答　《生態系のかく乱》

問1. ②　**問2.** **ウ**—⑦　**オ**—⑥　**カ**—①　**キ**—⑧
問3. ②・⑥・⑨　**問4.** ⑦　**問5.** ②・⑤

Ⅳ　解答　《動物門の系統分類》

問1. ③　**問2.** ④　**問3.** ①・②　**問4.** ①・⑤
問5. ④・⑧　**問6.** ③　**問7.** ⑥・⑧

理科（基礎）

◀物理基礎▶

Ⅰ　解答　《浮　力》

問1. ⑤　**問2.** ⑧　**問3.** ⑧　**問4.** ③　**問5.** ⑤

Ⅱ　解答　《オームの法則，合成抵抗》

問1. ⑤　**問2.** ⑤　**問3.** ③　**問4.** ①　**問5.** ③

Ⅲ　解答　《正弦波の性質，縦波》

問1. **26**―⑥　**27**―⑨　**問2.** ④　**問3.** ④　**問4.** ③

◀化学基礎▶

I　解答　《純物質と混合物，物質の分離，元素名，炎色反応，水の状態変化，周期表，原子の構成》

問1．②　**問2．**①　**問3．**①　**問4．**④　**問5．**②　**問6．**①
問7．④

II　解答　《物質量，溶液の濃度，反応式と量的関係，電離度とpH，中和の量的関係，還元剤の反応，電池，合金》

問1．④　**問2．**③　**問3．**③　**問4．**③　**問5．**②　**問6．**②
問7．④　**問8．**②

◀生 物 基 礎▶

Ⅰ　解答　《光合成と呼吸》

問1．⑥　問2．②　問3．(1)―①　(2)―②　(3)―①

Ⅱ　解答　《遺伝子とその働き》

問1．②　問2．③　問3．④　問4．②・⑥

Ⅲ　解答　《野生生物種の減少》

問1．ア―①　イ―④　問2．①　問3．④　問4．③

解説

問五 ①の「同じ科」は「同じ種」、③の「サル科」は「ヒト科」、⑤の「ネコ科動物」は「イヌ科動物」が正しい説明であることから、これらは本文の内容と合致しない。②に「属が異なる動物どうしであっても種が同じであれば」とあるが、「属が異なる動物」は「種が同じ」ではない。「チーター」は「ネコ科」の「チーター種」であることから、④が答えである。

問六 波線部Bは小見出しなので、この後に書かれてある内容が波線部B「不面目な秘密」の説明である。「私たちには野蛮ないとこたちが大勢いるばかりでなく、かつては多くの兄弟姉妹もいたのだ。私たちは自分たちが唯一の人類だとばかり思っている」とあることから、⑤が答えである。

問七 空欄キの段落に「現存する最も近しい縁者には、チンパンジーとゴリラとオランウータンがいる」とあることから、②が答えである。①の「ホモ・エレクトス」は、「ホモ・サピエンス」と同じ「ホモ属に属する動物」であるので、「兄弟姉妹」に当たる。

問八 空欄クを含む段落に「それぞれの地に暮らす人類は、異なる方向へ進化していった。その結果、いくつか別個の種が誕生し」とあることから、③が答えである。

る。

問六　傍線部(4)を含む一文の四行あとに「『私はコンビニでアルバイトしてる。身体が……』　いつも通り、妹の作ってくれた言い訳を続けようとすると」とあることから、④が答えである。

問七　波線部Dに「女はいいよな、その点」とあり、「女」つまり「私」の状況を指して「いいよな」と言っていることがわかり、その十行前に「そうそう、恵子は身体が弱いんだよね。だからバイトで働いてるんだよね」とあることから、②が答えである。

問八　波線部Eを含む一文と、その一つ前の一文に「異物は静かに削除される。まっとうでない人間は処理されていく」とあることから、「まっとうでない人間」とは「異物」のことであることがわかる。また、二行前に「あ、私、異物になっている」とあることから、「私」のことであることもわかる。よって、⑤が答えである。

二

出典　ユヴァル・ノア・ハラリ『サピエンス全史（上）——文明の構造と人類の幸福』〈第1章　唯一生き延びた人類種〉（柴田裕之訳、河出書房新社）

解答

問一　(1)—④　(2)—③　(3)—⑤　(4)—④　(5)—②

問二　ア—④　イ—①　ウ—③　エ—②　オ—⑤　カ—④　キ—①　ク—⑤

問三　④

問四　①

問五　④

問六　⑤

問七　②

問八　③

国語

一

出典　村田沙耶香『コンビニ人間』（文春文庫）

解答

問一　(1)—⑤　(2)—①　(3)—⑤　(4)—③　(5)—②
問二　**ア**—③　**イ**—①　**ウ**—④　**エ**—⑤　**オ**—②　**カ**—⑤　**キ**—①　**ク**—④
問三　②
問四　⑤
問五　③
問六　④
問七　②
問八　⑤

解説

問四　空欄アを含む一文と、その次の一文に「今もなお店は動いている。その光景を思い浮かべていると、店内の音が鼓膜の内側に蘇ってきて、安心して眠りにつくことができる」とあることから、⑤が答えである。第一段落に「店長も8人目だ」とあることから、「店長」が7人交代したことがわかり、④は合致しない。

問五　波線部Bを含む一文に「普通の人間になれるのか、やはりさっぱりわからないままなのだった」とあることから、「私」は自分のことを「普通の人間」ではないと捉えていることがわかる。よって、「私」の説明である③が答えであ

////////////////////// · memo · //////////////////////

//////////////////// · memo · ////////////////////

· memo ·

//////////////////// · memo · ////////////////////

////////////////////// · memo · //////////////////////

//////////////////// · memo · ////////////////////

2023年度

問題と解答

■一般選抜　一般入試前期日程

問題編

▶試験科目・配点

方式	学部等	教　科	科　　目		配点
A方式（3教科型）	社会福祉，教育・心理，スポーツ科，健康科（リハビリテーション〈介護学〉，福祉工〈建築バリアフリー〉），経済	外国語	コミュニケーション英語Ⅰ・Ⅱ，英語表現Ⅰ・Ⅱ	3教科選択	各100点（300点満点）
		地歴・公民	日本史Ｂ，世界史Ｂ，政治経済から１科目選択		
		数　学	数学Ⅰ・Ⅱ・Ⅲ・Ａ・Ｂ[*1]		
		理　科	物理，化学，生物（いずれも基礎の内容を含む）から１科目選択		
		理　科（基礎）	物理基礎，化学基礎，生物基礎から２科目選択		
		国　語	国語総合（古文・漢文は除く）		
	健康科（リハビリテーション〈理学療法学，作業療法学〉，福祉工〈情報工学〉），看護	外国語	コミュニケーション英語Ⅰ・Ⅱ，英語表現Ⅰ・Ⅱ	3教科選択	
		数　学	数学Ⅰ・Ⅱ・Ⅲ・Ａ・Ｂ[*1]		
		理　科	物理，化学，生物（いずれも基礎の内容を含む）から１科目選択		
		理　科（基礎）	物理基礎，化学基礎，生物基礎から２科目選択		
		国　語	国語総合（古文・漢文は除く）		

<table>
<tr><td rowspan="6"></td><td rowspan="6">国際福祉開発</td><td>外国語</td><td colspan="2">コミュニケーション英語Ⅰ・Ⅱ，英語表現Ⅰ・Ⅱ</td><td>100点</td></tr>
<tr><td>地歴・公民</td><td>日本史B，世界史B，政治経済から1科目選択</td><td rowspan="5">2教科選択</td><td rowspan="5">各100点</td></tr>
<tr><td>数学</td><td>数学Ⅰ・Ⅱ・Ⅲ・A・B*1</td></tr>
<tr><td>理科</td><td>物理，化学，生物（いずれも基礎の内容を含む）から1科目選択</td></tr>
<tr><td>理科（基礎）</td><td>物理基礎，化学基礎，生物基礎から2科目選択</td></tr>
<tr><td>国語</td><td>国語総合（古文・漢文は除く）</td></tr>
<tr><td rowspan="11">B方式（2教科型）</td><td rowspan="6">社会福祉，教育・心理，スポーツ科，健康科（リハビリテーション〈介護学〉，福祉工〈建築バリアフリー〉），経済</td><td>外国語</td><td>コミュニケーション英語Ⅰ・Ⅱ，英語表現Ⅰ・Ⅱ</td><td rowspan="6">2教科もしくは3教科選択</td><td rowspan="11">各*2 100点（300点満点）</td></tr>
<tr><td>地歴・公民</td><td>日本史B，世界史B，政治経済から1科目選択</td></tr>
<tr><td>数学</td><td>数学Ⅰ・Ⅱ・Ⅲ・A・B*1</td></tr>
<tr><td>理科</td><td>物理，化学，生物（いずれも基礎の内容を含む）から1科目選択</td></tr>
<tr><td>理科（基礎）</td><td>物理基礎，化学基礎，生物基礎から2科目選択</td></tr>
<tr><td>国語</td><td>国語総合（古文・漢文は除く）</td></tr>
<tr><td rowspan="5">健康科（リハビリテーション〈理学療法学，作業療法学〉，福祉工〈情報工学〉），看護</td><td>外国語</td><td>コミュニケーション英語Ⅰ・Ⅱ，英語表現Ⅰ・Ⅱ</td><td rowspan="5">2教科もしくは3教科選択</td></tr>
<tr><td>数学</td><td>数学Ⅰ・Ⅱ・Ⅲ・A・B*1</td></tr>
<tr><td>理科</td><td>物理，化学，生物（いずれも基礎の内容を含む）から1科目選択</td></tr>
<tr><td>理科（基礎）</td><td>物理基礎，化学基礎，生物基礎から2科目選択</td></tr>
<tr><td>国語</td><td>国語総合（古文・漢文は除く）</td></tr>
</table>

	国際福祉開発	外国語	コミュニケーション英語Ⅰ・Ⅱ，英語表現Ⅰ・Ⅱ		各[*3] 100 点（300 点満点）
		地歴・公民	日本史B，世界史B，政治経済から1科目選択	1教科もしくは2教科選択	
		数学	数学Ⅰ・Ⅱ・Ⅲ・A・B[*1]		
		理科	物理，化学，生物（いずれも基礎の内容を含む）から1科目選択		
		理科（基礎）	物理基礎，化学基礎，生物基礎から2科目選択		
		国語	国語総合（古文・漢文は除く）		

＊1　選択方法に応じて，数学Ⅰ・Ⅱ・Aの範囲のみでも解答可能。

＊2　選択した2教科のうち高得点の教科を2倍にし，計 300 点満点で判定。3教科選択した場合，選択した教科のうち高得点2教科の得点を採用し，さらに高得点1教科は2倍にし，計 300 点満点で判定。

＊3　外国語および選択した1教科のいずれか高得点の教科を2倍にし，計 300 点満点で判定。外国語も含めて3教科選択した場合，外国語および選択した2教科のうち高得点1教科の得点を採用し，さらに高得点1教科は2倍にし，計 300 点満点で判定。

▶備　考

- 試験日自由選択制。
- 受験教科の選択は出願時に行うこと。
- 「地歴・公民」と「理科」，「理科（基礎）」は同じ時限に試験を実施するため，同時に選択することはできない。
- 同じ試験日でA方式（3教科型）とB方式（2教科型）と共通テストプラス方式を併願する場合，同じ教科・科目での受験となる。

〔共通テストプラス方式〕

一般入試前期日程の2教科（3教科選択した場合は高得点2教科，国際福祉開発学部は外国語とその他高得点1教科）の得点（各教科 100 点で 200 点満点）と，大学入学共通テストで指定された教科・科目の中から高得点2教科2科目（国際福祉開発学部は外国語とその他高得点1教科）の得点（各教科 100 点換算で 200 点満点）を採用する方式。計 400 点満点。

英語

（60分）

Ⅰ　次の英文を読み，以下の問いに答えよ。

Those who doze off between ten and eleven o'clock at night have a lower chance of developing heart disease compared to those (1) fall asleep earlier or later, according to a new study published in the *European Heart Journal*.

Conducted by digital healthcare company Huma, the new research analysed UK Biobank data from 88,026 individuals between the ages of 43 and 79 and (2)investigated the link between sleep and heart disease.

The study participants monitored their physical movements using wrist accelerometers. The points at which they stopped moving were used to (3)determine the time at which they nodded off. Participants' profiles also contained information regarding their general health, lifestyle and physical characteristics. The Huma team combed through these data, looking (4) links between sleep and heart disease.

The data were adjusted to take (5) common heart disease risk factors, such as smoking, body mass index (BMI) and diabetes. Those who fell asleep between 10 pm and 11 pm each night, the results showed, had a lower risk of heart disease.

But (6)night owls that went to sleep after midnight had a 25% higher chance of developing heart disease, and those in bed asleep before 10 pm also showed a similar — 24 per cent — higher heart disease risk.

David Plans, Head of Research at Huma and co-author of the study emphasises that it is an (7)association not causation that they have found. "It's much more likely that disruption of the circadian [body] clock itself is the problem. If your behaviour disrupts that clock, that is problematic."

Our circadian clock (or body clock) is an internal biochemical system that syncs our bodies with solar time. It needs resetting every day and does so through exposure to sunlight. Those who fall asleep (8) the 10–11 pm window are more likely to miss the critical time period in which their clock needs resetting with sunlight.

Plans advises, "if you can't manage to sleep quite within that hour [10–11 pm], going to sleep at a reasonable hour and waking up early enough to get some outside time is seriously beneficial to your health."

We are told regularly how important sleep is for our health, but these findings suggest that the number of hours we get is not the full (9). Working to reset our circadian clocks just after waking could be the key to keeping our hearts healthy.

("10–11 pm bedtime linked to a healthier heart" https://www.thenakedscientists.com/articles/science-news/10-11 pm-bedtime-linked-healthier-heart)

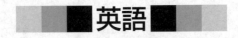

Notes: doze off＝うたた寝する　accelerometers＝加速度計　nod off＝居眠りする
comb＝徹底的に調べる　causation＝因果関係　circadian＝体内の
sync＝同期させる

問1　空所（ 1 ）に入る最も適切な語を、次の中から一つ選び、番号で答えよ。

① where　② when　③ how　④ who　⑤ which

問2　下線部(2)と**同じような意味の語**を、次の中から一つ選び、番号で答えよ。　2

① absorb　② wander　③ disturb　④ capture　⑤ examine

問3　下線部(3)の意味を最もよく表すものを、次の中から一つ選び、番号で答えよ。　3

① 中断する　② 決定する　③ 除く　④ 記録する　⑤ 調査する

問4　空所（ 4 ）に入る最も適切な語を、次の中から一つ選び、番号で答えよ。

① forward　② from　③ over　④ down　⑤ for

問5　空所（ 5 ）に入る最も適切なものを、次の中から一つ選び、番号で答えよ。

① into account　② off　③ apart　④ care of　⑤ charge of

問6　下線部(6)の意味と**反対の意味を表すもの**を、次の中から一つ選び、番号で答えよ。

6

① quick chicken　② morning cats　③ early birds　④ early dogs
⑤ morning rabbits

問7　下線部(7)の意味を最もよく表すものを、次の中から一つ選び、番号で答えよ。　7

① 関連性　② 連想　③ 原因　④ 因果関係　⑤ 要素

問8　空所（ 8 ）に入る最も適切な語を、次の中から一つ選び、番号で答えよ。

① around　② outside　③ inside　④ without　⑤ between

問9　空所（ 9 ）に入る最も適切な語を、次の中から一つ選び、番号で答えよ。

① step　② period　③ exposure　④ sky　⑤ picture

問10　本文の内容と一致するものを、次の中から一つ選び、番号で答えよ。　10

① 真夜中以降に寝る人は、10時前に寝る人より、心臓病リスクが高い。
② この研究は、すべての年齢層を対象に行った調査である。
③ 10時から11時の間に就寝することは、がんのリスクを下げる。
④ 体内時計は太陽光を浴びて毎日リセットする必要がある。
⑤ 何時間睡眠を取るかということの方が、何時に就寝するかということより重要である。

Ⅱ　次の英文を読み、以下の問いに答えよ。

Internet shopping has received an extra push over the past few years, with the pandemic forcing many consumers around the world to buy what they want online.

Traditionally, credit cards have been an (11) tool when purchasing products on the internet, but an increasing number of shoppers are turning to an alternative(12) payment method known as "buy now, pay later" (BNPL), which has been sweeping the fintech industry.

On the back of this booming e-commerce trend, BNPL businesses, especially those in the U.S. and Europe, are growing rapidly and drawing investors' attention. (13), they are increasingly seen as a threat to traditional credit card companies.

But the situation is a bit different in Japan, with industry players and experts saying that the growth of BNPL will likely be more modest compared with other nations.

Major foreign BNPL services allow consumers to divide their purchases (14) multiple installments, similar to credit cards, but typically no interest(15) is charged if customers pay for their purchases on time.

Credit card users usually deal with revolving debt that comes with a complex interest rate system, which makes it difficult for them to grasp exactly how much they are paying for things.

"Since interest fees (for credit cards) are expensive, BNPL can be less costly for users," said Toshio Taki, who heads a fintech research division at Money Forward Inc.

While the business model for credit cards is to basically keep users in this revolving debt cycle in order to charge interest, BNPL's business model is to (16) sure that users fully pay each installment to avoid building up troublesome debt, said Taki.

In that sense, "BNPL appears to be more of a (17) service," which is one of the reasons why BNPL has gained traction overseas, he added.

Also, BNPL operators often do not require a hard credit check, which is normally necessary to acquire a traditional credit card. As a result, those who are not qualified for credit cards can still buy products with pay-after options.

BNPL operators usually charge interest when customers miss payments, and some also charge late fees. Their main source of revenue is merchant fees from shops.

Overseas, BNPL platforms have gained (18) with Gen Z and millennial consumers in particular, with these younger people tending to prefer simpler and cheaper BNPL options over credit cards.

(19)Consequently, BNPL is often portrayed as something that might disrupt the credit card business model. Yet such services are growing in a different manner in Japan. "The Japanese market is quite unique in terms of the credit card business. Most credit card users make monthly lump sum payments, so it's almost like using a debit card," said Eiji Taniguchi, a researcher at the Japan Research Institute.

("Japan takes modest stance on 'buy now, pay later'" *the japan times*, January 26, 2022)

Notes: fintech＝金融（Finance）と技術（Technology）を組み合わせた造語
revolving＝リボルビング払いの　　gain traction＝勢いを増す
Gen Z and millennial＝Z世代とミレニアル世代　　revenue＝収益
debit card＝デビットカード

問1　空所（ 11 ）に入る最も適切な語を、次の中から一つ選び、番号で答えよ。

① additive　② incomplete　③ essential　④ inappropriate　⑤ usual

問2　下線部(12)の意味を表すものを、次の中から一つ選び、番号で答えよ。　12

① 利益のある　② 簡単な　③ 別の　④ 魅力的な　⑤ 驚くべき

問3　空所（ 13 ）に入る最も適切なものを、次の中から一つ選び、番号で答えよ。

① In addition　② Conveniently　③ Fortunately　④ Contrary
⑤ Otherwise

問4　空所（ 14 ）に入る最も適切な語を、次の中から一つ選び、番号で答えよ。

① for　② about　③ into　④ on　⑤ at

問5　下線部(15)の意味を最もよく表すものを、次の中から一つ選び、番号で答えよ。　15

① the process of treating used objects or materials so that they can be used again
② a rise in amount, number
③ a quality of something that makes you want to know more about it
④ the extra money that you must pay back when you borrow money
⑤ an activity that you enjoy doing

問6　空所（ 16 ）に入る最も適切な語を、次の中から一つ選び、番号で答えよ。

① go　② make　③ take　④ get　⑤ have

問7　空所（ 17 ）に入る最も適切な語を、次の中から一つ選び、番号で答えよ。

① debt-centered　② user-focused　③ interest-focused　④ card-centered
⑤ pay-focused

問8　空所（ 18 ）に入る最も適切な語を、次の中から一つ選び、番号で答えよ。

① popularity　② popular　③ population　④ possible　⑤ positive

問9　下線部(19)と**同じような意味にならない語**を、次の中から一つ選び、番号で答えよ。　19

① Therefore　② Accordingly　③ Hence　④ Thus　⑤ However

問10　本文の内容と**一致しないもの**を、次の中から一つ選び、番号で答えよ。　20

① BNPLを利用すれば、後払い決算ができる。
② 日本では、BNPLはヨーロッパやアメリカほど盛んに利用されていない。
③ BNPLを利用するのに、クレジットカードと同程度の信用調査が必要である。
④ BNPLは、顧客が期限通りに支払えば、利息を払う必要はない。
⑤ クレジットカードは、実際に利息を含め商品にいくら支払っているのか把握しにくい。

Ⅲ 次の（ 21 ）～（ 30 ）に入る最も適切なものを選択肢の中から一つずつ選び、番号で答えよ。

1 They (21) of gas in the middle of the intersection.
① kept up ② ran out ③ took off ④ caught up ⑤ cut down

2 Cigarette smoke makes Jane feel sick. She (22) when people smoke around her.
① disturbs ② produces ③ coughs ④ contains ⑤ inspires

3 He studied judo for many years and (23) became the judo teacher in his school.
① hardly ② eventually ③ unfortunately ④ heavily ⑤ basically

4 Neither Mary (24) Julia won the game.
① over ② both ③ and ④ or ⑤ nor

5 Instead of studying, Yuki spent all her time playing with her friends. She did poorly in her test (25) efforts.
① in addition to ② in trouble of ③ in pursuit of ④ for lack of
⑤ in charge of

6 Kenji loves karate. He decided to take part in karate (26) at his school two weeks ago.
① acquisition ② concentration ③ disadvantage ④ discrimination
⑤ competition

7 A passenger may not be allowed to board the airplane unless he or she (27) a baggage check to be carried out when asked.
① submits ② abandons ③ occupies ④ permits ⑤ explores

8 You get paid in (28) to the amount of the work you do.
① proportion ② profession ③ promote ④ propose ⑤ progressive

9 I am not sure whether he did it (29) purpose or not.
① on ② in ③ for ④ to ⑤ at

10 Computers (30) an important role in election campaigns.
① adjust ② imply ③ play ④ make ⑤ bring

Ⅳ　次の会話文を完成させるために（ 31 ）～（ 36 ）に入る最も適切なものを、それぞれの選択肢の中から一つずつ選び、番号で答えよ。

1　A：I will go to Tokyo with my children by Shinkansen. Is there anything I should keep in mind?

B：Oh, yes. (31)

① You should keep away from them.　② You have to keep in touch with people around.

③ You should keep them from running around.　④ You need to apologize for the trouble.

2　A：Did my explanation of the new plan make sense?

B：Yes, it did. (32)

① You answered all the questions I had.　② You hardly answered all the questions I had.

③ You caught up with my questions.　④ Your explanation was inefficient.

3　A：My parents get angry when I come home late at night.

B：Well, (33) They are just worried about you.

① if I were you, I would be mad at them.

② suppose that you had a child, how would you feel?

③ given a long length of time, they would make it.

④ without any consideration for your feelings, they would understand.

4　A：I'd like to have this suit cleaned.

B：Certainly, (34)

A：When can I pick it up?

① it needs washable cloth.　② it's not ready to clean yet.

③ it will come true.　④ it won't take long.

5　A：Excuse me, is this seat taken?

B：No. (35)

A：Thank you.

① Your seat is there.　② Let me move my bag.　③ I hope so.　④ It is my seat.

6　A：I had my wallet stolen.

B：That's too bad. (36)

① Have you reported it to the police?　② Have you been to the hospital?

③ Have you taken your friends?　④ Did you help the police make up their mind?

V 日本文の意味になるように（ 37 ）～（ 40 ）に入る語を、選択肢の中から一つずつ選び、番号で答えよ。

1 政府は、ガソリン消費の少ない車の購入を奨励するため、燃料を大量に使用する車に新たに税金をかける計画をしている。

The government is planning to ( ) ( ) ( ) ( ) (37) cars that use a lot of fuel since it wants to encourage people ( ) (38) ( ) ( ) use less gasoline.

① tax　② a　③ to　④ impose　⑤ purchase　⑥ that
⑦ cars　⑧ on　⑨ new

2 このような不確実な環境では、年度末までに株がどのように動くのかという予測はウォールストリートのトップ企業の間でも大きく異なる。

In such ( ) ( ) ( ), forecasts ( ) (39) ( ) (40) ( ) ( ) the end of the year vary widely among top Wall Street firms.

① will　② stocks　③ environment　④ an　⑤ for　⑥ uncertain
⑦ by　⑧ move　⑨ how

日本史

（60 分）

Ⅰ　次の文章を読んで、以下の問いに答えよ。

701年に大宝律令が完成し、律令に基づく国家のシステムが整備された。平城京(1)への遷都はその仕上げであった。日本の律令は、7 世紀前半に建国された［ア］の律令を基礎として、日本の実情に合わせてつくられた。中央の行政は、太政官が全般を統括し、その下に置かれた八省(2)が実務を分担した。上級官人である五位以上の貴族にはさまざまな特権が与えられた(3)。全国は畿内と七道(4)に区分され、国・郡・里（後には郷）が置かれ、国・郡にはそれぞれ国司・郡司が任じられ(5)、国府・郡家（郡衙）を拠点に地域支配が行われた。５か国分が現存する［イ］のなかに、主要な道路の里程が記されているものもあり、国府・郡家の位置を推定することができる。各国の役所は、平城宮を模したような形で建物が建てられ、付属して正倉が設置された。その正倉には国府の財源として納められた物資が保管された(6)。

問１　空欄［ア］［イ］に入る語句の組合せとして正しいものを、次の中から一つ選び、番号で答えよ。　［1］

①　ア　隋　イ『日本書紀』　②　ア　隋　イ『風土記』
③　ア　唐　イ『日本書紀』　④　ア　唐　イ『風土記』

問２　下線部(1)について述べた文として**誤っているもの**を、次の中から一つ選び、番号で答えよ。　［2］

①　平城宮は京の北部中央に位置する。
②　平城宮の外側に八省の建物が建てられた。
③　京の北東に興福寺が建てられた。
④　京の中央を南北に通る道は朱雀大路である。

問３　下線部(2)について、省名とその職務の組合せとして正しいものを、次の中から一つ選び、番号で答えよ。　［3］

a　治部省　　b　式部省
c　宮中に関わる事務　　d　文官の人事に関する事務

①　a・c　②　a・d　③　b・c　④　b・d

問４　下線部(3)に関して、五位以上の貴族に与えられた土地として正しいものを、次の中から一

つ選び、番号で答えよ。　**4**

①　勅旨田　　②　官田　　③　位田　　④　公営田

問5　下線部(4)に含まれないものとして正しいものを、次の中から一つ選び、番号で答えよ。　**5**

①　西海道　　②　東山道　　③　北陸道　　④　中山道

問6　下線部(5)に関して述べた次の文X・Yについて、その正誤の組合せとして正しいものを、下の中から一つ選び、番号で答えよ。　**6**

X　国司の任期には期限がなかった。
Y　郡司には各地方の有力者が任命された。

①　X　正　Y　正　　②　X　正　Y　誤
③　X　誤　Y　正　　④　X　誤　Y　誤

問7　下線部(6)について、正倉に保管されるものとして正しいものを、次の中から一つ選び、番号で答えよ。　**7**

①　公出挙の利稲　　②　庸　　③　調　　④　兵粮米

Ⅱ　次の文章を読んで、以下の問いに答えよ。

【資料A】

【資料A】は法然の生涯を絵画化した作品の一部である。法然は［　ア　］を一心に唱えれば救われることを説き、浄土宗を開いた。法然の生涯を描いた作品は13世紀前半から14世紀にかけて数多くつくられ、その時代の社会や暮らしの諸相を伝えている。

(1)【資料A】に描かれているのは、水田での耕作風景である。(2)中央上部には豊作を祈る歌と舞ではやしている人物も見える。鎌倉時代後半以降、農業は大きく進展した。二毛作、さらには三毛作も行われるようになり、土に十分な養分を与える必要から、(3)多くの肥料が使われるようになった。また、鉄製農具も使用されるようになり、木製の床と鉄の刃先を組み合わせた［ イ ］が広がった。新たな品種の米が輸入されたり、米の品種改良が進み早稲・晩稲など収穫時期が異なる品種も生まれた。栽培される作物の種類も増加し、これらの作物を原料として手工業も盛んになった。それにともない、(4)物資の流れが活発化し商取引の機会が増え、(5)物流の拠点となるような場所が都市として発展した。その一方で経済活動の波にのみ込まれ、(6)借金がかさむなど窮乏する人々も増加した。

問１　空欄［ ア ］［ イ ］に入る語句の組合せとして正しいものを、次の中から一つ選び、番号で答えよ。［ 8 ］

① ア　南無阿弥陀仏　　イ　風呂鍬　　② ア　南無阿弥陀仏　　イ　備中鍬
③ ア　南無妙法蓮華経　イ　風呂鍬　　④ ア　南無妙法蓮華経　イ　備中鍬

問２　下線部(1)に関して述べた次の文X・Yについて、その正誤の組合せとして正しいものを、下の中から一つ選び、番号で答えよ。［ 9 ］

X　馬を使って田を耕している。
Y　田植えを行っているのはすべて男性である。

① X　正　Y　正　　② X　正　Y　誤
③ X　誤　Y　正　　④ X　誤　Y　誤

問３　下線部(2)の歌や踊りを表す語として正しいものを、次の中から一つ選び、番号で答えよ。［ 10 ］

① 田楽　② 風流踊り　③ 踊念仏　④ 狂言

問４　下線部(3)について、中世に用いられた肥料として**誤っているもの**を、次の中から一つ選び、番号で答えよ。［ 11 ］

① 刈敷　② 人糞尿　③ 干鰯　④ 草木灰

問５　下線部(4)について述べた文として正しいものを、次の中から一つ選び、番号で答えよ。［ 12 ］

① 水陸交通の結節点である大津・坂本は、馬借の拠点となった。
② 鎌倉時代には、日本国内で鋳造された銭が主に用いられた。
③ 港には、問（問丸）とよばれる役所が設置された。
④ 連雀商人は、京都に常設店舗を持ち営業した。

問６　下線部(5)について、伊勢神宮の外港として発展した町として正しいものを、次の中から一つ選び、番号で答えよ。［ 13 ］

① 桑名　② 四日市　③ 安濃津　④ 大湊

問7　下線部(6)について、借金の返済免除のために出された法令として正しいものを、次の中から一つ選び、番号で答えよ。　［14］

①　半済令　　②　徳政令　　③　質流れ禁止令　　④　楽市令

Ⅲ　次の文章を読んで、以下の問いに答えよ。

(1)17世紀前半に江戸時代の国際関係の枠組みが確立した。その後、海に囲まれた日本においては外国船の漂着や日本船の漂流などはしばしば発生していたが、18世紀半ばを過ぎると、(2)通商を求める外国船が日本近海に現れるようになった。日本国内でも蝦夷地に対する関心が高まり、幕府は蝦夷地調査を行い、［ア］が樺太が島であることを発見するなど成果を収めた。国際関係をめぐっては国内でもさまざまな論議が起こり、林子平は日本の海防について［イ］で次の(3)【資料A】のように述べた。

【資料A】
当世の俗習にて異国船の入津は長崎に限たる事にて、別の浦へ船を寄する事は決してならざる事と思えり。……当時長崎に厳重に石火矢の備有て、却て安房・相模の海港に其の備なし。此事甚不審。細かに思えば江戸の日本橋より唐・阿蘭陀迄境なしの水路也。然るを此に備えずして長崎のみ備るは何ぞや。

しかし、この意見は幕府批判であるとして、(4)寛政の改革で林子平は蟄居の処罰を受け、版木は没収された。海外からの脅威に対して、古典の実証的研究から始まった学問分野では、さまざまな思想家が生まれ、門人の裾野も広がり、(5)日本古来の思想を研究する国学として、その後の時代につながるひとつの潮流となった。

幕府は諸外国に対して通商を拒否する姿勢をとり続けた。しかし、(6)清がアヘン戦争に敗れて開国することになると、日本が次の標的になる危険が高いことを認識せざるをえなくなった。

問1　空欄［ア］［イ］に入る語句の組合せとして正しいものを、次の中から一つ選び、番号で答えよ。　［15］

①　ア　最上徳内　　イ　『海国兵談』　　②　ア　最上徳内　　イ　『赤蝦夷風説考』
③　ア　間宮林蔵　　イ　『海国兵談』　　④　ア　間宮林蔵　　イ　『赤蝦夷風説考』

問2　下線部(1)に関して、日本の国際関係について述べた次の文Ⅰ～Ⅲを、古いものから年代順に並べた組合せとして正しいものを、下の中から一つ選び、番号で答えよ。　［16］

Ⅰ　貿易を行う船に対して、朱印状が与えられるようになった。
Ⅱ　薩摩藩が琉球を征服した。
Ⅲ　シャクシャインの戦いが起こった。

①　Ⅰ―Ⅱ―Ⅲ　　②　Ⅰ―Ⅲ―Ⅱ　　③　Ⅱ―Ⅲ―Ⅰ　　④　Ⅲ―Ⅱ―Ⅰ

問3　下線部(2)について、19世紀初頭に通商を求めて長崎に来航したロシア使節として正しいものを、次の中から一つ選び、番号で答えよ。　17

① ゴローニン　② ラクスマン　③ レザノフ　④ プチャーチン

問4　下線部(3)に示された筆者の考えについて述べた次の文X・Yについて、その正誤の組合せとして正しいものを、下の中から一つ選び、番号で答えよ。　18

X　日本では外国船が来航する港は長崎に限ると、世の中の人々は考えている。
Y　安房や相模に外国船に対する防備体制がないのは当然である。

① X 正　Y 正　② X 正　Y 誤
③ X 誤　Y 正　④ X 誤　Y 誤

問5　下線部(4)について述べた文として正しいものを、次の中から一つ選び、番号で答えよ。　19

① 海防のために、江戸・大坂周辺の土地を直轄地にしようとした。
② 外国船を見たら躊躇なく打ち払うように命じた。
③ 飢饉や災害に備えて、江戸の各町に積立金制度を設けるように命じた。
④ 太平洋から江戸湾へのルートを確保するため、印旛沼の干拓を行った。

問6　下線部(5)について、国学者本居宣長の著作として正しいものを、次の中から一つ選び、番号で答えよ。　20

① 『宇下人言』　② 『国意考』　③ 『自然真営道』　④ 『古事記伝』

問7　下線部(6)について、清と戦争を行った国と開港した場所の組合せとして正しいものを、次の中から一つ選び、番号で答えよ。　21

a　イギリス　b　アメリカ　c　上海　d　香港

① a・c　② a・d　③ b・c　④ b・d

Ⅳ　次の文章を読んで、以下の問いに答えよ。

森鷗外は1862年津和野藩の藩医の家に生まれた。津和野藩の藩校(1)で学んだ後、上京して東京大学医学部を卒業、軍医となり、1884年から５年間ドイツに留学した(2)。上京を勧めたのは親戚の西周で、西周は兵部省に出仕し、天皇の統帥権や軍人の徳目を示した［　ア　］を起草するなど、明治前期の軍制確立に尽力した。帰国後の鷗外は軍医学校などでの教育や日清戦争(3)・日露戦争への従軍など軍務につき、1907年には陸軍軍医総監に昇進した。留学中の鷗外は、医学を学ぶだけではなく文学・哲学などに関心を持ち幅広い教養の基礎を築いた。帰国後には、山県有朋(4)との接触が始まり、1922年に山県有朋が死去するまで知人を介して政策案や世界情報を伝えた。

また、留学中の体験を反映した作品を発表するなど、作家としての活動も帰国後に始まり、同時に評論家・翻訳家としても活動した。人間生活のありのままを描くことを重視する自然主義の潮流(5)に対して、鷗外は反対の立場をとった。［　イ　］らが死刑となった大逆事件の思想弾圧を扱う作品もあったが、大正期に入ると現代小説から歴史小説、さらに人物伝へとテーマを転換した。歴史小説のなかには、殉死(6)を批判した『阿部一族』や安楽死問題を提起した『高瀬舟』などの作品があった。

問１　空欄［　ア　］［　イ　］に入る語句の組合せとして正しいものを、次の中から一つ選び、番号で答えよ。　［22］

①　ア　徴兵告諭　　イ　幸徳秋水　　②　ア　徴兵告諭　　イ　堺利彦

③　ア　軍人勅諭　　イ　幸徳秋水　　④　ア　軍人勅諭　　イ　堺利彦

問２　下線部(1)について、長州藩の藩校として正しいものを、次の中から一つ選び、番号で答えよ。　［23］

①　明倫館　　②　弘道館　　③　日新館　　④　時習館

問３　下線部(2)について、日本とドイツの関係を述べた文として正しいものを、次の中から一つ選び、番号で答えよ。　［24］

①　学制はドイツを参考としてつくられた。

②　立憲改進党は、ドイツ流の議会制度の導入を目指した。

③　地方制度は、ドイツ人顧問の助言を得ながら改革された。

④　民法は、ドイツ人法学者を招いて起草させた。

問４　下線部(3)について、戦争の契機となった出来事と講和条約の組合せとして正しいものを、次の中から一つ選び、番号で答えよ。　［25］

a　甲午農民戦争　　b　壬午軍乱　　c　天津条約　　d　下関条約

①　a・c　　②　a・d　　③　b・c　　④　b・d

問５　下線部(4)に関して述べた次の文Ｘ・Ｙについて、その正誤の組合せとして正しいものを、下の中から一つ選び、番号で答えよ。　［26］

X　山県有朋は第１回帝国議会時の内閣総理大臣であった。

Y　山県有朋が主張する「利益線」とは台湾のことを意味する。

① X 正　Y 正　　② X 正　Y 誤

③ X 誤　Y 正　　④ X 誤　Y 誤

問６　下線部(5)について、自然主義の小説として正しいものを、次の中から一つ選び、番号で答えよ。　27

①『破戒』　②『吾輩は猫である』　③『安愚楽鍋』　④『一握の砂』

問７　下線部(6)について、殉死を禁じた将軍として正しいものを、次の中から一つ選び、番号で答えよ。　28

① 徳川秀忠　② 徳川家光　③ 徳川家綱　④ 徳川吉宗

世界史

（60分）

Ⅰ　次の写真をみて、以下の問いに答えよ。

写真A

写真B

写真C

著作権の都合により，類似の写真に差し替えています。
ユニフォトプレス提供

問1　写真Aは、オリエントを統一したアケメネス朝第3代の王が建設した宮殿群である。祭儀などを行ったとされる、この宮殿群のある都市として、最も適切なものを、次の中から一つ選び番号で答えよ。　［ 1 ］

① バビロン
② ペルセポリス
③ スサ
④ イェルサレム

問2　写真Aの宮殿群は、最終的には完成する前に壊されたが、破壊した人物として、最も適切なものを、次の中から一つ選び番号で答えよ。　［ 2 ］

① キュロス2世
② ホスロー1世
③ アレクサンドロス大王
④ アルサケス

問3　写真Bは、都市国家ローマの市民生活の中心だったフォロ＝ロマーノである。古代では、この場所で市民の信望を得ようと権力者たちの間で雄弁術が流行っていた。その第一人者で、共和政を守る立場から『国家論』を著し、コンスルにも就いた人物として、最も適切なものを、次の中から一つ選び番号で答えよ。　［ 3 ］

① キケロ
② タキトゥス
③ リウィウス
④ ウェルギリウス

問4　写真Bに関して、ローマの政治家のなかで、元老院に対抗して第1回三頭政治を結成し、そののち終身ディクタトルとなって独裁権を握った人物として、最も適切なものを、次の中から一つ選び番号で答えよ。　4

① ポンペイウス
② クラッスス
③ ブルートゥス
④ カエサル

問5　写真Bに関して、ギリシア・ローマの有力者を対比して記述する『対比列伝』を著したローマ時代のギリシア人哲学者として、最も適切なものを、次の中から一つ選び番号で答えよ。　5

① ストラボン
② プルタルコス
③ セネカ
④ プトレマイオス

問6　写真Cは、インダス川下流域にある青銅器文明の代表的な遺跡である。城塞と市街地から構成されるこの遺跡名の意味として、最も適切なものを、次の中から一つ選び番号で答えよ。　6

① 日が昇るところ
② 川のあいだの土地
③ 死人の丘
④ 王家の谷

問7　写真Cは、当時のインドの一部であったが、そこでは前7～前4世紀頃に多様な思想・宗教が生まれた。断食などの苦行を重視し、商人層に信者を拡大した、ヴァルダマーナが始めた宗教として、最も適切なものを、次の中から一つ選び番号で答えよ。　7

① バラモン教
② 仏教
③ ヒンドゥー教
④ ジャイナ教

Ⅱ　次の文章を読み、以下の問いに答えよ。

4世紀末から5世紀にかけて東南アジアでは、インドとの交易を通して、ヒンドゥー教、大乗仏教、(1)サンスクリット語、インド式建築様式などの文化が受容された。6世紀から7世紀にかけて東南アジアでは、これらのインド文化を受け入れた(2)国家が建てられた。7世紀半ばには(3)南インドから稲作技術が伝わり、東南アジアの大陸部で稲作が発展した。諸島部のうち稲作が盛んなジャワ中部では、8世紀半ばに(4)古マタラムが建てられた。

これらの地域とは対照的に、漢字や儒教などの中国の文化の影響を強く受けたのがベトナム北部であり、7世紀には(5)中国の行政機関が建設された。ベトナム北部以外の東南アジアにおいても、インド文化を受け入れつつ、中国と政治上の結びつきが強く、(6)朝貢の関係にある国家が存在した。

7世紀から8世紀にかけて誕生した東南アジアの国家によって海と陸の道が結び付けられ、(7)東南アジアの産品を東西へ送り出すネットワークが強化された。

問1　下線部(1)に関する記述として、**誤っているもの**を、次の中から一つ選び番号で答えよ。　8

① ムガル帝国によって、サンスクリット語が公用語とされた。
② カーリダーサによって、戯曲「シャクンタラー」がサンスクリット語で著された。
③ サンスクリット語は、もともとバラモン教でよく使われていた言葉である。
④ サンスクリット語の二大叙事詩は、「マハーバーラタ」と「ラーマーヤナ」である。

問2　下線部(2)に関する記述として、**誤っているもの**を、次の中から一つ選び番号で答えよ。　9

① クメール人によって建てられた真臘では、ヒンドゥー教の強い影響がみられた。
② モン人によって建てられたドヴァーラヴァティでは、上座部仏教の強い影響がみられた。
③ タイ人によって建てられたパガン王国は、上座部仏教の強い影響がみられた。
④ マレー人によって建てられたシュリーヴィジャヤは、大乗仏教の強い影響がみられた。

問3　下線部(3)に関する記述として、**誤っているもの**を、次の中から一つ選び番号で答えよ。　10

① この技術では、乾期のうちに籾を直に播き、雨期に雨をためて灌漑する。
② この技術は、面積の広い平原での稲作に向いている。
③ この技術は、西アジアにおける麦の栽培技術を稲作に応用したものである。
④ この技術では、河川から水を引いて田にため、稲の苗を田に植える。

問4　下線部(4)が建設した寺院として、最も適切なものを、次の中から一つ選び番号で答えよ。　11

① ボロブドゥール寺院
② プランバナン寺院群
③ アンコール＝ワット
④ アジャンター石窟寺院

問５　下線部(5)の行政機関として、最も適切なものを、次の中から一つ選び番号で答えよ。　12

① 交趾郡
② 市舶司
③ 日南郡
④ 安南都護府

問６　下線部(6)に関する記述として、**誤っているもの**を、次の中から一つ選び番号で答えよ。　13

① 中国の皇帝は、朝貢してきた国の首長に爵位や官位を与え、その地域の統治を承認した。
② 周辺地域の首長が、中国に使節を送り、中国の皇帝に貢物を献上した。
③ 中国の皇帝は、服属した部族の首長に統治を委ね、行政機関にその統治を監督させた。
④ 中国の皇帝は、周辺地域からの使節と接見し、返礼品を与えた。

問７　下線部(7)のうち主な輸出品として、**誤っているもの**を、次の中から一つ選び番号で答えよ。　14

① クミン
② 沈香
③ クローブ
④ 胡椒

Ⅲ　次の文章を読み、以下の問いに答えよ。

30年戦争は、1618～48年にドイツ＝(1)神聖ローマ帝国を中心に行われた宗教的・政治的な諸戦争の総称である。ドイツ内部の新旧両教徒の反目、オーストリア・スペインの両ハプスブルク家とフランスの(2)ブルボン家との抗争を背景とした。

オーストリア領ボヘミアの(3)新教徒が、ボヘミア・ハンガリー王（1618年８月から神聖ローマ皇帝）フェルディナント２世に対して反乱を起こしたことに端を発し、たちまち全ドイツに戦争が拡大した。皇帝＝旧教徒軍の優勢は新教国デンマークの介入、またその敗退後は同じく新教国のスウェーデンの介入を誘発したが、1635年には(4)旧教国フランスが(5)スウェーデンを支持して参戦した。その結果、宗教戦争の性格をほぼ完全に失い、ハプスブルク家とブルボン家とのヨーロッパ覇権争いとしての国際戦争に転化した。ドイツは、戦災のほか、ヴァレンシュタイン（1583-1634）の大傭兵隊＝皇帝軍をはじめ各国の傭兵隊による無規律の略奪、疫病（ペスト、コレラ、チフス）などのため、社会・経済・文化に大打撃を被ったものの、(6)ウェストファリアの講和（1648）で内部の宗教的平和を取り戻した。

問１　下線部(1)の記述として、**誤っているもの**を一つ選び番号で答えよ。　15

① 962年、教皇からハプスブルグ家の王オットー１世にローマ皇帝の位を与えられたことが始まりである。
② 皇帝はドイツ王を兼ねた。
③ 10～12世紀において、皇帝はイタリア政策を追求して国内を留守にしがちだった。

④ 1806年、ライン同盟の結成を機に、帝国は消滅した。

問2　下線部(2)の記述として、**誤っているもの**を一つ選び番号で答えよ。　16

① ブルボン朝のもとで、絶対王政の確立期を迎えた。
② ルイ13世の宰相リシュリューはフランス語の統一と純化を目的としてアカデミー＝フランセーズを設立した。
③ ルイ14世は「太陽王」と呼ばれ、重農主義政策を展開する。
④ ルイ16世は王政廃止が宣言された翌年（1793年）、革命広場で処刑された。

問3　下線部(3)の記述として、**誤っているもの**を一つ選び番号で答えよ。　17

① ルターは福音信仰に基づき、贖宥状の悪弊を攻撃する95か条の論題を発表した。
② ルターは教皇から破門されたが、ザクセン選帝侯の保護の下で「新約聖書」のイタリア語版を完成した。
③ カルヴァンは『キリスト教綱要』を公刊し、独自の宗教改革を行った。
④ カルヴァンは、魂の救済はあらかじめ神によって決定されているという「予定説」を説いた。

問4　下線部(3)に対して、旧教徒側によって展開された「対抗宗教改革」の記述として、**誤っているもの**を一つ選び番号で答えよ。　18

① 1545年、コンスタンツで開催された公会議において教皇の至上権の再確認がなされた。
② イグナティウス＝ロヨラは、厳格な規律に基づくイエズス会を結成した。
③ イエズス会は海外でも宣教・教育活動を展開し旧教徒勢力の回復に貢献した。
④ 1549年、フランシスコ＝ザビエルが日本に来航したのも、イエズス会の活動の一環であった。

問5　下線部(4)における宗教内乱についての記述として、**誤っているもの**を一つ選び番号で答えよ。　19

① 16世紀半ば、ルター派のユグノーと呼ばれる新教徒の勢力が拡大した。
② 新旧両宗派の緊張は高まりサンバルテルミの虐殺などの事件が発生した。
③ フランスでは、宗教問題よりも国家統一を優先すべきであるという考えが増えていった。
④ ナントの王令（勅令）によってユグノーにも大幅な信教の自由が与えられた。

問6　下線部(5)に関連して、北方戦争の記述として、**誤っているもの**を一つ選び番号で答えよ。　20

① 年少のカール12世が王位につくと、ロシアはデンマークとノルウェーと協力して北方戦争を始めた。
② おおよそ20年間に及ぶ戦争の後、スウェーデンは敗北した。
③ スウェーデンは、バルト海の制海権を失った。
④ ロシアはバルト海の覇者となりヨーロッパの一翼を担うようになった。

問7　下線部(6)の記述として、**誤っているもの**を一つ選び番号で答えよ。　21

① デンマークはアルザス地方、メッツ、トゥール、ヴェルダン諸市を獲得した。
② スイス、オランダの独立が正式に承認された。

③　領邦君主は外交主権を含むほぼ完全な独立主権を獲得した。
④　アウクスブルクの和議の原則がカルヴァン派を加えて承認された。

Ⅳ　次の文章を読み、以下の問いに答えよ。

日本の中国侵略は、(1)1931年9月18日に起こった事件をきっかけに急速に進んだ。翌々年には、五大国の一国であったにも関わらず(2)国際機関から脱退した。(3)1937年7月7日に起こった武力衝突によって、日中は全面戦争へと突入していく。

こうした日本側の動きに対して国民党と共産党の関係は対立から一時的な内戦停止へと変化していく。1934年、瑞金の共産党軍は国民党軍の攻撃を受けて、(4)延安を中心とする陝西省や甘粛省をめざして長距離の移動を行った。その後、八・一宣言をへて、(5)1937年9月、民族統一戦線の結成に至った。

日本軍は1937年12月、当時の首都であった南京を占領した。(6)国民政府は首都を移転することで抵抗を続けた。それをうけて日本側は、(7)南京に親日政権を樹立させた。しかし、中国民衆の支持を得ることはできず、戦争は継続、泥沼化していった。

問1　下線部(1)に関わり、事件名として、最も適切なものを、次の中から一つ選び番号で答えよ。　22

①　西安事件
②　張作霖爆殺事件
③　南京事件
④　柳条湖事件

問2　下線部(2)に関わり、国際機関の名称として、最も適切なものを、次の中から一つ選び番号で答えよ。　23

①　世界銀行
②　国際連盟
③　国際通貨基金
④　国際連合

問3　下線部(3)に関わり、武力衝突の名称として、最も適切なものを、次の中から一つ選び番号で答えよ。　24

①　盧溝橋事件
②　コタバル上陸
③　義兵闘争
④　満州事変

問4　下線部(4)に関わり、移動の道のりの名称として、最も適切なものを、次の中から一つ選び番号で答えよ。　25

①　涙の道
②　長征

③　塩の行進
④　北伐

問5　下線部(5)に関わり、内戦の停止と民族統一戦線を呼びかけた名称として、最も適切なものを、次の中から一つ選び番号で答えよ。　26

①　共産党宣言
②　第二次国共合作
③　第一次国共合作
④　カラハン宣言

問6　下線部(6)に関わり、都市名として、最も適切なものを、次の中から一つ選び番号で答えよ。　27

①　ハルビン
②　広東
③　北京
④　重慶

問7　下線部(7)に関わり、人物名として、最も適切なものを、次の中から一つ選び番号で答えよ。　28

①　蔣介石
②　汪兆銘
③　張学良
④　袁世凱

政治・経済

（60 分）

Ｉ　次の文章を読んで、以下の問いに答えよ。

15年間にわたる戦争によって近隣諸国に多大な被害を与え、また、国内においても多大な被害を被った反省から生まれた日本国憲法の第9条は、その第1項において、「国権の発動たる戦争と、武力による威嚇又は武力の行使は、国際紛争を解決する手段としては、永久にこれを放棄する」として、(1)戦争の放棄を宣言している。そしてその第2項においては、「前項の目的を達するため、陸海空軍その他の戦力は、これを保持しない」として戦力の不保持が、さらに、「国の交戦権は、これを認めない」として交戦権の否認も規定されている。しかし、このような憲法の規定と、陸上自衛隊、海上自衛隊、航空自衛隊を擁する日本の(2)自衛隊の存在は矛盾しないのかという疑問が生じる。

歴史を振り返ってみると、ポツダム宣言を受諾して武装解除された日本に対し、自衛隊の前身となる(3)警察予備隊の編成が連合国軍最高司令官のダグラス・マッカーサーによって命じられる。その後、サンフランシスコ平和条約が発効して日本が独立した際に、保安隊と改められるが、(4)アメリカからの強い防衛力増強の要求を受け、1954年に自衛隊法が制定され、自衛隊が発足することとなった。

自衛隊は「戦力」ではないのか。これについては、意見が分かれている。日本は主権国家である以上、国家による自衛権は否定されておらず、「自衛のための必要最小限度の実力」を持つことは当然であるとする自衛隊合憲論は、(5)現在の政府見解となっている。その一方で、(6)自衛隊は必要な最小限度以上の「戦力」であり、違憲であるとする自衛隊違憲論もある。最近では、このような議論に終止符を打つべく、その解決策として、(7)自衛隊を憲法に明文化せよとする議論も存在する。

問１　下線部(1)について、憲法第9条と同様に戦争放棄を宣言しているケロッグ - ブリアン条約の説明として**誤っているもの**を、次の中から一つ選び、番号で答えよ。　［ 1 ］

① 第二次世界大戦の反省を踏まえて提唱された。
② パリにおいて15カ国の間で結ばれた。
③ 国家の政策の手段としての戦争の放棄を宣言している。
④ アメリカとフランスの代表者の名前にちなんでこの名称が付けられた。

問２　下線部(2)について、自衛隊の最高指揮監督権を持つ者として正しいものを、次の中から一つ選び、番号で答えよ。　［ 2 ］

① 内閣総理大臣
② 防衛大臣

③ 国家安全保障局長
④ 統合幕僚長

問3 下線部(3)について、警察予備隊に関する説明として正しいものを、次の中から一つ選び、番号で答えよ。 [3]

① 普段は通常の警察業務を行い、有事にのみ内閣総理大臣の命を受けて武力を行使する。
② 1950年の朝鮮戦争の勃発をきっかけに創設された。
③ 隊員数25万人で発足した。
④ 海上の任務も行う。

問4 下線部(4)について、日本が防衛力増強の義務を負う代わりに、アメリカからの軍事・経済力の援助を受けることを定めた協定の略称として正しいものを、次の中から一つ選び、番号で答えよ。 [4]

① MBA 協定
② NPT 協定
③ MSA 協定
④ NNP 協定

問5 下線部(5)について、現在の政府見解に関する記述として正しいものを、次の中から一つ選び、番号で答えよ。 [5]

① 個別的自衛権は認められない。
② 「最小限度の実力」とするため、三木武夫内閣で防衛費の GNP2%枠が定められた。
③ 自衛隊は「戦力」ではない。
④ 砂川判決によって確定したものである。

問6 下線部(6)について、自衛隊が合憲か違憲かが争われた訴訟の名称として**誤っているもの**を、次の中から一つ選び、番号で答えよ。 [6]

① 恵庭事件
② 長沼ナイキ基地訴訟
③ 百里基地事件
④ 苫米地訴訟

問7 下線部(7)について、2022年7月の参議院選挙において、憲法に自衛隊を明記すべきと主張した政党の組み合わせとして正しいものを、次の中から一つ選び、番号で答えよ。 [7]

① 自由民主党 ― 日本維新の会
② 自由民主党 ― 日本共産党
③ 立憲民主党 ― 日本共産党
④ 社会民主党 ― 日本維新の会

Ⅱ　次の文章を読んで、以下の問いに答えよ。

2019年4月、202年ぶりに天皇の生前退位が行われこれにより明仁天皇は上皇となり、翌日にそれまで皇太子であった浩宮が徳仁天皇として即位した。

そもそも(1)大日本帝国憲法から日本国憲法への改正によって、天皇の地位は大きく変化した。大日本帝国憲法下において、天皇は元首にして統治権の総攬者とされ、国民はそれに仕える臣民とされた。国民には一応「臣民の権利」が保障されていたが、それは現行憲法と比較すると(2)大きな制約を伴うものであった。

これに対して日本国憲法では、天皇は「日本国民統合の象徴」とされ、国政に関する権能は否定されており、(3)憲法で定められた「国事行為」のみを行うことが認められた。そして、日本国憲法は基本原理として(4)「国民主権」を掲げ、国民は国政のあり方を最終的に決める主権者として位置づけられることになったのである。

また、このような内容をもつ日本国憲法は「最高法規」として位置づけられ、法律を始めとする国家行為よりも強い効力を有する。そのため、日本国憲法の改正手続はかなり厳格なものとなっており、このように改正手続が厳格な憲法を一般に(5)「硬性憲法」と呼ぶ。さらに、日本国憲法は自らに法的に拘束される者、つまり(6)「憲法尊重擁護義務」を負う者についても明確に列挙していることも重要である。

なお現在、国会内では、日本国憲法の改正に前向きな政党により、(7)憲法改正に向けた動きが強まってきていることが注目される。

問１　下線部(1)について、日本国憲法の成立に関する記述として最も適切なものを、次の中から一つ選び、番号で答えよ。　［8］

① 日本国憲法は、昭和天皇の命令によって作られた。

② 日本国憲法は、幣原喜重郎内閣の下で憲法草案の準備が着手され、最終的に吉田茂内閣の下で施行された。

③ 日本国憲法は、連合国が日本に対し降伏の条件として提示したポツダム宣言の中に、そもそもその成立が含まれていた。

④ 日本国憲法は、太平洋戦争において日本で唯一の地上戦が行われた沖縄県民の意向がかなり反映されたものとなっていた。

問２　下線部(2)について、大日本帝国憲法下において「臣民の権利」を制約していた原理の名称として正しいものを、次の中から一つ選び、番号で答えよ。　［9］

① 臣民の留保

② 法律の留保

③ 天皇の留保

④ 公共の留保

問３　下線部(3)について、天皇の国事行為として**誤っているもの**を、次の中から一つ選び、番号で答えよ。　［10］

① 内閣総理大臣の任命

② 最高裁判所長官の任命

③　国会の召集
④　閣議の召集

問4　下線部(4)について、国民主権を具体化する憲法上の制度として**誤っているもの**を、次の中から一つ選び、番号で答えよ。　11

①　特別法に対する住民投票
②　国会議員を選出するための選挙権
③　国籍取得のための帰化制度
④　最高裁判所裁判官の国民審査

問5　下線部(5)について、日本国憲法の改正手続に関する記述として正しいものを、次の中から一つ選び、番号で答えよ。　12

①　憲法改正を行うためには、衆参各議院の総議員の3分の2以上の賛成によって国会が憲法改正案を発議し、国民投票の過半数の賛成によってこれが承認されることを必要とする。
②　憲法改正を行うためには、衆参各議院の総議員の過半数の賛成によって国会が憲法改正案を発議し、国民投票の3分の2以上の賛成によってこれが承認されることを必要とする。
③　憲法改正を行うためには、衆参各議院の総議員の3分の2以上の賛成によって国会が憲法改正案を発議し、国民投票の3分の2以上の賛成によってこれが承認されることを必要とする。
④　憲法改正を行うためには、衆参各議院の総議員の過半数の賛成によって国会が憲法改正案を発議し、国民投票の過半数の賛成によってこれが承認されることを必要とする。

問6　下線部(6)について、憲法第99条で定められた憲法尊重擁護義務を負う者に含まれないものとして正しいものを、次の中から一つ選び、番号で答えよ。　13

①　天皇
②　国会議員
③　裁判官
④　一般国民

問7　下線部(7)について、2007年に憲法改正案の原案を審議するために衆参両議院に設置された機関の名称として正しいものを、次の中から一つ選び、番号で答えよ。　14

①　憲法調査会
②　憲法審議会
③　憲法審査会
④　憲法研究会

Ⅲ　次の文章を読んで、以下の問いに答えよ。

企業は(1)生産要素を用いて財・サービスを(2)生産する。家計は生産要素を企業に提供した見返りとして賃金などの形で所得を受け取り、所得から税や社会保険料を支払ったあとの可処分所得から財・サービスを購入する。(3)家計による可処分所得からの財・サービスへの支払いを消費支出という。

(4)資源は人々の欲望を満たすほどには存在しない。したがって、企業は、限られた資源の中で、何を・どれだけ・どのようにして生産するのかを選択しなければならない。また、(5)家計は、限られた可処分所得の中で、何を・どれだけ消費するのかを選択しなければならない。企業も家計も、選択においては、(6)トレードオフの関係を意識しつつ、選択によって得られる便益と(7)選択にかかる費用とを比較することが必要である。

問1　下線部(1)について、生産の三要素として正しいものを、次の中から一つ選び、番号で答えよ。　15

① 利子、賃金、地代
② 資金、情報、商才
③ 資本、労働力、土地
④ ヒト、モノ、カネ

問2　下線部(2)について、生産工程をいくつかにわけて、それぞれ別の労働者が担当して製品を完成させる生産方式として最も適切なものを、次の中から一つ選び、番号で答えよ。　16

① 兼業
② 分業
③ 専業
④ 勧業

問3　下線部(3)について、「可処分所得から消費支出を差し引いたもの」と定義される言葉として正しいものを、次の中から一つ選び、番号で答えよ。　17

① 投資
② 内部留保
③ 預金
④ 貯蓄

問4　下線部(4)について、このような状態をあらわす言葉として正しいものを、次の中から一つ選び、番号で答えよ。　18

① 希少性
② 希薄性
③ 欠乏性
④ 欠落性

問5　下線部(5)について、家計は消費から得られる満足度が高くなるよう消費量を決定するが、この満足度をあらわす言葉として正しいものを、次の中から一つ選び、番号で答えよ。　19

① 効率
② 公正
③ 効用
④ 公平

問6　下線部(6)について、トレードオフの例として正しいものを、次の中から一つ選び、番号で答えよ。　20

① 生産者と消費者が互いに満足できる取引を行う。
② 生産者の業績回復と消費者の所得増加によって経済が活性化する。
③ 生産者が商品Aを生産したとき、副産物として商品Bが生産される。
④ 消費者が商品Cを入手するために、商品Dの購入をあきらめる。

問7　下線部(7)について、機会費用の説明として正しいものを、次の中から一つ選び、番号で答えよ。　21

① あることを選択したときに実際に支払った金額
② あることを選択したとき、別の選択肢を選んでいたなら得られたであろう金額の中で最大のもの
③ あることを選択したときに実際に支払った金額に、別の選択肢を選んでいたなら得られたであろう金額の平均値を足したもの
④ あることを選択したときに実際に支払った金額に、別の選択肢を選んでいたなら得られたであろう金額の合計を足し、平均したもの

Ⅳ　次の文章を読んで、以下の問いに答えよ。

1980年代以降、先進国と発展途上国との間の経済格差に加えて、発展途上国の間でも経済格差が表面化し、世界の中で貧困の問題が深刻化してきている。特に、(1)絶対的貧困の状態にある人々の救済は急務である。そのような国々では、食糧危機や飢餓の問題もいまだ解決されていない。このような貧困の問題に対して、多くの先進国は(2)政府開発援助や開発援助委員会などを通じて発展途上国の援助を行っている。また、国連は2000年に(3)国連ミレニアム開発目標（MDGs）を決定し、貧困の撲滅を宣言した。さらに2015年、(4)持続可能な開発目標（SDGs）を採択した。一方、国連開発計画（UNDP）は人間開発指数を発表した。

民間による貧困問題対策として、非政府組織（NGO）の活躍も目覚ましい。近年では援助から貿易へと、開発途上国の経済的自立を促す目的を目指す試みがさかんに行われている。例えば、(5)フェアトレードによる支援が進んでおり、(6)グラミン銀行のようなマイクロクレジットなどの試みも、そのような目的の達成に貢献している。また、貧困層の人々を大きな市場として見なす(7)BOP市場という考え方が生まれ、世界経済の中で新しい市場として期待されている。

問1　下線部(1)について、絶対的貧困に関する記述として正しいものを、次の中から一つ選び、番号で答えよ。　22

① 食料や衣類などが満たされず、人間らしい生活からほど遠い状態のことである。
② 国や地域の中で、平均的な水準より貧しい状態とされる。
③ 世界銀行では1人当たり1日190ドル以下で生活する層と規定されている。
④ 世界人口の30%にあたる層がこれに該当するとされる。

問2　下線部(2)について、政府開発援助と開発援助委員会の略称の組み合わせとして正しいものを、次の中から一つ選び、番号で答えよ。　23

① 政府開発援助―ODA、開発援助委員会―DCA
② 政府開発援助―DAC、開発援助委員会―ODA
③ 政府開発援助―OAD、開発援助委員会―DAC
④ 政府開発援助―ODA、開発援助委員会―DAC

問3　下線部(3)について、国連ミレニアム開発目標（MDGs）に関する記述として**誤っているもの**を、次の中から一つ選び、番号で答えよ。　24

① 国連ミレニアム宣言にもとづいている。
② 貧困と飢餓の撲滅などの目標を定めた。
③ 2025年までに1日1ドル未満で生活する人を半減するとした。
④ 目標達成のための世界の政府開発援助予算の増額基準は完全には果たせなかった。

問4　下線部(4)について、持続可能な開発目標（SDGs）に記載された目標として**誤っているもの**を、次の中から一つ選び、番号で答えよ。　25

① ジェンダー平等を実現する。
② 為替レートの安定化を目指す。
③ 質の高い教育を提供する。

④　気候変動に具体的な対策を講じる。

問5　下線部(5)について、フェアトレードの考え方として最も適切なものを、次の中から一つ選び、番号で答えよ。　26

①　発展途上国の商品を公正な価格で継続的に購入する。
②　先進国の商品をできるだけ安い価格で発展途上国に供給する。
③　先進国と発展途上国との取引は完全に自由化する。
④　発展途上国の商品はすべてフェアトレード商品と認定される。

問6　下線部(6)について、ムハマド＝ユヌスがグラミン銀行を始めた国として正しいものを、次の中から一つ選び、番号で答えよ。　27

①　インド
②　バングラデシュ
③　パキスタン
④　北朝鮮

問7　下線部(7)について、BOPがあらわすものとして最も適切なものを、次の中から一つ選び、番号で答えよ。　28

①　Bottom of the Pyramid
②　Bottom of the Poverty
③　Bank of the Pyramid
④　Bank of the Poverty

数学

(60 分)

(注) 問題は問Ⅰから問Ⅳまである。問Ⅰ・問Ⅱは共通問題で，問Ⅲ・問Ⅳはいずれかを選択し解答すること。

Ⅰ　次の問いに答えよ。

（1）$x=\dfrac{\sqrt{21}}{\sqrt{3}+\sqrt{7}}$，$y=\dfrac{\sqrt{21}}{\sqrt{3}-\sqrt{7}}$ のとき，x^2-y^2 の値を求めよ。

（2）$\log_2 7$，$\log_4 13$，$\log_{16} 36$ の大小を不等号を用いて示せ。

Ⅱ　座標平面上に点Aを中心とする半径4の円と，点Bを中心とする半径 a の円がある。AB＝7 のとき，2つの円の共通接線の本数を求めよ。

Ⅲ　n 個のさいころを同時にふるとき，次の問いに答えよ。ただし，n は正の整数である。

（1）出る目の最大値が5以下である確率を求めよ。

（2）出る目の最大値が6で最小値が1である確率を求めよ。

Ⅳ　次の問いに答えよ。

（1）第4項が5，第10項が23である等差数列 $\{a_n\}$ の一般項を求めよ。ただし，n は正の整数である。

（2）$r \neq -1$ のとき，数列 $\left\{\dfrac{r^n+3}{r^n+2}\right\}$ の極限を調べよ。ただし，n は正の整数である。

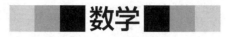

理科

◀物　　理▶

（60分）

Ⅰ　走行する2台の車の間の距離を超音波を使って測ることを考える。2台の車A，Bが同一直線上を同じ向きに走行している。車の進む方向を正とする。後ろを走る車Aは，速度 v_A〔m/s〕で，前を走る車Bは，速度 v_B〔m/s〕で進んでいる。

今，車Aから一定の振動数 f_0〔Hz〕の超音波を，短い時間 Δt_0〔s〕発射した。ただし，風が吹いていないとして，空気中の音速を v_s〔m/s〕とする。車の大きさは無視できるものとし，音速はA，Bの速さよりも大きく，AがBを追い越さないものとする。

以下の問の［　　］に当てはまる解答を，選択肢から一つ選び番号で答えよ。

問1　車Aが発射した超音波の先端から後端までの長さは，［ 1 ］〔m〕である。

① $v_s \Delta t_0$　② $v_A \Delta t_0$　③ $v_B \Delta t_0$　④ $(v_A + v_s)\Delta t_0$
⑤ $(v_A - v_s)^2 \Delta t_0$　⑥ $(v_A - v_s)\Delta t_0$　⑦ $(v_s - v_A)\Delta t_0$　⑧ $(v_s - v_B)\Delta t_0$

問2　車Bに超音波があたっている時間 Δt_1 は，［ 2 ］〔s〕で，車Bが観測する超音波の振動数 f_1 は，［ 3 ］〔Hz〕である。

［ 2 ］の選択肢

① $\dfrac{v_B}{v_A}\Delta t_0$　② $\dfrac{v_s}{v_B}\Delta t_0$　③ $\dfrac{v_s}{v_A}\Delta t_0$　④ $\dfrac{v_s + v_A}{v_s - v_B}\Delta t_0$　⑤ $\dfrac{v_s + v_B}{v_s - v_A}\Delta t_0$

⑥ $\dfrac{v_s - v_A}{v_s + v_B}\Delta t_0$　⑦ $\dfrac{v_A - v_s}{v_B - v_s}\Delta t_0$　⑧ $\dfrac{v_B - v_s}{v_A + v_s}\Delta t_0$　⑨ $\dfrac{v_s - v_A}{v_s - v_B}\Delta t_0$

［ 3 ］の選択肢

① $\dfrac{v_B}{v_A}f_0$　② $\dfrac{v_s}{v_B}f_0$　③ $\dfrac{v_s}{v_A}f_0$　④ $\dfrac{v_s + v_A}{v_s - v_B}f_0$　⑤ $\dfrac{v_s + v_B}{v_s - v_A}f_0$

⑥ $\dfrac{v_s - v_A}{v_s - v_B}f_0$　⑦ $\dfrac{v_s - v_B}{v_s - v_A}f_0$　⑧ $\dfrac{v_A - v_s}{v_B - v_s}f_0$　⑨ $\dfrac{v_B - v_s}{v_A + v_s}f_0$

問3　車Bに反射された超音波が車Aにあたっている時間 Δt_2 は，［ 4 ］〔s〕で，車Aが観測する振動数 f_2 は，［ 5 ］〔Hz〕である。

$\boxed{\ 4\ }$ の選択肢

① $\dfrac{v_B}{v_A}\Delta t_0$

② $\dfrac{(v_s + v_B)}{(v_s + v_A)}\Delta t_0$

③ $\dfrac{(v_s + v_B)}{(v_s - v_A)}\Delta t_0$

④ $\dfrac{(v_s - v_B)}{(v_s + v_A)}\Delta t_0$

⑤ $\dfrac{(v_s - v_B)}{(v_s - v_A)}\Delta t_0$

⑥ $\dfrac{(v_s + v_B)(v_A - v_s)}{(v_s + v_A)(v_B - v_s)}\Delta t_0$

⑦ $\dfrac{(v_s - v_B)(v_A + v_s)}{(v_s - v_A)(v_B + v_s)}\Delta t_0$

⑧ $\dfrac{(v_s + v_B)(v_s - v_A)}{(v_s + v_A)(v_s - v_B)}\Delta t_0$

⑨ $\dfrac{(v_s - v_B)(v_s + v_A)}{(v_s - v_A)(v_s + v_B)}\Delta t_0$

$\boxed{\ 5\ }$ の選択肢

① $f_0\Delta t_0$　② $f_0\Delta t_1$　③ $f_0\Delta t_2$　④ $\dfrac{f_0\Delta t_0}{\Delta t_1}$　⑤ $\dfrac{f_0\Delta t_1}{\Delta t_0}$　⑥ $\dfrac{f_0\Delta t_0}{\Delta t_2}$　⑦ $\dfrac{f_0\Delta t_2}{\Delta t_0}$

問４　超音波の先端が車Ｂに到達したときの車Ａと車Ｂの距離を L_1〔m〕とすると，車Ａが超音波を発してから超音波の先端が車Ｂに到達するまでの時間 T_1 は，$\boxed{\ 6\ }$〔s〕である。

① $\dfrac{v_B}{v_A}\Delta t_0$

② $\dfrac{v_B}{v_A}\Delta \mathrm{t}_1$

③ $\dfrac{v_s + v_B}{\Delta t_0}$

④ $\dfrac{v_s - v_A}{\Delta t_0}$

⑤ $\dfrac{v_s - v_A}{\Delta t_1}$

⑥ $\dfrac{v_s + v_A}{\Delta t_0}$

⑦ $\dfrac{v_s - v_B}{\Delta t_1}$

⑧ $\dfrac{L_1}{v_s - v_A}$

⑨ $\dfrac{L_1}{v_s - v_B}$

問５　車Ａが超音波を発してから超音波の反射波の先端が車Ａに戻るまでの時間が T〔s〕だったとすると，反射波が車Ａに戻ってきたときの車Ａと車Ｂの距離は，$\boxed{\ 7\ }$〔m〕である。

① $\dfrac{v_B}{v_A}T$

② $\dfrac{v_A}{v_B}T$

③ $\dfrac{v_A v_B}{v^2 s}T$

④ $\dfrac{(v_s + v_B)(v_s + v_A)}{v_s}T$

⑤ $\dfrac{(v_s + v_B)(v_s - v_A)}{2v_s}T$

⑥ $\dfrac{(v_s - v_B)(v_s - v_A)}{v_s}T$

⑦ $\dfrac{(v_s - v_B)(v_s - v_A)}{2v_s}T$

Ⅱ

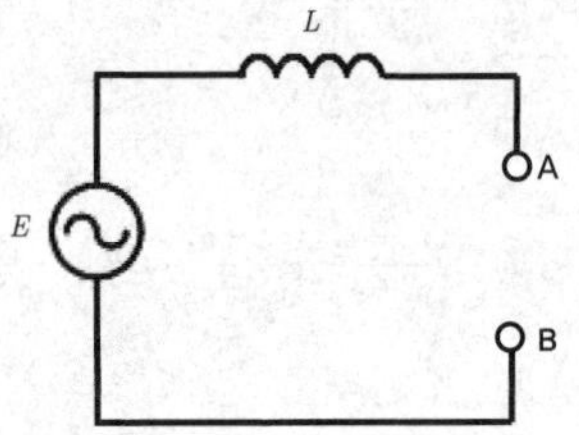

図のように周波数60Hz，実効値100Vの交流電源Eと，自己インダクタンス625mHの抵抗が無視できるコイルLが接続されている。以下の問の［　　］に当てはまる解答を，選択肢から一つ選び番号で答えよ。なお，$\pi=3.1$，$\sqrt{2}=1.4$とする。

問１　端子Aと端子Bを導線でつないだとき，コイルLのリアクタンスをX_Lとすると，$X_L=$約［ 8 ］Ωである。

①　4.4×10^{-3}　②　5.3×10^{-3}　③　0.50×10^{2}　④　0.94×10^{2}　⑤　1.1×10^{2}
⑥　1.9×10^{2}　⑦　2.3×10^{2}　⑧　2.7×10^{2}

問２　端子Aと端子Bを抵抗値$R=50\,\Omega$でつないだとき，回路のインピーダンスは，［ 9 ］Ωである。そして，このとき回路に流れる交流電流の実効値は，［ 10 ］Aとなる。

［ 9 ］，［ 10 ］の選択肢

①　100　②　$\dfrac{1}{100}$　③　$\dfrac{100}{\sqrt{2500+X_L^2}}$　④　$\dfrac{\sqrt{2500+X_L^2}}{100}$　⑤　$\dfrac{\sqrt{50+X_L^2}}{10}$
⑥　$\dfrac{X_L^2}{100}$　⑦　$\sqrt{50+X_L^2}$　⑧　$\sqrt{2500+X_L^2}$

問３　問２のとき，抵抗Rの両端にかかる最大電圧は，［ 11 ］Vとなる。

①　$\sqrt{50+X_L^2}$　②　$\sqrt{2500+X_L^2}$　③　$\dfrac{7000}{\sqrt{2500+X_L^2}}$　④　$\dfrac{\sqrt{2500+X_L^2}}{7000}$
⑤　$\dfrac{1400}{\sqrt{2500+X_L^2}}$　⑥　$\dfrac{\sqrt{2500+X_L^2}}{1400}$　⑦　$\dfrac{70}{\sqrt{50+X_L^2}}$　⑧　$\dfrac{\sqrt{50+X_L^2}}{70}$

問４　端子Aと端子Bに，抵抗Rの代わりにコンデンサーCを接続して，回路に流れる電流値をできるかぎり大きくしたい。そのときのコンデンサーの電気容量は，［ 12 ］Fとなる。ただし，導線はわずかな抵抗をもっているものとする。

①　0.62×10^{-5}　②　1.2×10^{-5}　③　2.5×10^{-5}　④　3.1×10^{-5}　⑤　4.1×10^{-5}
⑥　6.3×10^{-5}　⑦　8.1×10^{-5}　⑧　11×10^{-5}

Ⅲ　図のように水平面CDから高さhの位置に質量mの物体Aが固定され静止している。水平面上にはAと同じ質量の物体Bが置かれている。物体Aと物体Bとの間および水平面は摩擦のないなめらかな面でつながっており，物体Bは質量のないばねで接続され，ばねの他端は壁に固定され，水平に置かれている。この状態で，物体Aの固定を外し面を滑らせて物体Aを物体Bに衝突させた。重力加速度の大きさをgとする。

以下の問の［　　］に当てはまる解答を，選択肢から一つ選び番号で答えよ。

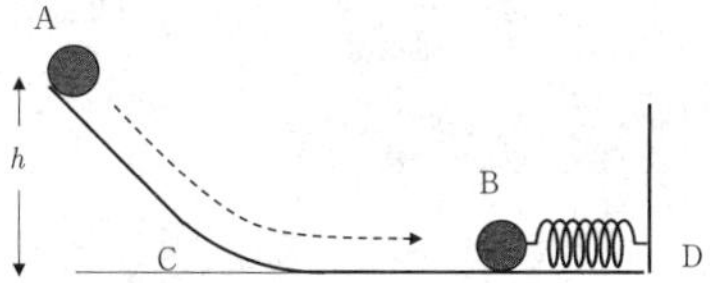

問1　物体Aが物体Bに衝突する直前の速さV_0は，［13］である。

①　gh　②　$2gh$　③　$\frac{1}{2}gh$　④　$\frac{1}{2}gh^2$　⑤　$\sqrt{gh}$　⑥　$h\sqrt{g}$

⑦　$\sqrt{2gh}$　⑧　$\frac{1}{2}\sqrt{gh}$　⑨　$2\sqrt{gh}$

問2　反発係数（はね返り係数）をeとし，問1の速さV_0を使うと，右向きを正の向きとして，衝突後の物体Aの速度は，［14］であり，衝突後の物体Bの速度は，［15］である。

［14］，［15］の選択肢

①　eV_0　②　$(1+e)V_0$　③　$(1-e)V_0$　④　$\frac{1}{2}(1+e)V_0$　⑤　$\frac{1}{2}(1-e)V_0$

⑥　$2(1+e)V_0$　⑦　$2(1-e)V_0$　⑧　$(1+e^2)V_0$　⑨　$(1-e^2)V_0$

問3　衝突後，物体Aがその位置にとどまるためには，物体Aと物体Bの間の反発係数eは，［16］である。もし物体Aが物体Bの半分の質量の場合，物体Aがその位置にとどまるためには反発係数は，［17］である。

［16］，［17］の選択肢

①　-1.0　②　0.0　③　0.10　④　0.20　⑤　0.25　⑥　0.50　⑦　0.75

⑧　1.0　⑨　2.0

問4　物体Aと物体Bが衝突後，物体Aと物体Bが共に図の右方向に動き，物体Bがばねを押して，ばねが最も縮んだときに，物体Aが物体Bに再衝突した。ばね定数をkとし，物体Bの最初の衝突直後の速度をV_bとすると，このときのばねの縮んだ長さは，［18］であり，最初の衝突から再衝突までの時間は，［19］であり，反発係数は，［20］である。

18 の選択肢

① V_bmk　② $V_b\dfrac{m}{k}$　③ $V_b\dfrac{k}{m}$　④ $V_b+\dfrac{m}{k}$　⑤ $V_b+\dfrac{k}{m}$　⑥ $V_b\sqrt{\dfrac{m}{k}}$

⑦ $V_b\sqrt{\dfrac{k}{m}}$　⑧ $V_b+\sqrt{\dfrac{m}{k}}$　⑨ $V_b+\sqrt{\dfrac{k}{m}}$

19 の選択肢

① $\sqrt{mk}$　② $\dfrac{m}{k}$　③ $\dfrac{k}{m}$　④ $\pi\sqrt{\dfrac{m}{k}}$　⑤ $\sqrt{\dfrac{k}{m}}$　⑥ $\sqrt{\dfrac{m}{k}}$

⑦ $\pi\sqrt{\dfrac{k}{m}}$　⑧ $\dfrac{\pi}{2}\sqrt{\dfrac{m}{k}}$　⑨ $\dfrac{\pi}{2}\sqrt{\dfrac{k}{m}}$

20 の選択肢

① 1　② 0.5　③ π　④ $\dfrac{\pi}{\pi+1}$　⑤ $\dfrac{\pi}{\pi-1}$　⑥ $\dfrac{\pi+1}{\pi-1}$

⑦ $\dfrac{\pi-1}{\pi+1}$　⑧ $\dfrac{\pi+2}{\pi-2}$　⑨ $\dfrac{\pi-2}{\pi+2}$

◀化　　学▶

(60分)

I　物質の状態に関する次の文章（1～4）を読み，以下の問いに答えよ。

1. 固体の構造に関する以下の問いに答えよ。

問1　金属結晶をつくる物質の例として最も適切なものを，次の中から一つ選び，番号で答えよ。　[1]

① アルミニウム（Al）
② 酸化銅（Ⅱ）（CuO）
③ 黒鉛（C）
④ 塩化セシウム（CsCl）

問2　金属結晶の面心立方格子に関する記述として最も適切なものを，次の中から一つ選び，番号で答えよ。　[2]

① 単位格子に含まれる原子の数は4個である。
② 結晶において，1個の原子に隣接する原子の数（配位数）は8個である。
③ 単位格子の体積に占める原子の体積の割合（充填率）は68%である。
④ 原子半径を r〔cm〕，単位格子の一辺の長さを L〔cm〕とすると $4r=\sqrt{3}L$ となる。
⑤ この結晶構造をつくる代表的な金属には，リチウム（Li），ナトリウム（Na），カリウム（K）などがある。

問3　水に関する記述として最も適切なものを，次の中から一つ選び，番号で答えよ。　[3]

① 水分子の構造は，折れ線形（くの字形）である。
② 水分子の酸素原子と水素原子の間で共有されている電子は，水素原子のほうに引き寄せられている。
③ 水分子は，水素イオンを他の物質に与えるとき，塩基として働く。
④ 水分子が金属イオンに水和するとき，水分子の水素原子が金属イオンと結合する。
⑤ 水分子中の酸素原子は，共有電子対をもつため，水素原子と配位結合を作ることができる。

2. 物質の状態変化に関する以下の問いに答えよ。

問4　エタノールの合成に関する熱化学方程式を以下に示す。Q_1 と Q_2 の関係として最も適切なものを，次の中から一つ選び，番号で答えよ。ただし，水とエタノールの蒸発熱は，それぞれ44 kJ/molと39 kJ/molとする。

C_2H_4（気体）＋ H_2O（気体）＝ C_2H_5OH（気体）＋ Q_1 kJ
C_2H_4（気体）＋ H_2O（液体）＝ C_2H_5OH（液体）＋ Q_2 kJ

[4]

① $Q_2 = Q_1$
② $Q_2 = Q_1 - 5$
③ $Q_2 = Q_1 + 5$
④ $Q_2 = Q_1 - 83$
⑤ $Q_2 = Q_1 + 83$

問5　状態図に関する記述として最も適切なものを，次の中から一つ選び，番号で答えよ。 5

① 状態図では図の縦軸が圧力，横軸が物質の状態を示す。
② 蒸気圧曲線とは，液体の領域と気体の領域を区切る曲線である。
③ 昇華曲線とは，固体の領域と液体の領域を区切る曲線である。
④ 融解曲線とは，固体の領域と気体の領域を区切る曲線である。
⑤ 臨界点では，固体の領域・液体の領域・気体の領域が共存する特殊な平衡状態となる。

3. 気体の性質に関する以下の問いに答えよ。

問6　1.0×10^5 Paの状態で6.0 Lの一定量の理想気体の体積が12.0 Lとなる圧力として最も適切なものを，次の中から一つ選び，番号で答えよ。ただし，温度は一定とする。 6

① 2.0×10^4 Pa
② 5.0×10^4 Pa
③ 1.0×10^5 Pa
④ 2.0×10^5 Pa
⑤ 5.0×10^5 Pa

4. 溶液に関する以下の問いに答えよ。

問7　硝酸カリウム（KNO_3）が水100 gに溶解する量が80℃で169 g, 25℃で38 gであった場合，80℃の飽和水溶液400 gを25℃まで冷却することで析出される硝酸カリウムの結晶の質量として最も適切なものを，次の中から一つ選び，番号で答えよ。 7

① 33 g　② 131 g　③ 169 g　④ 195 g　⑤ 524 g

Ⅱ　物質の変化と平衡に関する次の文章（1～7）を読み，以下の問いに答えよ。ただし，原子量は$H = 1.0$，$O = 16$，$Na = 23$，$S = 32$，$Cl = 35.5$とする。

1. 物質の変化とエネルギーに関する以下の問いに答えよ。

問1　化学反応や状態変化に伴う熱の出入りに関する記述として**誤りを含むもの**を，次の中から一つ選び，番号で答えよ。　[8]

① 発熱反応では，反応物のもつエネルギーの和より，生成物のもつエネルギーの和の方が大きい。
② 燃焼熱は，物質1 molが完全燃焼するときの反応熱である。
③ 融解熱は，物質1 molが融解するときに吸収する熱量である。
④ 水（固）の生成熱は，水（気）の生成熱より大きい。

2. 1.00 mol/Lの希硫酸H_2SO_4 1.00×10^2 mLと1.00 mol/Lの水酸化ナトリウム$NaOH$水溶液2.00×10^2 mLを混合したところ，11.2 kJの熱が発生した。

問2　希硫酸と水酸化ナトリウム水溶液の中和熱は何kJ/molか。最も適当な数値を，次の中から一つ選び，番号で答えよ。　[9] kJ/mol

① 11.2　② 56.0　③ 112　④ 224　⑤ 560

3. 電池に関する以下の問いに答えよ。

問3　鉛蓄電池［(−) Pb | H_2SO_4aq | PbO_2 (+)］の放電に関する記述として正しいものを，次の中から一つ選び，番号で答えよ。　[10]

① 電解液のpHは低くなる。
② 電解液の密度は低くなる。
③ 負極の質量は減少する。
④ 負極では還元反応が起こる。

4. XとYが反応してZが生じる反応がある。

問4　温度一定の条件でYの濃度を一定にして，Xの濃度を2倍にすると反応速度は4倍になり，Xの濃度を一定にして，Yの濃度だけを2倍にすると反応速度は8倍になった。Xの濃度を4倍，Yの濃度を1/2倍にしたとき，反応速度は何倍になるか。最も適当な数値を，次の中から一つ選び，番号で答えよ。　[11] 倍

① 2　② 8　③ 16　④ 28　⑤ 56

5. 反応の速さに関する以下の問いに答えよ。

問5　反応の速さに関する記述として**誤りを含むもの**を，次の中から一つ選び，番号で答えよ。　[12]

① 可逆反応における見かけの反応の速さは，時間の経過とともに増加し，反応は平衡に達する。
② 反応物の濃度が高くなれば，分子どうしの衝突回数が増加し，反応の速さは増大する。
③ 触媒は，反応の速さを大きくすることができる。
④ 温度が上昇すると反応の速さが大きくなるのは，活性化エネルギー以上のエネルギーをもつ分子の割合が増加するためである。

6. 化学平衡に関する以下の問いに答えよ。

問6　次の各反応が平衡状態にあるとき，［　］に示す条件変化を行った場合，平衡が右に移動するものはどれか。最も適当なものを，次の中から一つ選び，番号で答えよ。 13

① C（固）＋H_2O（気）＝CO＋H_2－132 kJ［減圧する］
② $NH_3 + H_2O \rightleftarrows NH_4^+ + OH^-$［$NH_4Cl$（固体）を加える］
③ $N_2 + O_2 = 2NO - 180$ kJ［加圧する］
④ $2O_3 = 3O_2 + 284$ kJ［加圧する］

7. 濃度未知の水酸化ナトリウム水溶液20 mLに0.10 mol/Lの塩酸を100 mL加えたところ，pHは2.0になった。

問7　この水酸化ナトリウム水溶液の濃度は何mol/Lか。最も適当な数値を，次の中から一つ選び，番号で答えよ。ただし，水酸化ナトリウムおよび塩酸は完全に電離しているものとし，水のイオン積K_wを1.0×10^{-14} $(mol/L)^2$とする。また，混合後の水溶液の体積は，混合前の水溶液の体積の総和に等しい。 14 mol/L

① 0.10　② 0.20　③ 0.22　④ 0.37　⑤ 0.44

Ⅲ　無機物質に関する次の文章（1～3）を読み，以下の問いに答えよ。

1. 元素に関する以下の問いに答えよ。

問1　非金属元素に分類される元素として最も適切なものを，次の中から一つ選び，番号で答えよ。 15

① クロム（Cr）
② コバルト（Co）
③ キセノン（Xe）
④ パラジウム（Pd）

問2　遷移元素に分類される元素として最も適切なものを，次の中から一つ選び，番号で答えよ。 16

① リン（P）
② ヨウ素（I）
③ キセノン（Xe）
④ パラジウム（Pd）

問3　元素の周期表において第1周期に分類される元素として最も適切なものを，次の中から一つ選び，番号で答えよ。 17

① ネオン（Ne）
② バリウム（Ba）
③ 水素（H）
④ 酸素（O）

2. 気体の発生と捕集に関する以下の問いに答えよ。

問4　酸素を発生させるために必要な物質の組み合わせとして最も適切なものを，次の中から一つ選び，番号で答えよ。 18

① Cu と HNO_3
② FeS と HCl
③ $CaCO_3$ と HCl
④ $KClO_3$ と MnO_2
⑤ $(NH_4)_2SO_4$ と $NaOH$

問5　水上置換によって捕集される気体として最も適切なものを，次の中から一つ選び，番号で答えよ。 19

① 塩素
② 二酸化炭素
③ 硫化水素
④ アンモニア

3. 金属元素の単体と化合物に関する以下の問いに答えよ。

問6　水酸化ナトリウム（NaOH）から炭酸ナトリウム（Na_2CO_3）が生じる操作として最も適切なものを，次の中から一つ選び，番号で答えよ。 20

① 水溶液に塩酸を加える。
② 水溶液に二酸化炭素を通じる。
③ 水溶液に二酸化炭素とアンモニアを通じる。
④ 固体を冷却する。
⑤ 水溶液の電気分解を行う。

問7　硫酸アルミニウムの水溶液でみられる反応として最も適切なものを，次の中から一つ選び，番号で答えよ。 21

① ヘキサシアニド鉄（Ⅱ）酸カリウム水溶液を加えると，濃青色の沈殿が生じる。
② 塩化ナトリウム水溶液を加えると，白色沈殿が生じる。
③ 過剰にアンモニア水を加えると，深青色の溶液になる。
④ アンモニア水を加えると，はじめは白色沈殿が生じ，さらにアンモニア水を加えることで沈殿が溶ける。
⑤ アンモニア水を加えると白色沈殿を生じ，そこに水酸化ナトリウム水溶液を加えると沈殿が溶ける。

Ⅳ　有機化合物および高分子化合物に関する次の文章（1～7）を読み，以下の問いに答えよ。ただし，原子量はH = 1.0，C = 12，O = 16とする。

1. 有機化合物に関する以下の問いに答えよ。

問1　有機化合物に関する記述として**誤りを含むもの**を，次の中から一つ選び，番号で答えよ。 22

① 分子式が同じでも，結合のしかたの違いにより構造が異なるものがある。
② 水に不溶の物質が多い。
③ 多くは分子からなり，融点や沸点は比較的低い。
④ 構成する元素の種類が非常に多いので，化合物の種類はきわめて多い。

2. 分子量122の有機化合物183 mgの完全燃焼により，二酸化炭素528 mgと水135 mgのみが生成した。

問2　この化合物の分子式として最も適当なものを，次の中から一つ選び，番号で答えよ。 23

① $C_6H_2O_3$　② $C_7H_6O_2$　③ $C_8H_{10}O$　④ C_9H_{14}

3. あるアルキン1.0 molを完全燃焼させるのに，酸素が4.0 mol必要であった。

問3　このアルキンの分子式として最も適当なものを，次の中から一つ選び，番号で答えよ。

24

① C_2H_2　② C_3H_4　③ C_4H_6　④ C_5H_8　⑤ C_6H_{10}

4. カルボン酸に関する以下の問いに答えよ。

問4　カルボン酸に関する記述として**誤りを含むもの**を，次の中から一つ選び，番号で答えよ。

25

① 乳酸には，鏡像異性体が存在する。
② フマル酸を200℃以下で加熱すると，脱水により酸無水物が得られる。
③ ギ酸は，ホルムアルデヒドの酸化により得られる。
④ 酢酸分子２個から水分子１個が取れて，無水酢酸ができる。

5. 芳香族化合物に関する以下の問いに答えよ。

問5　分子式C_8H_{10}で表される芳香族化合物には，何種類の構造異性体が存在するか。最も適当なものを，次の中から一つ選び，番号で答えよ。

26 種類

① 3　② 4　③ 5　④ 6　⑤ 7

6. 核酸に関する以下の問いに答えよ。

問6　核酸に関する記述として**誤りを含むもの**を，次の中から一つ選び，番号で答えよ。

27

① ヌクレオチドは，糖とリン酸と塩基から構成されている。
② DNAは，通常，二重らせん構造をしている。
③ DNAとRNAに共通する塩基は，２種類ある。
④ RNAを構成する糖は，リボース$C_5H_{10}O_5$である。

7. 高分子化合物に関する以下の問いに答えよ。

問7　高分子化合物に関する記述として**誤りを含むもの**を，次の中から一つ選び，番号で答えよ。

28

① ポリビニルアルコールは，ビニルアルコールの付加重合でつくられる。
② 塩化ビニルを付加重合させると，ポリ塩化ビニルが得られる。
③ ポリアクリロニトリルは，アクリル繊維の主成分である。
④ テレフタル酸は，ポリエチレンテレフタラートの原料である。

◀生　物▶

(60分)

Ⅰ　細胞の構造に関する次の文章を読み，以下の問いに答えよ。

真核細胞の細胞質基質には，タンパク質からなる繊維状構造が張り巡らされており，これを細胞骨格という。細胞骨格はその太さと構成するタンパク質の種類から，微小管，中間径フィラメント，アクチンフィラメントと呼ばれる３タイプに大別される。細胞骨格は細胞の形態保持や細胞小器官の配置にはたらくほか，周囲の細胞との細胞間結合にはたらくものもある。下図は，小腸上皮細胞でみられる細胞骨格と細胞間結合の一部を，模式的に表している。

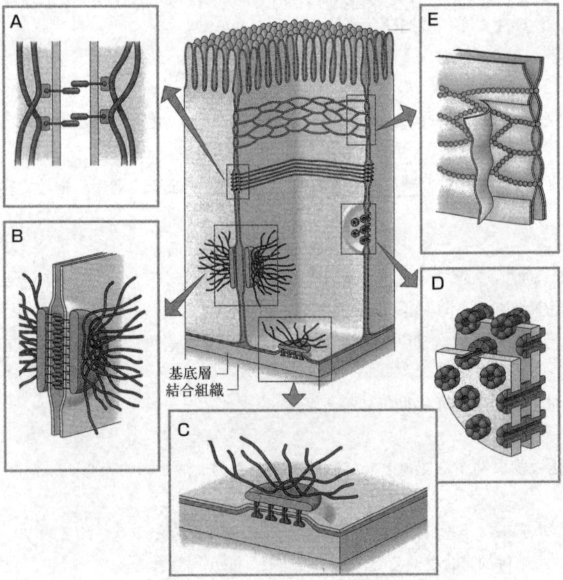

図

図：青木隆

問１　図中のA～Eの構造の名称として最も適切なものを，次のうちから一つずつ選び，番号で答えよ。

A 1　B 2　C 3　D 4　E 5

① ギャップ結合　② ヘミデスモソーム　③ 密着結合

④ デスモソーム　⑤ 接着結合

問2　**B**ではたらく膜タンパク質には組織に特異的な多くの種類があり，互いに同じ種類どうしでないと結合しない。この膜タンパク質の立体構造を維持するのに必要なイオンとして最も適切なものを，次のうちから一つ選び，番号で答えよ。　[6]

① Ca^{2+}　② Fe^{2+}　③ K^{+}　④ Mg^{2+}　⑤ Na^{+}　⑥ Zn^{2+}

問3　植物細胞では，細胞は細胞壁によってそれぞれ隔てられているが，細胞壁の孔で隣接する細胞の細胞膜がつながっている。このような細胞膜を通してできる細胞質の連結を何と呼ぶか。最も適切なものを，次のうちから一つ選び，番号で答えよ。　[7]

① 原形質復帰　② 原形質分離　③ 原形質流動　④ 原形質連絡

問4　細胞骨格に関する記述として**誤っているもの**を，次のうちから**三つ**選び，番号で答えよ。ただし，解答の順序は問わない。　[8]　[9]　[10]

① 微小管が最も太く，アクチンフィラメントが最も細い。
② 中間径フィラメントは，細胞の形や核の形および位置を保つのにはたらく。
③ 中間径フィラメントは，繊毛やべん毛を構成し，それぞれの運動にはたらく。
④ 中間径フィラメントは，チューブリンという球状タンパク質が多数重合したものである。
⑤ 微小管は，細胞分裂時には紡錘体を形成し，染色体の分配にはたらく。
⑥ 微小管は，動物細胞では中心体を起点とし，細胞の周辺に向かって放射状に伸びる。
⑦ アクチンフィラメントは，アメーバ運動にはたらく。
⑧ アクチンフィラメントは，動物の細胞質分裂のくびれ込みにはたらく。
⑨ アクチンフィラメントは，アクチンという繊維状タンパク質が多数重合したものである。

問5　ATPのエネルギーを利用して，細胞骨格に沿って運動することにより，物質の輸送を行うタンパク質をモータータンパク質と呼ぶ。モータータンパク質のうち，微小管上を移動するタンパク質の名称として適切なものを，次のうちから**二つ**選び，番号で答えよ。ただし，解答の順序は問わない。　[11]　[12]

① アクアポリン　② アセチルコリン　③ インスリン
④ キネシン　⑤ クレアチン　⑥ ダイニン
⑦ トロポミオシン　⑧ バソプレシン　⑨ ミオシン

Ⅱ　動物の行動に関する次の文章を読み，以下の問いに答えよ。

動物の体内でつくられた後に体外に分泌された物質が，それを感知した同種の個体に特有の行動を引き起こさせる物質を [13] という。空気中に浮遊する [13] は，塊となって不連続（異なる密度）に分布している。雄のカイコガは，空気中に浮遊する [13] に向かって [14] を行う。次に，[13] が受容できなくなると，[15] を繰り返した後に [16] に移行する。この2つの行動パターンの組合せにより，不連続に分布する [13] の発生源に対して，特定の方向に定めることができる。これらは(a)生まれつき備わっている行動であり，歩行や飛翔などの動物のリズミカルな運動は，遺伝的に備わった固定的な [17] と呼ばれる神経回路のはたらきによって生じる。

問1　上の文章中の [13] ～ [17] に入る語として最も適切なものを，次のうちから一つずつ選び，番号で答えよ。　[13]　[14]　[15]　[16]　[17]

①　求愛行動　②　セロトニン　③　直進歩行　④　中枢パターン発生器
⑤　回転歩行　⑥　フェロモン　⑦　８の字ダンス　⑧　ジグザグターン

問2　上の文章中の下線部(a)に該当する行動として適切なものを，次のうちから**二つ**選び，番号で答えよ。ただし，解答の順序は問わない。　[18]　[19]

①　チンパンジーがアリ塚に枝を差し込んでシロアリを釣る。
②　幼鳥は，記憶している手本に合うように自分のさえずりを修正する。
③　伝書バトは，地磁気や太陽の位置を利用して行動の方向を定めている。
④　アメフラシの水管をくり返し刺激すると，しだいにえらを引っ込めなくなる。
⑤　ミツバチは，巣の近くにえさ場があると円形ダンスをおどる。
⑥　イヌに肉片とベルの音を繰り返し同時に与えると，ベルの音だけで唾液を分泌するようになる。

問3　下図は，イトヨの産卵行動にみられる一連の固定的動作パターンを示したものである。[20] ～ [24] に入る語として適切なものを，下の①～⑧のうちから一つずつ選び，番号で答えよ。　[20]　[21]　[22]　[23]　[24]

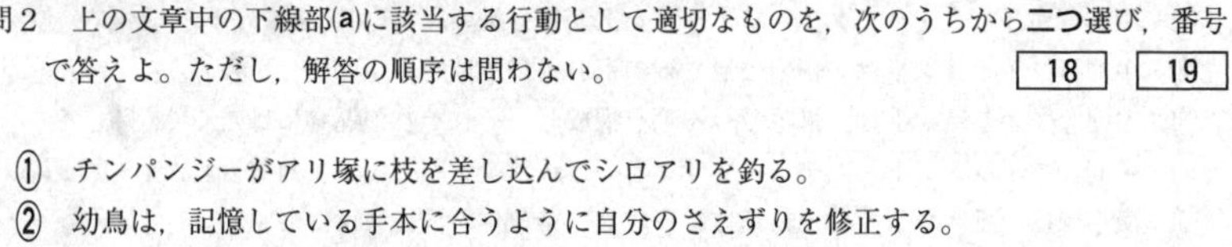

図

①　雌の尾部を口先でつつく。
②　直進歩行する。

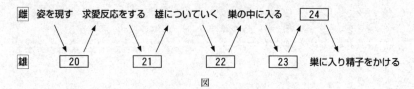

③　産卵して巣から出る。
④　雌の背後に回る。
⑤　ジグザグダンスをする。
⑥　巣へ誘導する。
⑦　巣の周りを回る。
⑧　巣の入り口を示す。

Ⅲ　生物と環境に関する次の文章を読み，以下の問いに答えよ。

ある一定地域の生物群集とそれを取り巻く(a)非生物的環境を一つのまとまりとしてみたものを（　ア　）という。（　ア　）を構成している生物は大きく生産者と消費者に分けられる。生産者は（　イ　）を行うことにより，大気中のCO_2などの（　ウ　）を炭水化物などの（　エ　）に変え，生活に利用している。

一定期間内に，一定面積内の生産者によってつくられた（　エ　）の総量を（　オ　）といい，その一部は（　カ　）により消費され，残りを（　キ　）という。（　キ　）から植物体の枯れ落ちる量と一次消費者に食べられる量とを差し引いたものが生産者の（　ク　）になる。

問1　上の文章中の（　ア　）～（　ク　）に入る語として適切なものを，次のうちから一つずつ選び，番号で答えよ。

ア [25]　イ [26]　ウ [27]　エ [28]
オ [29]　カ [30]　キ [31]　ク [32]

①　極相　②　生態系　③　呼吸　④　光合成　⑤　無機物
⑥　有機物　⑦　純生産量　⑧　成長量　⑨　総生産量

問2　下線部(a)の非生物的環境として**誤っているもの**を，次のうちから一つ選び，番号で答えよ。 [33]

①　水　②　土壌　③　気温　④　日光　⑤　森林

問3　消費者の同化量を表す式として最も適切なものを，次のうちから一つ選び，番号で答えよ。 [34]

①　同化量＝摂食量－被食量
②　同化量＝摂食量－死滅量
③　同化量＝摂食量－不消化排出量
④　同化量＝摂食量＋死滅量
⑤　同化量＝摂食量＋不消化排出量

問4　食物連鎖の関係でつながっている生産者，一次消費者，二次消費者などの各段階を表す語として最も適切なものを，次のうちから一つ選び，番号で答えよ。 [35]

①　成長段階　②　栄養段階　③　生態的地位　④　適応段階

Ⅳ　図は，発生中のは虫類の卵を表したものである。以下の問いに答えよ。

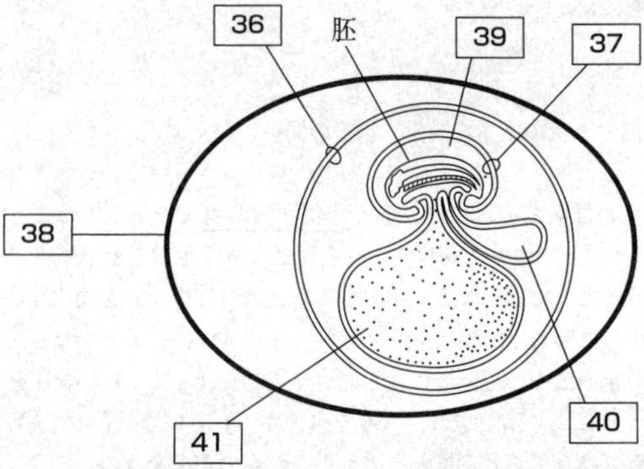

図

問1　図中の 36 ～ 38 の名称として最も適切なものを，次のうちから一つずつ選び，番号で答えよ。　36　37　38

①　卵膜　②　細胞膜　③　羊膜　④　しょう膜　⑤　卵黄膜
⑥　尿膜　⑦　細胞壁　⑧　胎膜　⑨　卵殻

問2　図中の 39 ～ 41 の名称として最も適切なものを，次のうちから一つずつ選び，番号で答えよ。　39　40　41

①　卵のう　②　細胞水　③　羊水　④　しょうのう　⑤　卵黄のう
⑥　尿のう　⑦　胎水　⑧　胎のう　⑨　羊のう

問3　図中の 37 および 40 の役割として最も適切なものを，次のうちから一つずつ選び，番号で答えよ。　37 42　40 43

①　母体から酸素をもらう。
②　排泄物を溜める。
③　胚の細胞分裂を助ける。
④　母体から栄養をもらう。
⑤　胚を乾燥から守る。
⑥　胚発生中の栄養をまかなう。

問4　図中の 36 〜 41 のうち，**両生類の卵にはないものの組合せ**として最も適切なものを，次のうちから一つ選び，番号で答えよ。 44

① 36，37
② 36，37，38
③ 36，37，38，39
④ 36，37，39
⑤ 36，39，40
⑥ 36，37，39，40
⑦ 36，37，38，39，40，41
⑧ 36，38，39，41，

理科(基礎)

(注)　物理基礎，化学基礎，生物基礎の中から2科目選択。

◀物理基礎▶

(基礎2科目で60分)

I　建設現場では建設資材が落下する事故が頻発している。そこで，建設中の高さ100mの超高層ビルの屋上から，質量200gの物体が自由落下する場合を考える。次の問の[　　]に当てはまる解答を，選択肢から一つ選び番号で答えよ。ただし，空気抵抗は無視してよく，重力加速度の大きさを$g=9.80\mathrm{m/s^2}$とする。

問1　物体が高さ100mの位置にあるとき，物体がもつ重力による位置エネルギーは，[16] Jである。ただし，地面を基準面とする。

① 190　② 192　③ 194　④ 196　⑤ 198　⑥ 200　⑦ 202　⑧ 204

問2　この物体が高さ40.0mの位置を通過するまでの間に，物体が自由落下によって失った重力による位置エネルギーは，[17] Jである。ただし，地面を基準面とする。

① 106　② 108　③ 110　④ 112　⑤ 114　⑥ 116　⑦ 118　⑧ 120

問3　この物体が高さ40.0mの位置を通過するときの位置エネルギーは，[18] Jである。

① 76.4　② 78.4　③ 80.4　④ 82.4　⑤ 84.4　⑥ 86.4　⑦ 88.4
⑧ 90.4

問4　この物体が地面と衝突する直前の速さは，[19] m/sである。ただし，$\sqrt{2}=1.41$，$\sqrt{9.8}=3.13$とする。

① 43.3　② 43.5　③ 43.7　④ 43.9　⑤ 44.1　⑥ 44.3　⑦ 44.5

問5　基準面を高さ50.0mの位置としたとき，この物体が地面と衝突する直前にもつ重力による位置エネルギーは，[20] Jである。

① −150　② −100　③ −98.0　④ −49.0　⑤ 49.0　⑥ 98.0
⑦ 100　⑧ 150

Ⅱ

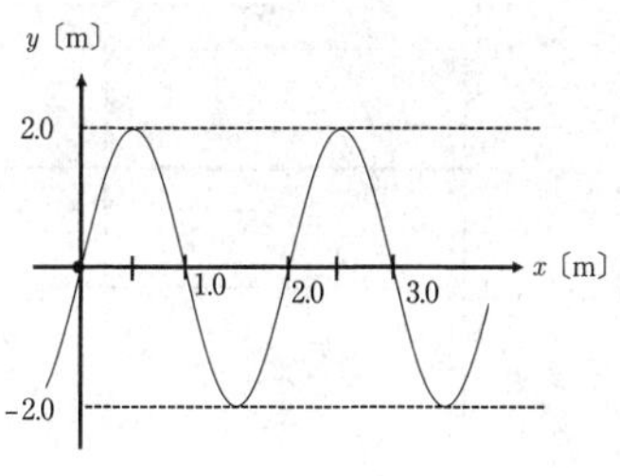

図 1

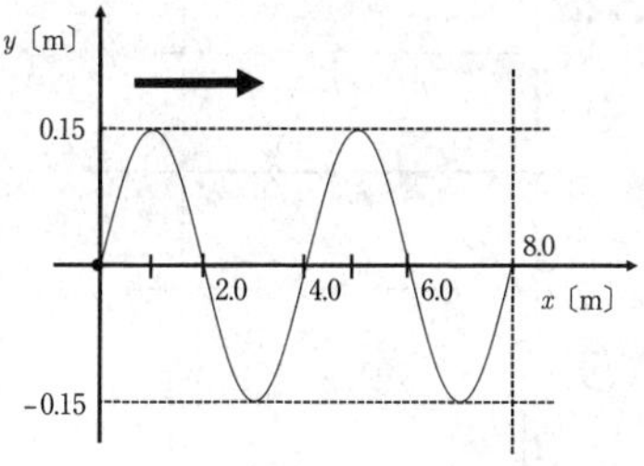

図 2

以下の問の［　　］に当てはまる解答を，選択肢から一つ選び番号で答えよ。

問 1　図 1 は，x 軸上に沿って進む周期 0.50s の正弦波の，時刻 $t = 0$s での波形を表している。この瞬間，原点にある媒質の速度の向きは，y 軸の正の向きであったとするとき，波の進む速度は，［ 21 ］m/s である。ただし，x 軸の正の向きを速度の正の向きとする。

①　−4.0　②　−2.5　③　−2.0　④　−1.6　⑤　1.6　⑥　2.0　⑦　2.5
⑧　4.0

問 2　x 軸の原点で媒質を単振動させると，波が x 軸の正の方向に進み，やがて $x = 8.0$m の位置にある自由端で反射し，x 軸の負の向きに進む反射波が発生した。図 2 は，入射波と反射波が媒質に十分に広がったときの，入射波のみを描いたものである。このときに観察される合成波の波形の図は，［ 22 ］である。

①

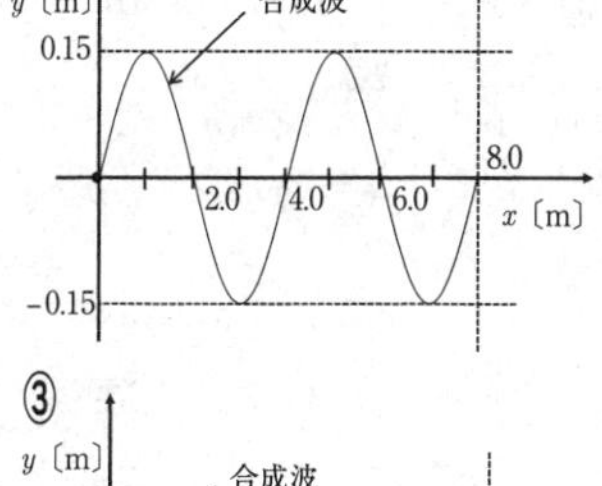

②

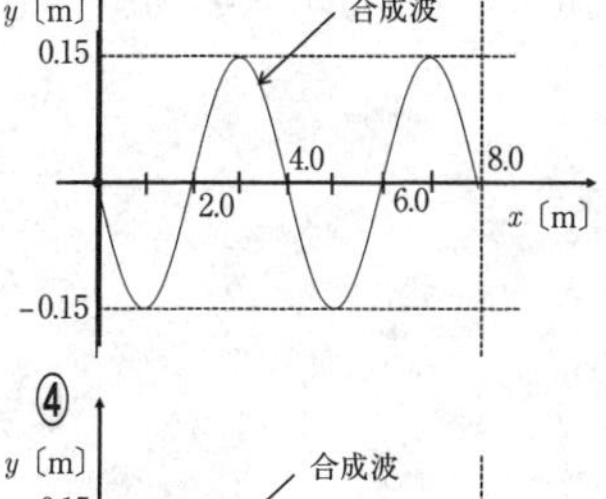

③

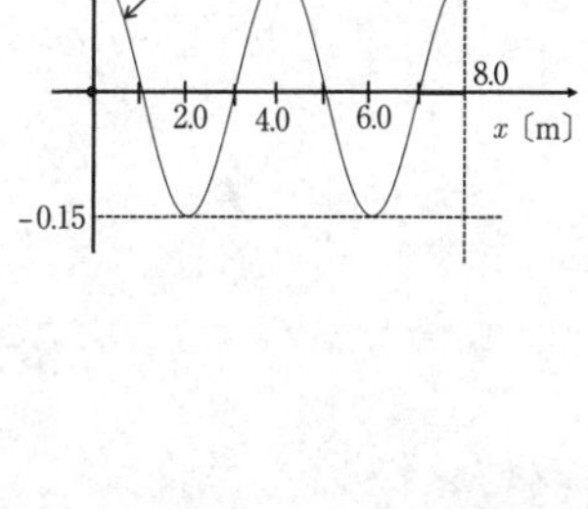

④

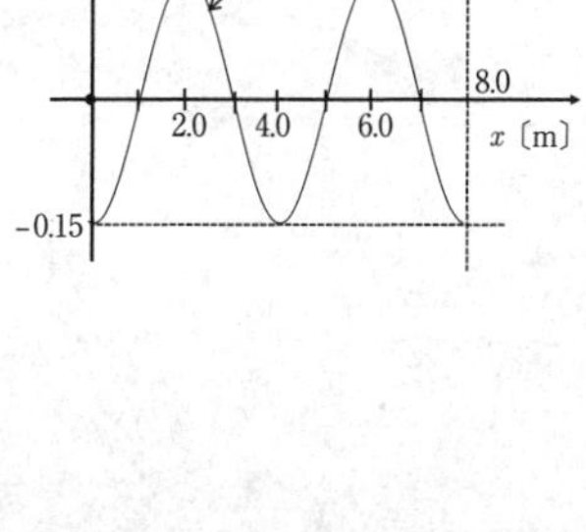

⑤
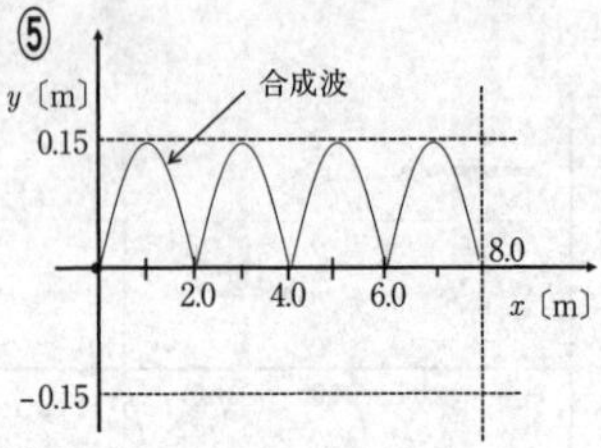

⑥
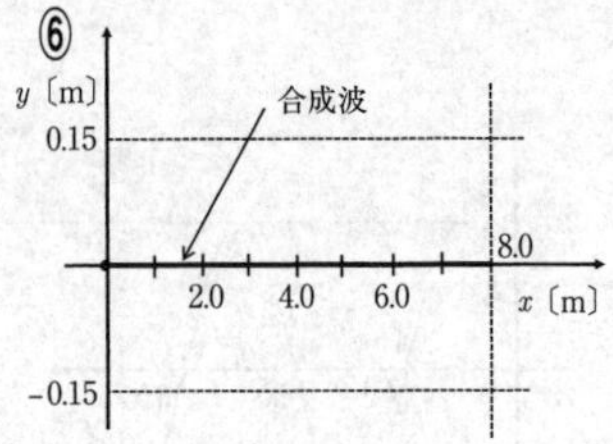

⑦
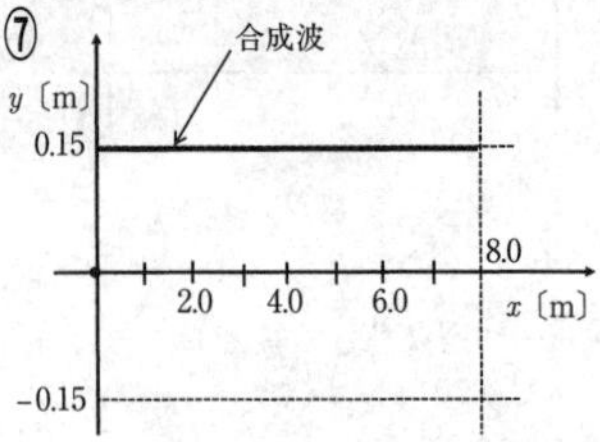

⑧
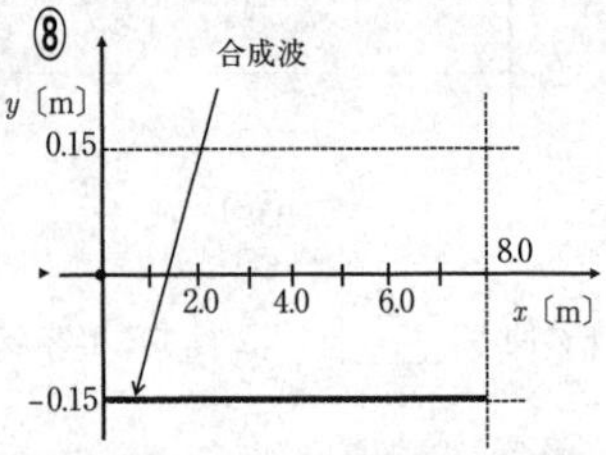

問3　問2のとき，入射波と反射波によって，[23]が生じる。このときの0.0m ≦ x ≦ 8.0m間にできる節の位置は，[24] mである。

[23]の選択肢

①　疎密波　②　定在波　③　変位　④　進行波　⑤　逆位相　⑥　表面波

[24]の選択肢

①　0　②　1.0，2.0，3.0，4.0　③　5.0，6.0，7.0，8.0　④　1.0，3.0，5.0，7.0
⑤　2.0，4.0，6.0，8.0　⑥　8.0

問4　問2のとき，波長を変えずに波の速さを10m/sとすると，自由端の位置で入射波の変位が正で最大になるのは，[25]秒ごとである。

①　0.15　②　0.20　③　0.30　④　0.40　⑤　1.0　⑥　2.5　⑦　4.0　⑧　8.0

Ⅲ　ばね定数がk〔N/m〕で自然長l〔m〕のばねの一端が筒の底面に固定され，もう一端は筒の上方で質量M〔kg〕のピストンにつながっている。重力加速度の大きさをg〔m/s^2〕とし，ピストンと筒の間に摩擦はないものとする。

以下の文の$\boxed{}$に当てはまる解答を選択肢から一つ選び番号で答えよ。

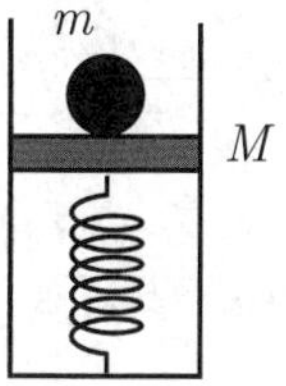

問1　筒の中のピストンに質量m〔kg〕の物体をゆっくり置いたところ，バネは縮んで，自然長の長さよりd〔m〕だけ短くなった。dは，$\boxed{26}$〔m〕である。このときばねに蓄えられたエネルギーは，$\boxed{27}$〔J〕である。

$\boxed{26}$ の選択肢

① gk　② $(m+M)g$　③ $(m+M)k$　④ $(m+M)gk$　⑤ $\dfrac{(m+M)k}{g}$

⑥ $\dfrac{(m+M)g}{k}$　⑦ $\dfrac{g}{(m+M)k}$　⑧ $\dfrac{k}{(m+M)g}$　⑨ $\dfrac{m+M}{gk}$　⑩ $\dfrac{gk}{m+M}$

$\boxed{27}$ の選択肢

① kd　② mkd　③ $(m+M)kd$　④ $(m+M)gkd$　⑤ $\dfrac{1}{2}kd$

⑥ $\dfrac{1}{2}kd^2$　⑦ $\dfrac{1}{2}dk^2$　⑧ $\dfrac{1}{2}(m+M)kd^2$　⑨ $\dfrac{1}{2}(m+M)dk^2$

問2　問1の状態で物体を筒の中で固定し，筒をゆっくり傾けて図のように水平にし，物体が水平方向に動かないようにした。物体の固定を外したところ，ばねが自然長になったときに物体はピストンから離れた。離れたときの物体の速度は，$\boxed{28}$〔m/s〕であった。その後ばねは，自然長の長さより最大$\boxed{29}$〔m〕まで移動してから，縮み始めた。

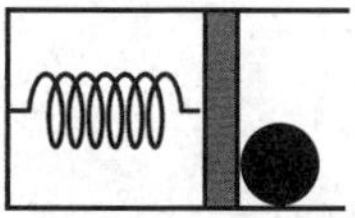

$\boxed{28}$ の選択肢

① $\dfrac{k}{M}d$　② $d\sqrt{\dfrac{k}{M}}$　③ $d\sqrt{\dfrac{M}{k}}$　④ $d\sqrt{\dfrac{m+M}{k}}$　⑤ $d\sqrt{\dfrac{k}{m+M}}$

⑥ $d\sqrt{\dfrac{m+M}{kg}}$　⑦ $d\sqrt{\dfrac{kg}{m+M}}$　⑧ $\dfrac{m+M}{k}d$　⑨ $\dfrac{k}{m+M}d$

29 の選択肢

① $\dfrac{m}{M}d$　② $d\sqrt{\dfrac{m}{M}}$　③ $d\sqrt{\dfrac{M}{m}}$　④ $d\sqrt{\dfrac{m+M}{M}}$　⑤ $d\sqrt{\dfrac{M}{m+M}}$

⑥ $d\sqrt{\dfrac{m+M}{m}}$　⑦ $d\sqrt{\dfrac{m}{m+M}}$　⑧ $\dfrac{m+M}{m}d$　⑨ $\dfrac{m}{m+M}d$

問3　問1の状態からピストンを固定せずゆっくり筒を傾けたところ，筒の底面と水平面との間の角度が30度になったとき，ばねは自然長より 30 〔m〕短くなった。

① $\dfrac{mg}{k}$　② $\dfrac{(m+M)g}{k}$　③ $\dfrac{k}{(m+M)g}$　④ $\dfrac{2}{\sqrt{3}}\dfrac{g}{(m+M)k}$

⑤ $\dfrac{\sqrt{3}}{2}\dfrac{g}{(m+M)k}$　⑥ $\dfrac{2}{\sqrt{3}}\dfrac{k}{(m+M)g}$　⑦ $\dfrac{\sqrt{3}}{2}\dfrac{k}{(m+M)g}$　⑧ $\dfrac{2}{\sqrt{3}}\dfrac{(m+M)g}{k}$

⑨ $\dfrac{\sqrt{3}}{2}\dfrac{(m+M)g}{k}$

◀化学基礎▶

（基礎2科目で60分）

I　物質の構成と化学結合に関する次の文章（1～6）を読み，以下の問いに答えよ。

1. 元素名とそれらの語源に関する以下の問いに答えよ。

問1　塩素のラテン語（名前の由来）として最も適切なものを，次の中から一つ選び，番号で答えよ。 1

① Hydrogenium（水をつくるもの）
② Argentum（輝く，明るい）
③ Chlorum（黄緑色）
④ Ferrum（硬い，強固）
⑤ Nitrogenium（硝石から生じるもの）

2. 物質の分類に関する以下の問いに答えよ。

問2　2種類以上の元素からできている純物質（化合物）として最も適切なものを，次の中から一つ選び，番号で答えよ。 2

① 塩化ナトリウム
② 窒素
③ 酸素
④ アルゴン

3. 物質の分離と精製に関する以下の問いに答えよ。

問3　再結晶に関する記述として最も適切なものを，次の中から一つ選び，番号で答えよ。 3

① 沸点の差を利用して，液体の混合物から成分を分離する操作
② 固体と液体の混合物から，ろ紙などを用いて固体を分離する操作
③ 固体の混合物を加熱して，固体から直接気体になる成分を冷却して分離する操作
④ 不純物を含む固体を溶媒に溶かし，温度によって溶解度が異なることを利用して，より純粋な物質を析出させ分離する操作
⑤ 溶媒に対する溶けやすさの差を利用して，混合物から特定の物質を溶媒に溶かして分離する操作

4. イオンに関する以下の問いに答えよ。

問4　塩化カルシウムを構成しているイオンの組み合わせとして最も適切なものを，次の中から一つ選び，番号で答えよ。 4

① Ca^{2+} と OH^-
② Ca^{2+} と Cl^-
③ Ca^{2+} と PO_4^{3-}
④ Fe^{2+} と OH^-
⑤ Fe^{3+} と NO_3^-

5. 分子の極性に関する以下の問いに答えよ。

問5　無極性分子として最も適切なものを，次の中から一つ選び，番号で答えよ。 5

① アンモニア（NH_3）
② 二酸化炭素（CO_2）
③ 塩化水素（HCl）
④ 水（H_2O）

6. 化学結合に関する以下の問いに答えよ。

問6　二重結合をもつ分子で構成されている物質として最も適切なものを，次の中から一つ選び，番号で答えよ。 6

① CO_2
② NH_3
③ HCl
④ SiO_2
⑤ NaCl

問7　窒素（N_2）分子の立体構造として最も適切なものを，次の中から一つ選び，番号で答えよ。 7

① 直線形
② 正方形
③ 三角錐形
④ 正三角形
⑤ 正四面体形

Ⅱ　物質の変化ならびに化学と人間生活に関する次の文章（1～8）を読み，以下の問いに答えよ。ただし，原子量はH = 1.0，C = 12，O = 16，Na = 23，Al = 27，S = 32，Cl = 35.5，Fe = 56とする。

1. 気体の密度に関する以下の問いに答えよ。

問1　標準状態において，プロパン（C_3H_8）の密度は何g/Lか。最も適当な数値を，次の中から一つ選び，番号で答えよ。ただし，標準状態における気体のモル体積は22.4 L/molとする。　［8］g/L

①　1.68　②　1.96　③　2.24　④　2.52　⑤　2.80

2. 溶液の濃度と溶質の質量に関する以下の問いに答えよ。

問2　0.20 mol/Lの希硫酸の体積v〔mL〕中に含まれるH_2SO_4の質量は何gか。最も適当な数値を，次の中から一つ選び，番号で答えよ。　［9］g

①　$9.8 \times 10^{-3}v$　②　$2.0 \times 10^{-2}v$　③　$2.9 \times 10^{-2}v$　④　$3.9 \times 10^{-2}v$　⑤　$4.9 \times 10^{-2}v$

3. 次式のように，酸化鉄（Ⅲ）Fe_2O_3とアルミニウムAlの粉末を混合して点火すると，鉄Feと酸化アルミニウムAl_2O_3が生成する。

$$Fe_2O_3 + 2Al \rightarrow 2Fe + Al_2O_3$$

問3　48.0 gの酸化鉄（Ⅲ）Fe_2O_3から得られる鉄Feは最大で何gか。最も適当な数値を，次の中から一つ選び，番号で答えよ。　［10］g

①　22　②　24　③　34　④　45　⑤　48

4. 弱酸の電離度に関する以下の問いに答えよ。

問4　1.0×10^{-1} mol/Lの酢酸水溶液のpHが3.0であったとき，この酢酸の電離度はいくらか。最も適当な数値を，次の中から一つ選び，番号で答えよ。　［11］

①　1.0×10^{-4}　②　1.0×10^{-3}　③　1.0×10^{-2}　④　1.0×10^{-1}　⑤　1.0

5. メスフラスコを用いて正確に10倍にうすめた希塩酸10 mLを，0.10 mol/Lの水酸化ナトリウム水溶液で滴定したところ，中和までに5.0 mLを要した。

問5　うすめる前の希塩酸の濃度は何mol/Lか。最も適当な数値を，次の中から一つ選び，番号で答えよ。　［12］mol/L

①　0.050　②　0.10　③　0.25　④　0.50　⑤　1.0

6. 酸化還元反応に関する以下の問いに答えよ。

問6　次の反応ア～エのうち，酸化還元反応はいくつあるか。最も適当なものを，次の中から一つ選び，番号で答えよ。

ア　$2HCl + CaO \rightarrow CaCl_2 + H_2O$

イ　$BaCO_3 + 2HCl \rightarrow H_2O + CO_2 + BaCl_2$

ウ　$SO_2 + H_2O_2 \rightarrow H_2SO_4$

エ　$H_2SO_4 + Fe \rightarrow FeSO_4 + H_2$

[13]

①　1　②　2　③　3　④　4　⑤　0

7. 金属の反応性に関する以下の問いに答えよ。

問7　金属の反応性に関する記述として**誤りを含むもの**を，次の中から一つ選び，番号で答えよ。 [14]

①　鉛は希硫酸にも希塩酸にも完全に溶けて均一な水溶液になる。

②　鉄は希硝酸に溶けるが，濃硝酸では反応が内部まで進行しない。

③　銅は希硝酸にも濃硝酸にも溶ける。

④　亜鉛は高温の水蒸気と反応する。

8. 化学と人間生活に関する以下の問いに答えよ。

問8　身のまわりの現象や物質・製品に関する記述として**下線部に誤りを含むもの**を，次の中から一つ選び，番号で答えよ。 [15]

①　ステンレス鋼は鉄とアルミニウムの合金であり，さびにくく流し台に用いられる。

②　生石灰（酸化カルシウム）は吸湿性が強いので，焼き海苔などの保存に用いられる。

③　ポリエチレンテレフタラート（PET）はポリエステルともよばれる高分子化合物であり，衣料品や容器などに用いられている。

④　ヨウ素は酸化力をもち，うがい薬に用いられる。

◀生 物 基 礎▶

(基礎2科目で60分)

I　下表は，生物の細胞小器官の有無を表したものである。それぞれの生物の細胞小器官の有無の組合せとして**正しいものには①，誤っているものには②**をマークせよ。

31　32　33　34　35

表

生物名	核	ミトコンドリア	葉緑体	細胞壁	細胞膜	
ヒト	有	有	無	無	有	31
納豆菌	有	無	無	有	無	32
シアノバクテリア	無	無	有	有	有	33
酵母	有	有	無	有	有	34
スミレ	有	無	有	有	有	35

II　タンパク質の合成に関する次の文章を読み，以下の問いに答えよ。

生物体内ではさまざまな有機物がはたらいているが，なかでも重要なのが(a)タンパク質である。タンパク質の設計図にあたる遺伝子の本体であるDNAの塩基配列は，まず，mRNA（伝令RNA）の塩基配列に写し取られる。このとき，(b)DNAの塩基とRNAの塩基には特定の関係がある。次いで，mRNAの塩基配列に基づいてアミノ酸が並べられてつながりタンパク質が合成される。この際，(c)mRNAの連続した塩基3個の並びがアミノ酸を指定する。

問1　下線部(a)に関連して，ヒトのタンパク質の機能に関する記述として**誤っているもの**を，次のうちから**二つ**選び，番号で答えよ。ただし，解答の順序は問わない。　36　37

① 免疫グロブリンは，H鎖・L鎖の2種類のポリペプチドからなるタンパク質で，体液性免疫にはたらく。

② セクレチンは，塩酸の刺激で十二指腸の細胞から分泌されるタンパク質で，血液によってすい臓に運ばれ，すい液の分泌を促す。

③ インターロイキンは，マクロファージやマスト細胞が感染部位で分泌するタンパク質で，毛細血管に局所的に作用して血管壁の細胞間の結合をゆるめる。

④ フィブリンは，酵素として機能するタンパク質で，血小板や赤血球に作用して血液を凝固させる。

⑤ アドレナリンは，副腎髄質から分泌されるタンパク質で，皮膚では毛細血管を拡張させて

血流量を増加させるのに対して，筋肉では毛細血管の入り口を狭くして血流量を減少させる。

⑥ ヘモグロビンは，赤血球中に存在する鉄を含んだ赤色のタンパク質で，肺胞のように酸素濃度が高く二酸化炭素濃度が低い場所では，酸素と結合して酸素ヘモグロビンになりやすい。

⑦ カタラーゼは，酵素として機能するタンパク質で，過酸化水素に作用して酸素と水に分解する。

⑧ ビリルビンは，胆汁中に含まれて胆細管内に排出されるタンパク質で，体内に過剰に蓄積すると皮膚や眼などが黄色っぽくなる。

問2 下線部(b)に関連して，DNAの2本鎖のうち，一方の塩基配列の一部が「TTAGACCCGG」であったとする。これを鋳型として転写して生じたRNAの塩基配列はどのようになるか。最も適切なものを，次のうちから一つ選び，番号で答えよ。 38

① AATCTGGGCC ② CCGAGTTTAA
③ GGCTCAAATT ④ AAUCUGGGCC
⑤ CCUAUTTTAA ⑥ GGCTCUUUTT
⑦ AATUTGGGUU ⑧ UUGAGTTTAA
⑨ GGCUCAAAUU

問3 下線部(c)に関連して，3個の塩基の並びがアミノ酸を指定するが，例えば，1番目がU，2番目もU，3番目がCであればフェニルアラニンが指定され，1番目がC，2番目がA，3番目がUであればヒスチジンが指定される。また，3個の塩基の並びがUAAの場合，そこでタンパク質の合成が終了する。こうした関係をまとめたものが下表になる。この表をもとに，以下の(1)・(2)に答えよ。

表

		2番目の塩基					
		U（ウラシル）	C（シトシン）	A（アデニン）	G（グアニン）		
1番目の塩基	U	UUU UUC フェニルアラニン UUA UUG ロイシン	UCU UCC UCA UCG セリン	UAU UAC チロシン UAA UAG （終止）	UGU UGC システイン UGA （終止） UGG トリプトファン	U C A G	3番目の塩基
	C	CUU CUC CUA CUG ロイシン	CCU CCC CCA CCG プロリン	CAU CAC ヒスチジン CAA CAG グルタミン	CGU CGC CGA CGG アルギニン	U C A G	
	A	AUU AUC AUA イソロイシン AUG メチオニン(開始)	ACU ACC ACA ACG トレオニン	AAU AAC アスパラギン AAA AAG リシン	AGU AGC セリン AGA AGG アルギニン	U C A G	
	G	GUU GUC GUA GUG バリン	GCU GCC GCA GCG アラニン	GAU GAC アスパラギン酸 GAA GAG グルタミン酸	GGU GGC GGA GGG グリシン	U C A G	

(1) 「AUG－CUC－AAG－UCU－GAG－UAA」という塩基配列をもつRNAからつくられる

タンパク質のアミノ酸配列として最も適切なものを，次のうちから一つ選び，番号で答えよ。

39

① メチオニン－ロイシン－リシン－トレオニン－セリン
② チロシン－グルタミン酸－フェニルアラニン－アルギニン－ロイシン
③ メチオニン－ロイシン－リシン－セリン－グルタミン酸
④ チロシン－グルタミン酸－トレオニン－アラニン－グリシン

(2)「バリン－プロリン－ヒスチジン」というアミノ酸配列を指定するRNAの塩基配列は何通りあり得るか。最も適切なものを，次のうちから一つ選び，番号で答えよ。

40

① 3通り　② 10通り　③ 27通り　④ 32通り

Ⅲ　赤血球に対する塩分濃度の影響に関する次の文章を読み，以下の問いに答えよ。

(a)生理食塩水，蒸留水，0.6％食塩水，1％食塩水，5％食塩水がそれぞれ10mLずつ入った試験管内に，ウシの血液を数滴入れた。5分後，各試験管の溶液をピペットで採取し，スライドガラスに1滴のせてカバーガラスをかけ，400～600倍の倍率を用いて光学顕微鏡で観察した。その結果，(b)Aの試験管では，赤血球の大きさが正常型よりも小さく，体積が減少していた。(c)Bの試験管では，赤血球数が減少し，赤血球の凹みが不明なものがみられた。(d)Cの試験管では，(e)赤血球がまったく観察できなかった。

問1　下線部(a)はヒトの細胞と等張な食塩水であるが，塩分濃度として最も適切なものを，次のうちから一つ選び，番号で答えよ。

41

① 0.1％　② 0.4％　③ 0.9％　④ 1.4％　⑤ 1.9％

問2　下線部(b)のAの試験管の溶液として最も適切なものを，次のうちから一つ選び，番号で答えよ。

42

① 生理食塩水　② 蒸留水　③ 0.6％食塩水　④ 1％食塩水　⑤ 5％食塩水

問3　下線部(c)のBの試験管の溶液として最も適切なものを，次のうちから一つ選び，番号で答えよ。

43

① 生理食塩水　② 蒸留水　③ 0.6％食塩水　④ 1％食塩水　⑤ 5％食塩水

問4　下線部(d)のCの試験管の溶液として最も適切なものを，次のうちから一つ選び，番号で答えよ。

44

① 生理食塩水　② 蒸留水　③ 0.6％食塩水　④ 1％食塩水　⑤ 5％食塩水

問5　下線部(e)が起こった理由として最も適切なものを，次のうちから一つ選び，番号で答えよ。

45

① 赤血球が凝集したため
② 赤血球が萎縮したため
③ 赤血球が沈殿したため
④ 赤血球が溶血したため
⑤ 赤血球が膨張したため

⑤　［Ⅰ］進歩　［Ⅱ］反省

問七　波線部D「人権の土壌をますます痩せたものにしている」原因として最も適切なものを、次の中から一つ選び、番号で答えよ。［38］

①　人と人のかかわりが全くないから
②　豊かさを阻んでいる原因がわからないから
③　失敗や批判が生かされないから
④　社会保障や社会資源が著しく欠如しているから
⑤　人権を守るホウリツがないから

⑤　国民の経済力が高いこと

問四　波線部B「共通の一致点」として**適切でないもの**を次の中から一つ選び、番号で答えよ。　35

①　自然環境
②　労働の果実
③　公共の福祉を守る法
④　社会保障
⑤　社会資本

問五　波線部C「不可知なこと」の意味として最も適切なものを、次の中から一つ選び、番号で答えよ。　36

①　間違っていること
②　想像を絶すること
③　価値のないこと
④　想像と異なること
⑤　人知では知り得ないこと

問六　空欄［Ⅰ］と［Ⅱ］に当てはまる語句の組み合わせとして最も適切なものを次の中から一つ選び、番号で答えよ。　37

①　［Ⅰ］制度　［Ⅱ］反省
②　［Ⅰ］制度　［Ⅱ］進歩
③　［Ⅰ］習慣　［Ⅱ］進歩
④　［Ⅰ］習慣　［Ⅱ］反省

(5)　ホウジョウ　　25

① ホウセキを買う
② 全ての人をホウセツする
③ ホウフな資源
④ 各国をホウロウする
⑤ ホウリツを守る

問二　空欄 ア から ク にあてはまる言葉として最も適切なものを、次の各群の①から⑤の中から一つずつ選び、番号で答えよ。

ア　① そのまま　② 想像通り　③ 幸い　④ ただちに　⑤ かえって　　ア　26

イ　① もちろん　② 強制的に　③ 適当に　④ 絶望的に　⑤ 嫌々　　イ　27

ウ　① 商品　② 幸福　③ 贅沢　④ 評価　⑤ 日常　　ウ　28

エ　① シート　② ハンドル　③ 両輪　④ エンジン　⑤ ミラー　　エ　29

オ　① 老人ホーム　② 一戸建て　③ 持ち家　④ 救護施設　⑤ 医療施設　　オ　30

カ　① とっさに　② つくづくと　③ わくわくと　④ もうろうと　⑤ あっさり　　カ　31

キ　① 肉体的　② 経済価値　③ 無条件　④ 後　⑤ 公正　　キ　32

ク　① あたりまえの　② 高圧的な　③ 単純な　④ とるにたらない　⑤ きくべき　　ク　33

問三　波線部A「金あまり現象」が指す状態として最も適切なものを、次の中から一つ選び、番号で答えよ。　34

① 多くの人がお金を使わずため込んでいること
② 通貨などの資産の供給量が需要量を上回っていること
③ 一部の人が大量にお金を持っていること
④ 通貨などの資産の需要量が供給量を上回っていること

(2)　キンロウ　22

① キンキ地方に旅行する
② キンガ新年
③ サイキンの繁殖を防ぐ
④ キンベンな学生
⑤ 心のキンセンにふれる

(3)　ソウオン　23

① 事件をソウサする
② 会場がソウゼンとする
③ 楽器をエンソウする
④ ソウサクダンスを踊る
⑤ 犯人をイソウする

(4)　タイグウ　24

① タイイク教師になる
② 無礼なタイドをとる
③ 業務がテイタイする
④ 客をセッタイする
⑤ テキタイする集団

そこに人間の復権をもたらそうとするなら、共同体的な場を、私たちは意識的に構築していかなければならない。くり返しになるが、人間の自由は、孤立からではなく、連帯する生活基盤があって、はじめて可能だからである。

アイヌの人びとが、「富を貯めるとは各個人の蔵にモノをためることではなく、大地を(5)ホウジョウに、自然を豊かにし、自然の中に富を貯めることだ」と言ったのは、［ク］言葉ではないだろうか。

自然を底辺の基盤として、それを損うことなく、その上に生活の福祉の基盤を築いていくことなしに、個人の豊かさは実現できない。ぜいたくなグルメ料理も、食品の安全がなければ、逆に健康を損うし、大気の汚染や酸性雨から逃れられるいかなる強者もいないであろう。

（暉峻淑子『豊かさとは何か』岩波新書）

問一　傍線部(1)から(5)と同じ漢字を含むものを、次の各群の①から⑤の中から一つずつ選び、番号で答えよ。

(1)　ショウケン　［21］

①ショウセツを読む
②ザイムショウの職員
③ショウコを探す
④ショウカク審査を受ける
⑤ショウゾウ画を描く

老人ホームの入居など、受け入れられていないのであるが）。

入浴車はあっても、高層建築の高い階に住む寝たきり老人は対象とされないとか、近くのビルの建築の(3)ソウオンと振動がひどいために、病気の老人のショートステイを希望しても、条件に合わないといって断られるとか、ホーム・ヘルパーの派遣や［オ］への入居の条件がきびしくて、利用できないとか、保育園の保育条件が利用しにくいものになっているとか、具体的な事例にたいする対応がうまくいっていないために、ただでさえ貧しい社会資本や社会保障が、いよいよ貧しくなっていく例が多い。

社会保障や社会資本や基準法を整備するとき、それを具体化する人間の十分な数と対応が重要であることを、ここで強調しておきたい。そして、それを改善していくためには、政治や行政の哲学と姿勢が大きな影響力をもっていることも、重ねて指摘しておきたい。

行政担当者は、失敗の事実を、たえず、かくそうとする。しかし、人間に失敗はつきものであり、成功から学ぶよりも失敗から学んで、人間の社会は進歩してきたとさえ言えるだろう。科学的な実験などは、むしろ失敗の集積の結果、はじめて真実に到達するものである。失敗を認めて、再発を防ぐべく、開かれたところで検討し改善する、という社会の［Ⅰ］がなければ、社会の［Ⅱ］は期待できないし、人間にたいする豊かな対応もできない。

木下安子編著『看護事故はなぜおきたか』（あゆみ出版、一九八五）をみると、事故を人間社会の営みの中で、正しく位置づけ、貴重な経験として公の討議の場に提出することがいかに難しいかを、［カ］知らされる。私が四、第五章でのべた、過労死や、生活保護適用の失敗が、社会の財産として生かされることなく葬り去られることが、D人権の土壌をますます痩せたものにしていることは、否めない。失敗や批判は、生かされて社会を豊かにする養分とならなければならない。

このような状態を改善するには、［キ］に役立つ人間だけでなく、社会の豊かさにかかわる人びとの、(4)タイグウの改善が必要である。老人福祉や、看護や、障害者へのケアに従事する人の給与は、商社マンにくらべれば、雲泥の差がある。

これまでモノとカネは、経済価値をさらにふやすためにのみ使われてきた。モノとカネを福祉のために使う習慣が、日本には根づいていない。

日本人にとって人と人とのかかわりは、多くの場合、商品やカネのやりとりでしかない。人間全体が、モノとカネ、経済の中にのみこまれてしまっているのである。

しかし、これまでみてきたことからもわかるように、多様な人びとのそれぞれの考え方の中には、ある B共通の一致点があり、社会的にこのような条件が備わったら、それぞれの人が豊かな人生を創り出しやすくなる、と、考えているいくつかのことがあるように思う。そこで、私なりに、その共通部分についての考えをのべてみたい。

共通の生活基盤を充実させる

カネとモノさえあれば、豊かな生活が送れると考えている人は、たぶん、どこにもいないだろう。大金持ちや、なに不自由ない王様の不幸な物語は、貧乏人の不幸な物語と同じくらい、たくさんある。

物語でなくても、どんな大金持ちにも、伝染病や戦争や公害や社会のコンランは襲ってくるから、カネとモノだけで豊かさや［ウ］が買えるわけではない。

豊かな社会を作り出すために、まず社会的に必要なことは、社会保障、社会資本（自然環境を含む）を充実させることであり、それとともに、公共の福祉を守る法、制度を確実なものにすることである。たとえば、老人、児童、障害者福祉法、労働基準法、住宅基本法（日本にはまだないが、この法によって国民は一定水準にみたない住宅に住むことを禁じられ、国は当然の責任として、基準をみたした住宅を提供する義務を負う。イギリスをはじめヨーロッパの先進国は、住宅を基本的人権のひとつと考えて、基本法を定めた）などが、これにあたる。それらは、個人の基本的人権を保障するために、国が、公的に、何をなすべきかを定めたものといえよう。

つまり、社会の共通資本として、物的な条件を整えるとともに、生活の福祉を実現するための諸制度が、車の［エ］として動いていなければならない。

しかも人間を対象とする福祉の運営には、たえず、規則に納まりきれない C不可知なことが起りうる。その場合、法や制度の目的を忘れて、条件の合致だけを言いたてると、多くの悲劇が起ることになる。

それらを、適切に判断し、法や制度の目的に叶う処理をしていくのは、仕事を担当する人間である。そのためには、基準法や福祉関係の仕事にたずさわる職員のたえざる研修と、相互間の事例検討が欠かせない。具体的な事柄と規則の間には、むしろズレがあることの方が多いであろう。すべてピタリと条件に合致する事柄は、人間にかんする限り、あまりないものである（もっとも、条件に合っている人さえ、

③　わたしとのやりとりがうまくいかず、不愉快だったから。
④　何度も同じことを言ってきて、機械的な作業になっているから。
⑤　他に予定があり、急いでいたから。

二　次の文章を読んで、後の問に答えよ。

日本は経済大国であるという。しかし、豊かな国ではない。

経済力が国民の生活の豊かさに結びつかないだけでなく、A金あまり現象が地価をつりあげ、［ア］住宅水準を低下させている。格差や不公正が拡大しているだけでなく、基本的人権さえ守られていない。

金融、(1)ショウケン業界は繁栄し、不動産や土建業界も大いにうるおっているのに、そこで働く(2)キンロウ者は、長い労働時間に疲れきっている――。

そして労働の果実は小さく、老後のケアは貧しい。

いったい、なぜ、経済大国なのに私たちは豊かではないのだろうか。他の先進国にできていることが、なぜ、日本ではできないのだろうか。

そして、私たちが、ほんとうに豊かな人生を生き、豊かな社会を子どもたちに遺すには、どうしたらいいのだろうか。

それらの疑問を解くための手がかりとして、前二章で、労働、住宅や地域環境、社会保障に焦点をあてて模索してみた。もし、それらのことが、すでに知られたことであるなら、なおさらのこと、豊かさを阻んでいる原因を究明しなければならない。

豊かさとは何か、どのように豊かな人生を生き、豊かな社会をつくっていくか、という大切な問題は、［イ］、それぞれの人が考え、行動することによって創るべきもので、画一的に、こうだ、と言えるものではないかもしれない。

④ 世界の成り立ちには数字では説明できないことがあると考えているから
⑤ 表現方法が失礼だから

問五　波線部C「その真理」の意味として最も適切なものを、次の中から一つ選び、番号で答えよ。　18

① 私の証明
② ケンキョであること
③ オーブントースターの性能
④ ピュタゴラスの定理
⑤ オーブントースターの中でトーストが焼き上がること

問六　波線部D「私と視線が合わないよう注意しながら」とあるが、その理由として最も適切なものを、次の中から一つ選び、番号で答えよ。　19

① 私のことが好きではなかったから
② 人見知りだったから
③ ややこしい仕事という自覚があったから
④ 私に対して怯えていたから
⑤ 私と関わりたくなかったから

問七　波線部E「何の感情も込めずに」の背景として最も適切なものを、次の中から一つ選び、番号で答えよ。　20

① 義弟の身体的状況が、可哀想で仕方なかったから。
② 義弟との関係が悪く、何の感情も湧き上がってこないから。

ウ　① 魔法　② 手法　③ 迷惑　④ 雲　⑤ 手間　ウ 8

エ　① 極端に　② 多分　③ むしろ　④ 想像通り　⑤ さらっと　エ 9

オ　① さっと　② てきぱき　③ 適当に　④ 言われた通りに　⑤ じっと　オ 10

カ　① 早々に　② 慎重に　③ 即座に　④ 冗長に　⑤ のらりくらり　カ 11

キ　① とにかく　② せっかく　③ いよいよ　④ いつか　⑤ これまで通り　キ 12

ク　① 即座に　② きれいに　③ 雑然と　④ 細々と　⑤ おもむろに　ク 13

ケ　① 楽しそうに　② 直ちに　③ 遠慮がちに　④ バキンと　⑤ コツンと　ケ 14

コ　① きっぱりと　② テンポよく　③ 気弱に　④ 気前よく　⑤ ポンと　コ 15

問三　波線部A「警戒して」とあるが、その理由として最も適切なものを、次の中から一つ選び、番号で答えよ。　16

① またからかわれると思ったから
② 頭を撫でられることが不愉快だったから
③ ボウシを被っていることをとがめられると思ったから
④ 人見知りだったから
⑤ 身の危険を感じたため

問四　波線部B「数えきれない、などという言い方は不快かもしれない」と「私」が思う理由として最も適切なものを、次の中から一つ選び、番号で答えよ。　17

① 何度言っても理解できないから
② 答えが間違っているから
③ 世界の成り立ちは数字によって明確に表現できると博士は考えているから

(3)　ヘイホウコン　　3

①　ダイコンの葉っぱ
②　コンナンな事例
③　保護者コンダン会
④　コン色の絵の具
⑤　思考がコンランする

(4)　ケンキョ　　4

①　ビルをケンセツする
②　ケンジョウ語を話す
③　ケンギョウ農家
④　宝物をケンジョウする
⑤　シンケンに話す

(5)　コキャク　　5

①　机をコテイする
②　コビジュツ品の収集
③　ソウコの鍵
④　ジココウテイカンを高める
⑤　野球部のコモン

問二　空欄［ア］から［コ］にあてはまる言葉として最も適切なものを、次の各群の①から⑤の中から一つずつ選び、番号で答えよ。

［ア］　①　ぼろぼろ　②　さらさら　③　ふわふわ　④　くしゃくしゃ　⑤　ピカピカ　　［ア］　6

［イ］　①　つまり　②　ゆえに　③　すなわち　④　しかし　⑤　ただし　　［イ］　7

三十年前に自分が見つけた定理は覚えていても、昨日食べた夕食のメニューは覚えておりません。簡潔に申せば、頭の中に八十分のビデオテープが一本しかセットできない状態です。そこに重ね録《ど》りしてゆくと、以前の記憶はどんどん消えてゆきます。義弟の記憶は八十分しかもちません。きっちり、一時間と二十分です」

もう何度も同じ説明を繰り返してきたからだろう。老婦人はE何の感情も込めずに淀《よど》みなく喋《しゃべ》った。

（小川洋子『博士の愛した数式』新潮文庫）

問一　傍線部(1)から(5)の漢字と同じ漢字を含むものを、次の各群の①から⑤の中から一つずつ選び、番号で答えよ。

(1)　ボウシ　［1］

① ボウキャクの彼方
② 被害をボウシする
③ エボシをかぶる
④ シボウが燃焼する
⑤ ボウリョクをふるう

(2)　ソスウ　［2］

① ボランティアをソシキ化する
② キソ川の流域
③ 作戦をソシする
④ ソボの手料理
⑤ ソボクな人柄

彼女の口から発せられるギテイという言葉には、どこかためらうような響きがあった。丁重な物腰にもかかわらず、左手だけは落ち着きなく杖をいじっていた。時折、D私と視線が合わないよう注意しながら、警戒心に満ちた目でこちらを見やった。

「細かい取り決めは組合に提出している契約書にあるとおりです。［キ］義弟に、誰もがやっている、ごく当たり前の日常生活を送らせてやれる方ならば、私には何の不足もございません」

「弟さんは今、どちらに？」

私は尋ねた。老婦人は杖の先で、裏庭の先にある離れを指した。［ク］刈り込まれたレッドロビンの生け垣の向こう、生い茂った緑の隙間《すきま》から、小豆色のスレート屋根が覗いていた。

「離れと母屋《おもや》を行き来はしないで下さい。あなたのお仕事場は、あくまで義弟宅です。北側の道路に面した、離れ専用の玄関がありますから、そちらを使って出入りしていただければ結構かと思います。義弟が起こしたトラブルは離れの中で解決して下さい。よろしいですね。それだけは守っていただきます」

老婦人は杖を一度、［ケ］鳴らした。

かつての雇い主たちから出された数々の理不尽な要求、髪をお下げにして毎日違うリボンで結ぶ、お茶の温度は七十五度以上でも以下でもいけない、空に金星が昇ったら両手を合わせて拝む……等々に比べれば、たいして難しくない約束に思えた。

「弟さんに、お目にかかれますか？」

「必要ありません」

あまりにも［コ］否定されたせいで、取り返しのつかない失言をしたような気分になった。

「今日あなたと顔を合わせても、明日になれば忘れてしまいます。ですから、必要ないのです」

「と、おっしゃいますと……」

「つまり、端的に申せば、記憶が不自由なのです。惚《ほ》けているのではありません。全体として脳細胞は健全に働いているのですが、ただ、今から十七年ほど前、ごく一部に故障が生じて、物事を記憶する能力が失われた、という次第です。交通事故に遭って、頭を打ったのです。義弟の記憶の蓄積は、一九七五年で終わっております。それ以降、新たな記憶を積み重ねようとしても、すぐに崩れてしまいます。

たとえオーブントースターのつまみを三分半に合わせてもらいたいだけの時でさえ、ちょっとすまないが、の一言を付け加えるのを忘れなかった。ギリギリッと私がつまみを回すと、首をのばし、トーストが焼き上がるまでオーブンの中を覗《のぞ》き込んでいた。まるで私の示した証明が、一つの真理に向かって進んでゆく様を見届けようとするかのように、Cそしてその真理がピュタゴラスの定理と同等の価値を持つとでもいうかのように、トーストに見惚《みと》れていた。

あけぼの家政婦紹介組合から、私が初めて博士の元へ派遣されたのは、一九九二年の三月だった。瀬戸内海に面した小さな町のその組合に登録された家政婦の中で私は一番若かったが、キャリアは既に十年を越えていた。その間どんなタイプの雇い主ともうまくやってきたし、家事のプロとしての誇りも持っていた。他の皆が敬遠する面倒な(5)コキャクを押し付けられても、組合長に不平など漏らしはしなかった。

博士の場合、コキャクカードを見ただけで、手強《てごわ》い相手だと予測できた。先方からのクレームにより家政婦が交替した場合、カードの裏にブルーのインクで星印の判が押されるのだが、博士のカードには九つものマークがついていたからだ。かつて私が関わったうちで、最高記録だった。

面接のため博士の家を訪れると、応対に出てきたのは、上品な身なりの痩せた老婦人だった。栗《くり》色に染めた髪を結い上げ、ニットのワンピースを着て、左手に黒い杖《つえ》を突いていた。

「世話をしてほしいのは、ギテイです」

彼女は言った。最初、博士と老婦人がどういう関係なのか分からなかった。

「どなたも長続きしなくて、私もギテイも大変困っております。新しい方が来られるたび、またすべて一からやり直しで、手間ばかり掛かります」

ギテイとは義理の弟のことを言っているのだと、ようやく私は理解した。

「特別にややこしいお仕事をお願いしているわけではありません。月曜から金曜まで、午前十一時に来て、義弟にお昼を食べさせ、部屋の中を清潔に整え、買物をし、晩ご飯を作って夜の七時に帰る。たった、それだけです」

が見えた。

いつどんな場合でも、博士が私たちに求めるのは正解だけではなかった。何も答えられずに黙りこくってしまうより、苦し紛れに突拍子もない間違いを犯した時の方が、［エ］喜んだ。そこから元々の問題をしのぐ新たな問題が発生すると、尚《なお》一層喜んだ。彼には正しい間違いというものについての独自なセンスがあり、いくら考えても正解を出せないでいる時こそ、私たちに自信を与えることができた。

「では今度は、マイナス1をはめ込んでみるとしようじゃないか」

博士は言った。

「同じ数を二回掛算して、マイナス1になればいいんだね」

学校でようやく分数を習ったばかりの息子は、博士の三十分足らずの説明でもう、ゼロより小さい数の存在を受け入れていた。私たちは頭に$\sqrt{-1}$を思い浮かべた。ルート100は10、ルート16は4、ルート1は1、だから、ルートマイナス1は……。

博士は決して急《せ》かさなかった。［オ］考え続ける私と息子の顔を見つめるのを、何よりも愛した。

「そんな数は、ないんじゃないでしょうか」

［カ］私は口を開いた。

「いいや、ここにあるよ」

彼は自分の胸を指差した。

「とても遠慮深い数字だからね、目につく所には姿を現わさないけれど、ちゃんと我々の心の中にあって、その小さな両手で世界を支えているのだ」

私たちは再び沈黙し、どこか知らない遠い場所で、精一杯両手をのばしているらしいマイナス1の(3)ヘイホウコンの様子に思いを巡らせた。雨の音だけが聞こえていた。息子はもう一度ルートの形を確かめるように、自分の頭に手をやった。

しかし、博士は教えるだけの人ではなかった。自分が知らない事柄に対しては(4)ケンキョであり、マイナス1のヘイホウコンに負けないくらい遠慮深かった。博士は私を呼ぶ時、必ずこう言った。

「ちょっとすまないが、君……」

国語

（六〇分）

一　次の文章を読んで、後の問に答えよ。

彼のことを、私と息子は博士と呼んだ。そして博士は息子を、ルートと呼んだ。息子の頭のてっぺんが、ルート記号のように平らだったからだ。

「おお、なかなかこれは、賢い心が詰まっていそうだ」

髪が［ア］になるのも構わず頭を撫《な》で回しながら、博士は言った。友だちにからかわれるのを嫌がり、いつも(1)ボウシを被《かぶ》っていた息子は、A警戒して首をすくめた。

「これを使えば、無限の数字にも、目に見えない数字にも、ちゃんとした身分を与えることができる」

彼は埃《ほこり》の積もった仕事机の隅に、人差し指でその形を書いた。

私と息子が博士から教わった数えきれない事柄の中で、ルートの意味は、重要な地位を占める。世界の成り立ちは数の言葉によって表現できると信じていた博士には、B数えきれない、などという言い方は不快かもしれない。［イ］他にどう言えばいいのだろう。私たちは十万桁《けた》もある巨大(2)ソスウや、ギネスブックに載っている、数学の証明に使われた最も大きな数や、無限を越える数学的観念についても教わったが、そうしたものをいくら動員しても、博士と一緒に過ごした時間の密度には釣り合わない。

ルート記号の中に数字をはめ込むとどんな［ウ］が掛かるか、三人で試した日のことはよく覚えている。四月に入って間もない頃、雨の降る夕方だった。薄暗い書斎には白熱球が灯《とも》り、息子が放り出したランドセルが絨毯《じゅうたん》の上に転がり、窓の向こうには雨に濡《ぬ》れる杏《あんず》の花

解答編

英語

I

解答　問1．④　問2．⑤　問3．②　問4．⑤　問5．①
問6．③　問7．①　問8．②　問9．⑤　問10．④

解説　≪心臓病リスク≫

問1．those は the people と同じ意味である。第1段第1文の冒頭部分 Those who と同じく④の関係代名詞 who を使用した表現となる。

問2．investigate は「調査する」という意味である。したがって⑤が正解。

問3．determine は「決定する」という意味である。したがって②が正解。

問4．look for ～で「～を探す」という意味なので，⑤が正解。

問5．take ～ into account は「～を考慮に入れる」という意味なので，①が正解。

問6．night owls は直訳すると「夜のフクロウ」であるが，ここでは「夜遅くまで起きている人たち」を指す。その反対の意味を表すものは，③の early birds「朝早く起きる人たち」である。

問7．association は「関連性」。①が正解。下線部(7)直後の not causation …で「因果関係ではない」とあるので，④の「因果関係」は誤りである。

問8．第7段第3文（Those who fall asleep …）中の window は「時間帯」という意味である。the 10-11 pm window は「夜の10時から11時の時間帯」となるので，②の outside「～の外に」が正しい。⑤の between は between *A* and *B* で「*A* と *B* の間」となるので混同しないように注意が必要である。

問9．picture は「状況」という意味なので，⑤が正解。

問10．第5段第1文（But night owls …）に，真夜中以降に寝る人と10時前に寝る人の心臓病リスクはほぼ同じとあるので，①は不適。第2段第1文（Conducted by digital …）に「この調査は43歳から79歳の間で行った」という記述があるので，②は不適。本文にがんのリスクの記述はないので，③は不適。第7段第2文（It needs resetting …）に「我々の体内時計は太陽光を通して毎日リセットする必要がある」とあるので，④が正解。第9段第1文（We are told …）後半 but these findings … に「何時間睡眠をとるかということが全体像ではないと，これらの発見は示している」という記述があるので，⑤は不適。

Ⅱ　解答

問1．③　問2．③　問3．①　問4．③　問5．④
問6．②　問7．②　問8．①　問9．⑤　問10．③

解説　≪BNPLの利用≫

問1．空所を含む文を「これまで，クレジットカードがオンラインで商品を購入するのに必須の手段であった」とすると文意が通るので③ essentialが正解。

問2．alternativeは「別の」という意味なので，③が正解。

問3．空所の前の文は「流行の電子商取引の流れに乗って，BNPLビジネスは，特にアメリカとヨーロッパでは，急速に発展して，投資家の注目を集めている」とあり，空所の後では「BNPLビジネスは，伝統的なクレジットカード会社にとっては，急速に脅威になりつつある」と追記しているので，①のIn addition「加えて」を入れると文意が通る。

問4．divide *A* into *B*で「*A*を*B*に分ける」なので，③が正解。

問5．interestは「利子」という意味なので④の「あなたがお金を借りた時に，支払わなければならない追加のお金」が正解と判断できる。

問6．make sure that ～で「～ということを確かめる，～ということを確実にする」という意味なので，②が正解である。

問7．第8段（While the business …）で「クレジットカードのビジネスモデルと違い，BNPLでは消費者がやっかいな負債を積み重ねないように毎回の分割払いを完全に行える」と述べられているので，空所には② user-focused「利用者目線の」が最も適切である。

問8．gain popularityで「人気を得る」なので，①が正解。

問9．Consequentlyは「その結果」という意味である。その意味にならないのは，⑤のHowever「しかしながら」のみである。

問10．①は第2段（Traditionally, credit cards …）の記述内容と一致す

る。②は第3段（On the back of …），第4段（But the situation …）の記述内容と一致する。③は第10段（Also, BNPL operators …）に従来のクレジットカードでは通常必要な信用調査が不要であることが多いとあるので，これが正解である。④は第5段（Major foreign BNPL …）の記述内容と一致する。⑤は第6段（Credit card users …）の記述内容と一致する。

Ⅲ **解答**

1－②　2－③　3－②　4－⑤　5－④
6－⑤　7－④　8－①　9－①　10－③

解説 1．ran out は「使い切った」という意味である。②が正解。

2．前文が「タバコの煙を吸うとジェーンは気分が悪くなる」なので③の「咳が出る」が正解。

3．空所の前は「彼は柔道を何年も修練した」とあり，後続する部分は「自分の学校の柔道の先生になった」なので，②の「その結果」が正解。

4．neither *A* nor *B* で「*A* でも *B* でもない」なので，⑤が正解。④の or を使う either *A* or *B*「*A* か *B* のどちらか」と混同しないように確実に覚えておこう。

5．for lack of ～で「～を欠いたので」となるので④が正解である。

6．take part in competition で「競技会に参加する」の意味である。⑤が正解。

7．「乗客は要求された際に手荷物検査がされるのを許可しない限りは，飛行機に搭乗することはできない」なので，④の permits が正解。

8．「こなした仕事の量に応じて支払われます」なので，①の proportion「割合」が正解である。in proportion to ～「～に比例して，～に応じて」

9．on purpose で「意識的に」という意味なので，①が正解。

10．play a role in ～で「～においてある役割を果たす」なので，③が正解。

Ⅳ **解答**

1－③　2－①　3－②　4－④　5－②　6－①

解説 1．A：「新幹線で子供たちと東京に行く予定です。何か気をつけることがありますか？」

B：「はい，子供たちが走り回らないようにすることです」

2．A：「新しい計画への私の説明をご理解いただけましたか？」

B：「はい，わかりました。私が疑問に思っていたことにすべてお答えいただきました」

3．A：「私が夜遅く家に帰ると両親は怒るのです」

B：「そうですねえ。あなたに子供がいると想像してみてください。あなたはどう感じるでしょうか。ご両親はあなたのことがただ心配なだけなのですよ」

suppose that ～ で「～ということを想像してみなさい」という仮定法過去を使った用法となる。

4．A：「このスーツをクリーニングしていただきたいのです」

B：「かしこまりました。そんなに時間はかかりませんよ」

A：「いつ取りに来たらよいでしょうか？」

5．A：「すいません。この席にはどなたか座っておられますか？」

B：「いいえ，私のカバンを動かしますね」

A：「ありがとうございます」

6．A：「私は財布を盗まれました」

B：「それは，お気の毒なことです。警察には届け出ましたか？」

V 解答

1．37−⑧ 38−⑤

2．39−⑨ 40−①

解説 完成した文は次のとおり。

1．(The government is planning to) impose a new tax on (cars that use a lot of fuel since it wants to encourage people) to purchase cars that (use less gasoline.)

2．(In such) an uncertain environment(, forecasts) for how stocks will move by (the end of the year vary widely among top Wall Street firms.)

日本史

I 解答 ≪律令制度≫

問1．④　問2．②　問3．④　問4．③　問5．④　問6．③
問7．①

II 解答 ≪鎌倉時代の社会経済≫

問1．①　問2．②　問3．①　問4．③　問5．①　問6．④
問7．②

III 解答 ≪江戸時代後期の外交と政治≫

問1．③　問2．①　問3．③　問4．②　問5．③　問6．④
問7．①

IV 解答 ≪森鷗外から見た明治・大正期の政治・外交・文化≫

問1．③　問2．①　問3．③　問4．②　問5．②　問6．①
問7．③

世界史

I　解答　≪古代の遺跡≫

問1．②　問2．③　問3．①　問4．④　問5．②　問6．③
問7．④

II　解答　≪東南アジア史≫

問1．①　問2．③　問3．③　問4．②　問5．④　問6．③
問7．①

III　解答　≪三十年戦争≫

問1．①　問2．③　問3．②　問4．①　問5．①　問6．①
問7．①

IV　解答　≪日本の中国侵略≫

問1．④　問2．②　問3．①　問4．②　問5．②　問6．④
問7．②

政治・経済

Ⅰ 解答 ≪自衛隊と安全保障≫

問1．①　問2．①　問3．②　問4．③　問5．③　問6．④
問7．①

Ⅱ 解答 ≪日本国憲法≫

問1．②　問2．②　問3．④　問4．③　問5．①　問6．④
問7．③

Ⅲ 解答 ≪経済主体と経済活動≫

問1．③　問2．②　問3．④　問4．①　問5．③　問6．④
問7．②

Ⅳ 解答 ≪貧困問題≫

問1．①　問2．④　問3．③　問4．②　問5．①　問6．②
問7．①

数学

I　解答　≪式の値≫

(1)　$x+y=\dfrac{\sqrt{21}}{\sqrt{3}+\sqrt{7}}+\dfrac{\sqrt{21}}{\sqrt{3}-\sqrt{7}}$

$=\dfrac{\sqrt{21}(\sqrt{3}-\sqrt{7})+\sqrt{21}(\sqrt{3}+\sqrt{7})}{(\sqrt{3}+\sqrt{7})(\sqrt{3}-\sqrt{7})}$

$=-\dfrac{3\sqrt{7}}{2}$

$x-y=\dfrac{\sqrt{21}}{\sqrt{3}+\sqrt{7}}-\dfrac{\sqrt{21}}{\sqrt{3}-\sqrt{7}}$

$=\dfrac{\sqrt{21}(\sqrt{3}-\sqrt{7})-\sqrt{21}(\sqrt{3}+\sqrt{7})}{(\sqrt{3}+\sqrt{7})(\sqrt{3}-\sqrt{7})}$

$=\dfrac{7\sqrt{3}}{2}$

よって　$x^2-y^2=(x+y)(x-y)$

$=-\dfrac{3\sqrt{7}}{2}\cdot\dfrac{7\sqrt{3}}{2}$

$=-\dfrac{21\sqrt{21}}{4}$　……(答)

(2)　$4=2^2$，$16=4^2$，$36=6^2$ なので，底の変換公式により

$\log_4 13=\dfrac{\log_2 13}{\log_2 4}=\dfrac{1}{2}\cdot\log_2 13=\log_2\sqrt{13}$

$\log_{16}36=\dfrac{\log_2 36}{\log_2 16}=\dfrac{1}{4}\cdot 2\log_2 6=\log_2\sqrt{6}$

底の2が1より大きく，$\sqrt{6}<\sqrt{13}<7$ なので

$\log_2\sqrt{6}<\log_2\sqrt{13}<\log_2 7$

よって　$\log_{16}36<\log_4 13<\log_2 7$　……(答)

II　解答　≪2つの円の位置関係≫

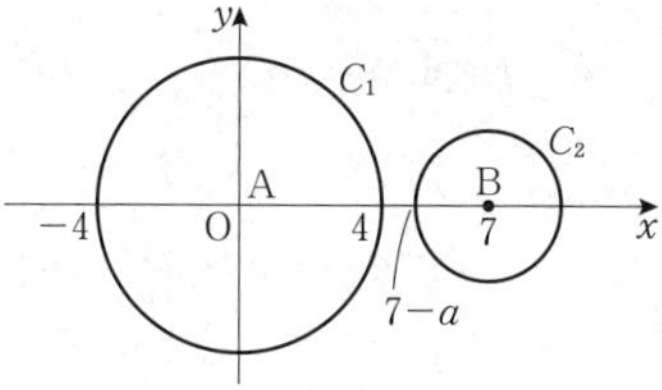

右図のように，x 軸上に 2 点 A(0, 0)，B(7, 0) をとる。2 点 A，B を中心とする題意の円を順に C_1，C_2 とすると C_1 は x 軸の正の部分と点 (4, 0) で交わり，C_2 は x 軸の B より左の点 $(7-a,\ 0)$ で交わる。

このとき，a の値と 2 つの円の位置関係と共通接線の関係は次の通りとなる。

(i) $0<a<3$ のとき，円 C_1 は円 C_2 の外部にあり，共通接線は 4 本

(ii) $a=3$ のとき，2 円 C_1，C_2 は点 (4, 0) で外接し，共通接線は 3 本

(iii) $3<a<11$ のとき，2 円 C_1，C_2 は 2 点で交わり，共通接線は 2 本

(iv) $a=11$ のとき，円 C_1 は点 $(-4,\ 0)$ で円 C_2 に内接し，共通接線は 1 本

(v) $11<a$ のとき，円 C_1 は円 C_2 の内部にあり，共通接線はない。

すなわち　　0 本　……(答)

III　解答　≪最大値・最小値の確率≫

(1)　出る目の最大値が 5 以下となるのは 6 が出ないときなので

$$\left(\frac{5}{6}\right)^n=\frac{5^n}{6^n}\quad\cdots\cdots(答)$$

(2)　すべて 2 以上 5 以下の目が出る事象の排反事象の確率を求めるとき，事象 A，B を

　　事象 A は「1 が出ない」

　　事象 B は「6 が出ない」

とすると

$$P(A)=\left(\frac{5}{6}\right)^n$$

$$P(B)=\left(\frac{5}{6}\right)^n$$

である。

求めるのは事象 $\overline{A} \cap \overline{B}$ の確率である。

$\overline{A} \cap \overline{B} = \overline{A \cup B}$（ド・モルガンの法則）より

$$P(\overline{A} \cap \overline{B}) = P(\overline{A \cup B})$$
$$= 1 - P(A \cup B)$$
$$1 - \{P(A) + P(B) - P(A \cap B)\} = 1 - \left(\frac{5}{6}\right)^n - \left(\frac{5}{6}\right)^n + \left(\frac{4}{6}\right)^n$$
$$= \frac{6^n - 2 \cdot 5^n + 4^n}{6^n}$$

よって，求める確率は

$$\frac{6^n - 2 \cdot 5^n + 4^n}{6^n} \quad \cdots\cdots(答)$$

IV　解答　≪数列の極限≫

(1)　数列 $\{a_n\}$ の初項を a，公差を d とすると

$$a + 3d = 5,\ a + 9d = 23$$

これを解いて　　$a = -4,\ d = 3$

このとき，一般項は

$$a_n = -4 + (n-1) \cdot 3 = 3n - 7 \quad \cdots\cdots(答)$$

(2)　$r \neq 0$ のとき一般項 b_n は

$$b_n = \frac{r^n + 3}{r^n + 2} = \frac{1 + \dfrac{3}{r^n}}{1 + \dfrac{2}{r^n}}$$

(i) $r < -1$ のとき　　$\displaystyle\lim_{n \to \infty} \frac{1}{r^n} = 0$　　よって　　$b_n \to 1$

(ii) $-1 < r < 1$ のとき　　$\displaystyle\lim_{n \to \infty} r^n = 0$　　よって　　$b_n \to \dfrac{3}{2}$

(iii) $r = 1$ のとき　　$\displaystyle\lim_{n \to \infty} b_n = \frac{1+3}{1+2} = \frac{4}{3}$

(iv) $1 < r$ のとき　　$\displaystyle\lim_{n \to \infty} \frac{1}{r^n} = 0$　　よって　　$b_n \to 1$

極限値は

$$\left.\begin{array}{l} 1 \ (|r|>1\ \text{のとき}) \\ \dfrac{4}{3} \ (r=1\ \text{のとき}) \\ \dfrac{3}{2} \ (|r|<1\ \text{のとき}) \end{array}\right\} \cdots\cdots(\text{答})$$

理科

◀物　　理▶

I 解答 ≪ドップラー効果≫

問1．⑦　問2．2－⑦または⑨※　3－⑦

問3．4－⑥または⑧※　5－⑥　問4．⑧　問5．⑤

※問2の2および問3の4については，選択肢中に正答が複数存在したため，そのいずれを選んだ場合でも正答として扱われた。

II 解答 ≪RL交流回路，LC交流回路≫

問1．⑦　問2．9－⑧　10－③　問3．③　問4．②

III 解答 ≪2物体の衝突，単振動≫

問1．⑦　問2．14－⑤　15－④　問3．16－⑧　17－⑥

問4．18－⑥　19－⑧　20－⑨

◀化　　学▶

Ⅰ 解答 ≪物質の構造，化学結合，熱化学方程式，状態図，ボイルの法則，固体の溶解度≫

問1．①　問2．①　問3．①　問4．②　問5．②　問6．②
問7．④

Ⅱ 解答 ≪化学反応と熱，鉛蓄電池，反応速度，平衡移動，pHと中和の量的関係≫

問1．①　問2．②　問3．②　問4．①　問5．①　問6．①
問7．⑤

Ⅲ 解答 ≪元素の分類，周期表，気体の発生と捕集，金属元素の単体と化合物≫

問1．③　問2．④　問3．③　問4．④　問5．②　問6．②
問7．⑤

Ⅳ 解答 ≪有機化合物の特徴，分子式の決定，アルキン，カルボン酸，異性体，核酸，高分子化合物≫

問1．④　問2．③　問3．②　問4．②　問5．②　問6．③
問7．①

◀生　　物▶

I 解答 ≪細胞小器官の構造とはたらき≫

問1．1－⑤　2－④　3－②　4－①　5－③

問2．①

問3．④

問4．③・④・⑨

問5．④・⑥

II 解答 ≪動物の行動≫

問1．13－⑥　14－③　15－⑧　16－⑤　17－④

問2．③・⑤

問3．20－⑤　21－⑥　22－⑧　23－①　24－③

III 解答 ≪生態系におけるエネルギーの流れ≫

問1．25－②　26－④　27－⑤　28－⑥　29－⑨　30－③
31－⑦　32－⑧

問2．⑤

問3．③

問4．②

IV 解答 ≪両生類・は虫類の発生≫

問1．36－④　37－③　38－⑨

問2．39－③　40－⑥　41－⑤

問3．42－⑤　43－②

問4．⑦

理科(基礎)

◀物理基礎▶

I　解答　≪自由落下，力学的エネルギー≫

問1．④　問2．⑦　問3．②　問4．⑤　問5．③

II　解答　≪正弦波の性質，定在波（定常波)≫

問1．①　問2．⑥　問3．23—②　24—④　問4．④

III　解答　≪ばねの弾性力，力学的エネルギー≫

問1．26—⑥　27—⑥　問2．28—⑤　29—⑤　問3．⑨

◀化学基礎▶

Ⅰ　解答　≪元素名，物質の分類，物質の分離，化学結合≫

問1．③　問2．①　問3．④　問4．②　問5．②　問6．①
問7．①

Ⅱ　解答　≪物質量，反応式と量的関係，酢酸の電離度とpH，中和の量的関係，酸化還元反応，身のまわりの化学≫

問1．②　問2．②　問3．③　問4．③　問5．④　問6．②
問7．①　問8．①

◀生物基礎▶

I　解答　≪細胞小器官≫

31―①　32―②　33―②　34―①　35―②

II　解答　≪タンパク質の合成≫

問１．④・⑤

問２．④

問３．(1)―③　(2)―④

III　解答　≪浸透圧≫

問１．③

問２．⑤

問３．③

問４．②

問５．④

解説

問三　本文で言う波線部Aの「金あまり現象」は、波線部直後に「地価をつりあげ」、「住宅水準を低下させ」る現象だとあり、さらに後ろで、〈金融、証券業界・不動産・土建業界がうるおって、勤労者には富が配分されない現象〉だという内容が述べられている。①・③・⑤は本文とは関係がなく、また「金あまり」なので、資産の供給過剰をいう②が正解である。

問四　波線部Bの後に「私なりに、その共通部分についての考えをのべてみたい」とあるので、その後で筆者が述べていることを読み取る。①・③・④・⑤の内容は「共通の生活基盤を充実させる」の三段落目に、それぞれ書かれている。よって言及のない②が正解。

問六　空欄Ⅰは直前の、「失敗を認めて、再発を防ぐべく、開かれたところで検討し改善する」を受けている。二段落前に「それを改善していくためには、政治や行政の哲学と姿勢が大きな影響力をもっている」とあり、「哲学と姿勢」に近いのは③・④の「習慣」である。空欄ⅡはⅠを条件とすれば「期待でき」ることであるため、「進歩」が適切である。よって③が正解となる。

問七　波線部Dの原因は、波線部直前の「過労死や、生活保護適用の失敗が、社会の財産として生かされることなく葬り去られること」である。それを言い換えているのは③である。①・②は本文に該当する内容がない。④は、「社会資源」の「欠如」があるとは本文に書かれていない。⑤は、法律がないとは本文に書かれていない。

問五　この段落では博士がオーブントースターでトーストが焼き上がるまでじっと見つめている様子が描かれている。波線部Cの「真理」とは、直前に「一つの真理に向かって進んでゆく様を見届け」るとあるので、トーストが焼き上がることを言っている。よって答えは⑤である。

問六　波線部Dの前の老婦人の会話に「どなたも長続きしなくて」、波線部Dの後に「警戒心に満ちた」とあり、ややこしい仕事を依頼しようとしている様子がうかがえる。よって正解は③。①・②・④・⑤は本文からはまったく読み取れない事柄である。

問七　波線部Eの直前に「もう何度も同じ説明を繰り返してきたからだろう」とあり、この部分が波線部の理由だと取ることができるので、正解は④である。①の「可哀想で仕方なかった」という感傷的な描写と、波線部「何の感情も込めず」という様子とは矛盾する。③は「やりとりがうまくいかず、不愉快」だとする具体的な根拠が本文に見当たらない。②と⑤は本文からはまったく読み取れない内容である。

二

出典　暉峻淑子『豊かさとは何か』〈六　豊かさとは何か〉（岩波新書）

解答

問一　(1)—③　(2)—④　(3)—②　(4)—④　(5)—③

問二　ア—⑤　イ—①　ウ—②　エ—③　オ—①　カ—②　キ—②　ク—⑤

問三　②

問四　②

問五　⑤

問六　③

問七　③

国語

一

出典　小川洋子『博士の愛した数式』（新潮文庫）

解答

問一　(1)―③　(2)―⑤　(3)―①　(4)―②　(5)―⑤

問二　ア―④　イ―④　ウ―①　エ―③　オ―⑤　カ―②　キ―①　ク―②　ケ―⑤　コ―①

問三　①

問四　③

問五　⑤

問六　③

問七　④

解説

問三　波線部Aの前に「友だちにからかわれるのを嫌がり」とあることから、「からかわれる」ことを「警戒」したのだと解釈できる。正解は①。②と迷うかもしれないが、「警戒」という語は〝まだ起こっていないことに対して用心すること〟の意であり、「頭を撫でられること」は既に起こっているので、②は語意的に矛盾が生じ、不適。

問四　波線部Bの「数えきれない、などという言い方は不快」だと博士が思うであろう理由は、波線部の直前の、「世界の成り立ちは数の言葉によって表現できると信じていた博士」の部分からわかる。つまり、「数えきれない」というのは「数の言葉」の限界を示しており、「世界の成り立ちは数の言葉によって表現できると信じてい」る博士には不快に思われるかもしれない、というのである。よって③が正解。

2022年度

問題と解答

■一般選抜　一般入試前期日程

問題編

▶試験科目・配点

方式	学部等	教　科	科　　目		配点
A方式（3教科型）	社会福祉，教育・心理，スポーツ科，健康科（リハビリテーション〈介護学〉，福祉工〈建築バリアフリー〉），経済	外国語	コミュニケーション英語Ⅰ・Ⅱ，英語表現Ⅰ・Ⅱ	3教科選択	各100点（300点満点）
		地歴・公民	日本史Ｂ，世界史Ｂ，政治経済から１科目選択		
		数　学	数学Ⅰ・Ⅱ・Ａ		
		理　科	物理，化学，生物（いずれも基礎の内容を含む）から１科目選択		
		理　科（基礎）	物理基礎，化学基礎，生物基礎から２科目選択		
		国　語	国語総合（古文・漢文は除く）		
	健康科（リハビリテーション〈理学療法学，作業療法学〉，福祉工〈情報工学〉），看護	外国語	コミュニケーション英語Ⅰ・Ⅱ，英語表現Ⅰ・Ⅱ	3教科選択	
		数　学	数学Ⅰ・Ⅱ・Ａ		
		理　科	物理，化学，生物（いずれも基礎の内容を含む）から１科目選択		
		理　科（基礎）	物理基礎，化学基礎，生物基礎から２科目選択		
		国　語	国語総合（古文・漢文は除く）		

	国際福祉開発	外国語	コミュニケーション英語Ⅰ・Ⅱ，英語表現Ⅰ・Ⅱ		100点
		地歴・公民	日本史B，世界史B，政治経済から1科目選択	2教科選択	各100点
		数学	数学Ⅰ・Ⅱ・A		
		理科	物理，化学，生物（いずれも基礎の内容を含む）から1科目選択		
		理科（基礎）	物理基礎，化学基礎，生物基礎から2科目選択		
		国語	国語総合（古文・漢文は除く）		
B方式（2教科型）	社会福祉，教育・心理，スポーツ科，健康科（リハビリテーション〈介護学〉，福祉工〈建築バリアフリー〉），経済	外国語	コミュニケーション英語Ⅰ・Ⅱ，英語表現Ⅰ・Ⅱ	2教科もしくは3教科選択	[*1]各100点（300点満点）
		地歴・公民	日本史B，世界史B，政治経済から1科目選択		
		数学	数学Ⅰ・Ⅱ・A		
		理科	物理，化学，生物（いずれも基礎の内容を含む）から1科目選択		
		理科（基礎）	物理基礎，化学基礎，生物基礎から2科目選択		
		国語	国語総合（古文・漢文は除く）		
	健康科（リハビリテーション〈理学療法学，作業療法学〉，福祉工〈情報工学〉），看護	外国語	コミュニケーション英語Ⅰ・Ⅱ，英語表現Ⅰ・Ⅱ	2教科もしくは3教科選択	
		数学	数学Ⅰ・Ⅱ・A		
		理科	物理，化学，生物（いずれも基礎の内容を含む）から1科目選択		
		理科（基礎）	物理基礎，化学基礎，生物基礎から2科目選択		
		国語	国語総合（古文・漢文は除く）		

<table>
<tr><td rowspan="6"></td><td rowspan="6">国際福祉開発</td><td>外国語</td><td colspan="2">コミュニケーション英語Ⅰ・Ⅱ，英語表現Ⅰ・Ⅱ</td><td rowspan="6">[*2]各100点（300点満点）</td></tr>
<tr><td>地歴・公民</td><td>日本史B，世界史B，政治経済から1科目選択</td><td rowspan="5">1教科もしくは2教科選択</td></tr>
<tr><td>数学</td><td>数学Ⅰ・Ⅱ・A</td></tr>
<tr><td>理科</td><td>物理，化学，生物（いずれも基礎の内容を含む）から1科目選択</td></tr>
<tr><td>理科（基礎）</td><td>物理基礎，化学基礎，生物基礎から2科目選択</td></tr>
<tr><td>国語</td><td>国語総合（古文・漢文は除く）</td></tr>
</table>

＊1　選択した2教科のうち高得点の教科を2倍にし，計300点満点で判定。3教科選択した場合，選択した教科のうち高得点2教科の得点を採用し，さらに高得点1教科は2倍にし，計300点満点で判定。

＊2　外国語及び選択した1教科のいずれか高得点の教科を2倍にし，計300点満点で判定。外国語も含めて3教科選択した場合，外国語及び選択した2教科のうち高得点1教科の得点を採用し，さらに高得点1教科は2倍にし，計300点満点で判定。

▶備　考

- 試験日自由選択制。
- 受験教科の選択は出願時に行うこと。
- 「地歴・公民」と「理科」，「理科（基礎）」は同じ時限に試験を実施するため，同時に選択することはできない。
- 同じ試験日でA方式（3教科型）とB方式（2教科型）を併願する場合，同じ教科・科目での受験となる。

英語

（60分）

Ｉ 次の英文を読み、以下の問いに答えよ。

The annual peak of global heat-trapping carbon dioxide in the air has reached another dangerous (1)<u>milestone</u>: 50% higher than when the industrial age began. And the average rate of increase is faster than ever, scientists reported Monday. The National Oceanic and Atmospheric Administration said the average carbon dioxide level for May was 419.13 parts per million. That's 1.82 parts per million higher than May 2020 and 50% higher than the stable pre-industrial levels of 280 parts per million, said NOAA climate scientist Pieter Tans.

Carbon dioxide levels peak every May just before plant life in the Northern Hemisphere blossoms, (2)<u>sucking</u> some of that carbon out of the atmosphere and into flowers, leaves, seeds and stems. The reprieve is temporary, though, because emissions of carbon dioxide from burning coal, oil and natural gas for transportation and electricity far exceed (3) plants can take in, pushing greenhouse gas levels to new records every year. "Reaching 50% higher carbon dioxide than preindustrial is really setting a new benchmark and not in a good way," said Cornell University climate scientist Natalie Mahowald, who wasn't part of the research. "If we want to (4) the worst consequences of climate change, we need to work much harder to cut carbon dioxide emissions and right away."

Climate change does more than increase temperatures. It makes extreme weather — storms, wildfires, floods and (5)<u>droughts</u> — worse and more frequent and causes oceans (6) rise and get more acidic, studies show. There are also health effects, including heat deaths and increased pollen. In 2015, countries signed the Paris agreement to try to keep climate change to below what's considered (7) levels.

The one-year jump in carbon dioxide was not a record, mainly because of a La Nina weather pattern, when parts of the Pacific temporarily cool, said Scripps Institution of Oceanography geochemist Ralph Keeling. Keeling's father started the monitoring of carbon dioxide on top of the Hawaiian mountain Mauna Loa in 1958, and he has continued the work of charting the now famous Keeling Curve.

Scripps, which calculates the numbers slightly differently based on time and averaging, said the peak in May was 418.9.

Also, pandemic lockdowns slowed transportation, travel and other activity (8) about 7%, earlier studies show. But that was too small to make a significant difference. Carbon dioxide can stay in the air for 1,000 years or more, so year-to-year changes in emissions (9)<u>don't register much</u>.

"Carbon dioxide levels hit 50% higher than preindustrial time"
(https://mainichi.jp/english/articles/20210608/p2g/00m/0sc/017000c, The Mainichi, 2021)

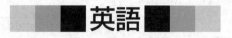

Notes: National Oceanic and Atmospheric Administration ＝アメリカ海洋大気庁
parts per million ＝100万分の1（ppm のこと）　reprieve ＝一時的軽減
preindustrial ＝産業革命前（の）　benchmark ＝基準
acidic ＝酸性の　geochemist ＝地球化学者

問1　下線部(1)の意味として最も適切なものを、次の中から一つ選び番号で答えよ。　1

① 重要な段階　② 距離　③ 燃費　④ 水域　⑤ マイル標識

問2　下線部(2)とほぼ同じ意味を表す語を、次の中から一つ選び番号で答えよ。　2

① emitting　② absorbing　③ throwing　④ blowing　⑤ submitting

問3　空所（ 3 ）に入る最も適切なものを、次の中から一つ選び番号で答えよ。

① which　② that　③ if　④ what　⑤ much

問4　空所（ 4 ）に入る最も適切なものを、次の中から一つ選び番号で答えよ。

① increase　② develop　③ avoid　④ accept　⑤ need

問5　下線部(5)の意味として最も適切なものを、次の中から一つ選び番号で答えよ。　5

① 漂流　② 地殻変動　③ 干ばつ　④ 増水　⑤ 地盤沈下

問6　空所（ 6 ）に入る最も適切なものを、次の中から一つ選び番号で答えよ。

① into　② from　③ with　④ to　⑤ for

問7　空所（ 7 ）に入る最も適切なものを、次の中から一つ選び番号で答えよ。

① good　② safe　③ strategic　④ average　⑤ dangerous

問8　空所（ 8 ）に入る最も適切なものを、次の中から一つ選び番号で答えよ。

① by　② on　③ outside　④ to　⑤ for

問9　下線部(9)の意味として最も適切なものを、次の中から一つ選び番号で答えよ。　9

① 激しく変化する　② 登録しない　③ あまり努力しない
④ はっきり効果が表れない　⑤ きちんと監視されない

問10　本文の内容と一致するものを、次の中から一つ選び番号で答えよ。　10

① 二酸化炭素の排出量は、北半球で秋を迎えるころに最も多い。
② 石炭、石油などを燃焼させることで排出する二酸化炭素量は、天然ガスを燃焼させて排出される量の2.5倍である。
③ 最悪の気候変動を避けるためには、すぐに燃料を電気に頼るべきである。
④ パリ協定は、2020年以降の地球温暖化対策の国際的な枠組みで、協定に調印した国々は日本を初め世界の約200か国に上った。
⑤ 世界的流行病による封鎖で約７％交通量や旅行などが減少したが、それだけでは二酸化炭素排出量をあまり抑制はできない。

Ⅱ　次の英文を読み、以下の問いに答えよ。

The concept of poverty, when applied in both developing and developed country contexts, needs to be broadened beyond a uni-dimensional concentration on a person's lack of financial resources. What is poverty? It is widely agreed that the relationship between poverty and education operates in two directions: poor people are often unable to obtain access to an adequate (11) education, and without an adequate education people are often constrained to a life of poverty. However, before addressing the interrelationships between poverty and education, it is important to discuss the concept of *poverty*.

Poverty has many dimensions and does not merely entail low levels of income or expenditure. The work of Amartya Sen (1992, 2001) has broadened our understanding of poverty by defining it (12) a condition that results in an absence of the freedom to choose arising from a lack of what he refers (13) as the capability to function effectively in society. This multidimensional interpretation moves far beyond the notion of poverty as being solely related to a lack of financial resources. For example, Sen's viewpoint would suggest that (14) education could, in itself, be considered as a form of poverty in many societies.

When considering poverty's linkages with a lack of sufficient financial resources it is useful to consider the two distinct components of absolute and relative poverty. Absolute poverty is the absence of financial resources required to maintain a certain minimal standard of living. For example, an absolute poverty line can be set, based on factors such as the financial resources needed for the most basic needs or the income level required to (15) basic food needs (Fields, 2000; Deaton, 1997). Such poverty lines need to be adjusted for inflation if they are to be used at different time points. A poverty line commonly used by the World Bank for making international comparisons is US$1 per person per day, or sometimes US$2 per person per day. This kind of absolute poverty line provides a fixed yardstick against which to measure change. For example, to see (16) a country is making any progress in reducing poverty, or to compare several countries or several regions.

(17), relative poverty is seen as poverty that is partly determined by the society in which a person lives. Someone who may not be regarded as poor in Bangladesh may (with the same financial resources) be considered as poor in Sweden. By absolute poverty standards, such as the designation of US$1 per person per day, (18) people in developed countries may be considered poor — yet a considerable proportion of the population in these countries might be considered to be relatively poor because they are excluded from the mainstream of economic and social life. Such people might experience poverty via sources such as social marginalization, lack of education, low income, poor language skills, and other factors (19) prevent a genuine integration into mainstream society.

(Servaas van der Berg, "Poverty and education", International Academy of Education, 2008, pp. 1–2)

Notes: constrain＝追い込む　interrelationship＝相互関係　entail＝伴う
interpretation＝解釈　linkage＝関連　minimal＝最低限の　yardstick＝物差し
designation＝指定　marginalization＝社会的に無視されること
integration＝融合

問1　下線部(11)の意味として最も適切なものを、次の中から一つ選び番号で答えよ。　11

①　適切な　②　不適切な　③　公立の　④　不十分な　⑤　責任ある

問2　空所（ 12 ）に入る最も適切なものを、次の中から一つ選び番号で答えよ。

①　with　②　to　③　as　④　from　⑤　in

問3　空所（ 13 ）に入る最も適切なものを、次の中から一つ選び番号で答えよ。

①　with　②　to　③　on　④　beyond　⑤　into

問4　空所（ 14 ）に入る最も適切なものを、次の中から一つ選び番号で答えよ。

①　full　②　adequate　③　inadequate　④　different　⑤　indifferent

問5　空所（ 15 ）に入る最も適切なものを、次の中から一つ選び番号で答えよ。

①　purchase　②　sell　③　pursue　④　cook　⑤　receive

問6　空所（ 16 ）に入る最も適切なものを、次の中から一つ選び番号で答えよ。

①　what　②　whether　③　where　④　why　⑤　which

問7　空所（ 17 ）に入る最も適切なものを、次の中から一つ選び番号で答えよ。

①　In addition　②　As a result　③　In contrast　④　In sum　⑤　In conclusion

問8　空所（ 18 ）に入る最も適切なものを、次の中から一つ選び番号で答えよ。

①　little　②　few　③　many　④　much　⑤　numerous

問9　空所（ 19 ）に入る最も適切なものを、次の中から一つ選び番号で答えよ。

①　who　②　as　③　so　④　that　⑤　what

問10　本文の内容と一致するものを、次の中から一つ選び番号で答えよ。　20

①　人は貧困ではあってもよい教育を受けることが可能だ。

②　絶対的な貧困は、最低限の生活水準を維持するのに必要な経済的資源がないことだ。

③　世界銀行が定めている貧困ラインは一人1日に1ポンドあるいは2ポンドだ。

④　相対的な貧困は、隣家の人と比べて年間収入が少ないことだ。

⑤　先進国の人々は、発展途上国の人々と比べて絶対的貧困の基準からすると豊かな暮らしをしているとは言えない。

Ⅲ　日本語の意味を表すように、（ 21 ）～（ 30 ）に入る最も適切な語をそれぞれの選択肢から一つ選び、番号で答えよ。

1　その本を1ページ飛ばして読んでしまった。

I accidentally (21) a page when I read the book.

① stopped　② stood　③ skipped　④ seemed　⑤ seized

2　彼はいつもチームの足を引っ張る。

He always holds the team (22).

① forward　② back　③ front　④ long　⑤ short

3　手が離せないので後でかけ直します。

I'm (23) at the moment, so let me call you back later.

① hand　② take　③ removed　④ distance　⑤ busy

4　彼女は毎朝眠気覚ましにコーヒーを飲む。

She wakes up in the morning (24) a cup of coffee.

① in　② from　③ to　④ with　⑤ beyond

5　彼はひどい方向音痴だ。

He has no (25) of direction.

① sense　② deaf　③ sound　④ song　⑤ music

6　一台の車が高速道路を逆走している。

A car is driving the (26) way on the highway.

① right　② back　③ wrong　④ reversible　⑤ end

7　高温多湿の環境では食品が傷みやすい。

Hot, humid environments make food go (27) more easily.

① hurt　② bad　③ harm　④ sound　⑤ unhealthy

8　私は昨日親知らずを抜いてもらった。

I had my (28) tooth out yesterday.

① parent　② father　③ mother　④ wisdom　⑤ freedom

9　私は寝過ごして仕事に遅れてしまった。

I (29) and was late to work.

① overlapped　② overdosed　③ overcame　④ overcharged　⑤ overslept

10　私の祖父は耳がかなり遠い。

My grandfather is pretty (30) of hearing.

① distant　② hard　③ far　④ keen　⑤ remote

Ⅳ　次の会話文を完成させるために、(31) ～ (35) に入る最も適切な表現を、それぞれの選択肢の中から一つ選び、番号で答えよ。

1　Sally：Did you have any homework last night?

Karen：Yes, the teacher gave us so (31) homework.

① many　② much　③ any　④ few

2　Linda：I want to hang the poster on my wall. Where are the tacks?

Kanon：I think there are (32) in the kitchen drawer.

① a little　② one　③ a few　④ a lot of

3　Jim：Excuse me, but this steak isn't cooked enough.

Waiter：(33), but when I double-checked your order, it seemed to be a rare steak.

Jim：It can't be because I really hate a rare steak.

Waiter：I understand, sir. I'll carry it back to the chef.

① Oh, thank you for your advice　② Oh, it's good enough

③ Oh, I'm terribly sorry　④ Oh, you should eat it

4　Traveler：Hello. I'd like to exchange my Japanese yen for dollars.

Clerk：Sure. (34)

Traveler：I'm thinking fifty thousand yen. But what's the exchange rate?

Clerk：One hundred and nine yen to the dollar.

① How are you, ma'am?　② May I help you?

③ What do you want to exchange?　④ How much do you want to exchange?

5　Customer：Excuse me. I have a bad cough. Do you have some good medicine for a cough?

Pharmacist：Is it a dry cough or a wet cough?

Customer：(35)

Pharmacist：Does a lot of phlegm come out?

Customer：I'm sorry, I don't understand what you said.

① Yes, it is.　② The medicine works wonders.

③ I beg your pardon?　④ I'm sorry I have a fever.

(Note: phlegm ＝痰)

V　日本文の意味になるように下の語を並べかえたとき、(36) ～ (40) に入る語を選択肢の中から一つ選び、番号で答えよ。ただし、文頭に来る場合も小文字で表記してある。

1　英語をぺらぺらしゃべれるようになりたければ、まずやるべきことは耳の訓練だと私は思います。

If you want to (　　) (　　) to speak English (36), I think the (　　) (　　) you have to do (37) work (　　) your listening (　　) ability.

① comprehension　② fluently　③ be　④ is　⑤ able　⑥ thing
⑦ on　⑧ first

2　彼女の最も得意としていたところは英語で、どんな難問でもたちどころに解いて先生を驚かせた。

(38) she most (　　) in (39) English, and she surprised her teacher (　　) solving (　　) a moment any problem, (40) (　　) it (　　) be.

① might　② was　③ difficult　④ what　⑤ by　⑥ in
⑦ excelled　⑧ however

日本史

（60分）

Ⅰ　次の文章を読んで、以下の問いに答えよ。

８世紀前半の政治は(1)<u>聖武天皇とその皇后光明子を中心に展開した</u>。政界の動揺に対して、(2)<u>聖武天皇は遷都を繰り返し</u>、仏教による国家・社会の安定を図った。東大寺をはじめとする大寺院が建立され、制作技術が発達して流行した［ア］の仏像が数多く造られた。［ア］の代表的作品としては興福寺の阿修羅像などがあげられる。

政界の動揺は、(3)<u>藤原氏の勢力伸張の過程で引き起こされた</u>。８世紀後半に道鏡が称徳天皇の信頼を背景に法王になり、さらに天皇の位を狙った。しかし、他の貴族らの反対にあい、称徳天皇の死後［イ］に追放された。

称徳天皇の後に即位した光仁天皇、その子の桓武天皇のもとで政治改革が進められた。桓武天皇は政治の刷新と人心一新を図るため、平城京からの遷都を行った。最初に都の地に選ばれたのは長岡京であった。しかし、(4)<u>造営の中心人物の暗殺事件</u>などのため、(5)<u>さらに平安京へ遷都することとなった</u>。また、桓武天皇は遷都と併行して(6)<u>東北経営に積極的に乗り出し、蝦夷の地へ勢力を伸ばした</u>。

問１　空欄［ア］［イ］に入る語句の組合せとして正しいものを、次の中から一つ選び、番号で答えよ。［1］

①　ア　乾漆像　　イ　大宰府　　②　ア　乾漆像　　イ　下野薬師寺
③　ア　塑像　　イ　大宰府　　④　ア　塑像　　イ　下野薬師寺

問２　下線部(1)に関して述べた次の文Ｘ・Ｙについて、その正誤の組合せとして正しいものを、下の中から一つ選び、番号で答えよ。［2］

Ｘ　聖武天皇の母は藤原不比等の娘である。
Ｙ　光明子の父は藤原不比等である。

①　Ｘ　正　Ｙ　正　　②　Ｘ　正　Ｙ　誤
③　Ｘ　誤　Ｙ　正　　④　Ｘ　誤　Ｙ　誤

問３　下線部(2)について、聖武天皇が造営した都として正しいものを、次の中から一つ選び、番号で答えよ。［3］

①　飛鳥浄御原宮　　②　飛鳥板蓋宮　　③　近江大津宮　　④　難波宮

問4　下線部(3)に関して、8世紀の政界で権力を握った次の人物Ⅰ～Ⅲを古いものから年代順に並べた組合せとして正しいものを、下の中から一つ選び、番号で答えよ。　［4］

Ⅰ　橘諸兄　　Ⅱ　恵美押勝　　Ⅲ　長屋王

①　Ⅰ―Ⅱ―Ⅲ　②　Ⅱ―Ⅰ―Ⅲ　③　Ⅲ―Ⅰ―Ⅱ　④　Ⅲ―Ⅱ―Ⅰ

問5　下線部(4)の人物として正しいものを、次の中から一つ選び、番号で答えよ。　［5］

①　和気清麻呂　②　坂上田村麻呂　③　藤原百川　④　藤原種継

問6　下線部(5)について述べた文として**誤っているもの**を、次の中から一つ選び、番号で答えよ。　［6］

①　平城京からの寺院の移転は認められなかった。
②　淀川水系の河川が、平安京の中央付近を流れていた。
③　朱雀大路の東西に市が置かれた。
④　中国の都にならい、条坊制が採用された。

問7　下線部(6)について、桓武天皇が鎮守府を置いた場所として正しいものを、次の中から一つ選び、番号で答えよ。　［7］

①　志波城　②　秋田城　③　多賀城　④　胆沢城

Ⅱ　次の文章を読んで、以下の問いに答えよ。

(1)平氏との戦いに勝利を収め幕府を開いた源頼朝を支えたのは、東国を中心とする地方の武士団であった。頼朝は戦いの最中からこれらの武士団と主従関係を結び、御家人として組織することに注力した。御家人に対しては、(2)地頭に任命することによりそれまで持っていた所領の支配を保障したり、新たな所領を与えたりした。有力な御家人は国ごとに置かれた守護に任命された。

当初、地頭を設置することができたのは東国や平家没官領などに限られていた。一方、後鳥羽上皇は［　ア　］を置くなどして軍事力をたくわえ(3)幕府との対立姿勢を強めた。しかし、御家人に団結を呼びかけ幕府がその動きを制圧した結果、後鳥羽上皇側についていた貴族・武士の所領を没収して御家人に与え地頭が設置され、幕府の勢力は西日本にも及ぶようになった。

1232年執権北条泰時は御成敗式目を制定した。この式目制定の意図などについて、弟に宛てた書状に次のように記した。

(4)【史料A】

この式目をつくられ候事は（中略）ま事にさせる本文にすがりたる事候はねども、たゞどうりのおすところを記され候者也。（中略）この式目は（中略）武家の人へのはからいのためばかりに候。これによりて、京都の御沙汰、律令のおきて、聊もあらたまるべきにあらず候也。

こうした式目を定めた背景には、御家人をとりまく状況の変化があった。御家人は自らの支配権を拡大しようとしたため、(5)荘園などの領主や他の武士との紛争が増加した。紛争解決の手段として裁判が数多く起こされ、幕府は御家人との主従関係を維持するためにも公正な裁判を行う必要があった。そのため、北条時頼の時代には裁判の実務を担当する［　イ　］が置かれた。また、経済活動が活発化するなかで、武士も貨幣経済に巻き込まれ(6)債務を抱えることも多く、これも裁判が増える一因になっていた。

問１　空欄［　ア　］［　イ　］に入る語句の組合せとして正しいものを、次の中から一つ選び、番号で答えよ。［ 8 ］

① ア　西面の武士　　イ　引付　　② ア　西面の武士　　イ　連署
③ ア　北面の武士　　イ　引付　　④ ア　北面の武士　　イ　連署

問２　下線部(1)について、この時期に起きた次の出来事Ⅰ～Ⅲを古いものから年代順に並べた組合せとして正しいものを、下の中から一つ選び、番号で答えよ。［ 9 ］

Ⅰ　源義経の自殺　　Ⅱ　源頼朝に対する東国支配権の認可　　Ⅲ　壇の浦の戦い

①　Ⅰ―Ⅱ―Ⅲ　　②　Ⅱ―Ⅰ―Ⅲ　　③　Ⅱ―Ⅲ―Ⅰ　　④　Ⅲ―Ⅰ―Ⅱ

問３　下線部(2)について述べた文として正しいものを、次の中から一つ選び、番号で答えよ。［ 10 ］

①　地頭は源義仲追討を機に設置された。
②　承久の乱後に新補地頭は設置された。
③　京都大番役の催促を行うことが地頭の職務のひとつであった。
④　地頭の補任状（任命状）は問注所から出された。

問４　下線部(3)について、後鳥羽上皇に追討の対象とされた人物として正しいものを、次の中から一つ選び、番号で答えよ。［ 11 ］

①　北条政子　　②　北条時政　　③　北条時房　　④　北条義時

問５　下線部(4)に関して述べた次の文Ｘ・Ｙについて、その正誤の組合せとして正しいものを、下の中から一つ選び、番号で答えよ。［ 12 ］

Ｘ　この式目は、漢籍を根拠に作成したものである。
Ｙ　この式目を制定したので、律令は改正すべきである。

①　Ｘ　正　　Ｙ　正　　②　Ｘ　正　　Ｙ　誤
③　Ｘ　誤　　Ｙ　正　　④　Ｘ　誤　　Ｙ　誤

問６　下線部(5)に関して、紛争解決のために荘園領主などが土地を御家人に分け与えてそれぞれが荘園を支配することを表す語として正しいものを、次の中から一つ選び、番号で答えよ。［ 13 ］

①　地頭請　　②　不入の権　　③　下地中分　　④　知行国

問7　下線部(6)に関して、当時の金融業者を示す語として正しいものを、次の中から一つ選び、番号で答えよ。　[14]

①　本所　②　借上　③　問丸　④　座

Ⅲ　次の文章を読んで、以下の問いに答えよ。

3代将軍徳川家光の時代までに、国内における戦争は終結し、幕府の職制(1)や対外関係もほぼ整った(2)。1651年に家光が亡くなると、11歳の家綱が4代将軍に就任した。社会は安定しつつあったが、それに適応しない牢人や[ア]なども多く、実際に幕府転覆を謀る事件も発生した(3)ため、幕府は社会秩序を重視する方針に政策を転換した(4)。その政策の基礎となった理念は儒学であり、諸藩でも儒者を顧問に迎えて藩政の安定を図った(5)。続いて将軍となった綱吉は家綱の政治路線を引き継ぎ、湯島聖堂を建てるなど儒学のよりいっそうの普及につとめ(6)、天皇・朝廷とも協調的な関係を築くなど、さらに秩序を重視した社会をつくろうとした。しかし、生類憐みの令に対する批判や財政悪化などの問題が発生し、さらに1707年には[イ]が噴火し、被災地復興のため高100石につき2両の国役金を全国に課した。

問1　空欄[ア][イ]に入る語句の組合せとして正しいものを、次の中から一つ選び、番号で答えよ。　[15]

①　ア　足軽　　イ　富士山　　②　ア　足軽　　イ　浅間山
③　ア　かぶき者　イ　富士山　④　ア　かぶき者　イ　浅間山

問2　下線部(1)について述べた文として**誤っているもの**を、下の中から一つ選び、番号で答えよ。　[16]

①　幕府の要職は、譜代大名・旗本がつとめた。
②　大老が常置され、老中がその補佐にあたった。
③　佐渡や長崎など幕府直轄の要地には、奉行が置かれた。
④　京都所司代が、朝廷を監視するために設置された。

問3　下線部(2)について述べた次の文Ⅰ～Ⅲを古いものから年代順に並べた組合せとして正しいものを、下の中から一つ選び、番号で答えよ。　[17]

Ⅰ　奉書船以外の日本船の海外渡航を禁止した。
Ⅱ　ポルトガル船の来航を禁止した。
Ⅲ　糸割符制度を創設した。

①　Ⅰ－Ⅱ－Ⅲ　②　Ⅱ－Ⅲ－Ⅰ　③　Ⅲ－Ⅰ－Ⅱ　④　Ⅲ－Ⅱ－Ⅰ

問4　下線部(3)の首謀者として正しいものを、次の中から一つ選び、番号で答えよ。　[18]

①　生田万　②　大石良雄　③　竹内式部　④　由井正雪

問５　下線部(4)に関して述べた次の文Ｘ・Ｙについて、その正誤の組合せとして正しいものを、下の中から一つ選び、番号で答えよ。 19

Ｘ　後継者がいない武士が、死の直前に養子をとることを禁じた。
Ｙ　主君の死後、家臣は新しい主君に奉公することを義務づけた。

① Ｘ 正　Ｙ 正　② Ｘ 正　Ｙ 誤
③ Ｘ 誤　Ｙ 正　④ Ｘ 誤　Ｙ 誤

問６　下線部(5)について、儒者とそれを招聘した藩の組合せとして正しいものを、次の中から一つ選び、番号で答えよ。 20

a　熊沢蕃山　b　木下順庵　c　岡山藩　d　水戸藩

① a・c　② a・d　③ b・c　④ b・d

問７　下線部(6)について、綱吉の補佐を行った人物として正しいものを、次の中から一つ選び、番号で答えよ。 21

① 保科正之　② 間部詮房　③ 新井白石　④ 柳沢吉保

Ⅳ　次の文章を読んで、以下の問いに答えよ。

明治政府は明治初年からの新たな国家事業のために多額の財政支出を行った。さらに、(1)西郷隆盛が不平士族を率いて西南戦争を起こすと、政府は軍事費を不換紙幣の発行により補った。その結果、紙幣価値が下落しインフレーションが起こり、輸出入のバランスが崩れた。そのため、大蔵卿大隈重信は［ア］の設立を援助し、貿易を活発にして銀貨の高騰を抑えようとした。つづいて大蔵卿となった(2)松方正義は紙幣整理を進めるとともに、増税政策をとり、1882年に(3)日本銀行を創設した。

開業時の日本銀行は(4)ジョサイア・コンドルが設計した旧北海道開拓使東京出張所の建物を使っていたが、手狭であったため江戸時代には金座があった現在地に移転した。それが【資料A】の写真の建物である。設計は［イ］でコンドルに学んだ辰野金吾で、ルネッサンス様式も取り入れたネオバロック様式で、明治時代を代表する洋風建築であった。

新築工事が始まったのは1890年、総責任者は安田善次郎、監督は辰野金吾、２代目の建築事務主任は(5)高橋是清であった。当初は1894年完成予定であったが、(6)日清戦争による資材や人手の不足のため1896年に完成した。

【資料A】

朝日新聞社提供
編集部注：著作権の都合により，類似の写真に差し替えています。

問１　空欄［ア］［イ］に入る語句の組合せとして正しいものを、次の中から一つ選び、番号で答えよ。　［22］

① ア　横浜正金銀行　　イ　工部大学校
② ア　横浜正金銀行　　イ　東京美術学校
③ ア　日本勧業銀行　　イ　工部大学校
④ ア　日本勧業銀行　　イ　東京美術学校

問２　下線部(1)と共に下野《げや》した人物として正しいものを、次の中から一つ選び、番号で答えよ。　［23］

① 大久保利通　② 岩倉具視　③ 副島種臣　④ 黒田清隆

問3　下線部(2)の内容・影響について述べた文として正しいものを、次の中から一つ選び、番号で答えよ。　24

① 繭の価格が高騰した。
② 離農する農民が増加した。
③ 酒造税が新設された。
④ 地租が増税された。

問4　下線部(3)に関して述べた次の文X・Yについて、その正誤の組合せとして正しいものを、下の中から一つ選び、番号で答えよ。　25

X　日本銀行は銀兌換の銀行券を発行した。
Y　日本銀行の創設にともない、国立銀行を普通銀行に転換させる方針を示した。

① X 正　Y 正　② X 正　Y 誤
③ X 誤　Y 正　④ X 誤　Y 誤

問5　下線部(4)が設計した建築として正しいものを、次の中から一つ選び、番号で答えよ。　26

① 旧東宮御所　② 東京駅　③ 開智学校　④ ニコライ堂

問6　下線部(5)が殺害された事件として正しいものを、次の中から一つ選び、番号で答えよ。　27

① 二・二六事件　② 三・一事件　③ 五・一五事件　④ 五・三〇事件

問7　下線部(6)の結果、日本が譲渡を受けた地域とそれに反対した国の組合せとして正しいものを、次の中から一つ選び、番号で答えよ。　28

① 地域―台湾　反対した国―ロシア・ドイツ・フランス
② 地域―台湾　反対した国―ロシア・フランス・イギリス
③ 地域―遼東半島　反対した国―ロシア・ドイツ・フランス
④ 地域―遼東半島　反対した国―ロシア・フランス・イギリス

世界史

（60分）

Ⅰ　次の文章を読んで、以下の問いに答えよ。

ローマ帝国時代のヨーロッパは、寒冷化の影響も受けて食糧難に陥っていた。(1)ユスティニアヌス帝は、食料調達の必要性もあり、対外拡大政策を進めた。ところが、550年ごろから温暖化が進み、ヨーロッパ各地で、大規模な開墾も行われるようになり、その後は農業生産高が向上した。(2)ビザンツ帝国が領土を縮小させる一方、ゲルマン人の人口は増加し、各地に小王国が乱立した後、フランク族が統一した。フランク王国は、イベリア半島から北上してきた(3)イスラーム勢力を撃退する一方、ローマ教皇との結びつきを強め、(4)カール大帝は皇帝に任じられた。９世紀に入ると、バルト海や北海沿岸部の物流拠点を中心に、ヴァイキングと呼ばれた(5)ノルマン人が活躍した。ノルマン人は、北海、バルト海を横断し、さらに、セーヌ川、ライン川、エルベ川を遡行し、水上の交易ネットワークを独占した。11世紀に入ると余剰農業生産物は商業の発達を促進し、都市にはマーケットが誕生した。こうして(6)都市を中心に(7)北方や南方にさまざまな交易圏が生まれ、地中海でも東方貿易が盛んになり、12世紀ルネサンスを生み出した。

問１　下線部(1)が行ったこととして、**誤っているもの**を、次の中から一つ選び番号で答えよ。　1

① ヴァンダル王国と東ゴート王国からアフリカ北岸とイタリア半島を奪還した。
② 西ゴート王国からイベリア半島の南部を奪還した。
③ 『ローマ法大全』の編纂を命じた。
④ テマ制を採用した。

問２　下線部(2)に関する記述として、**誤っているもの**を、次の中から一つ選び番号で答えよ。　2

① ７世紀後半に公用語をギリシア語からラテン語とした。
② ８世紀に聖像禁止令を発布した。
③ ９世紀にはキリル文字が考案された。
④ ９世紀後半以降、神や聖人を描いたイコンが盛んに制作された。

問３　下線部(3)の国家はどこか、最も適切なものを、次の中から一つ選び番号で答えよ。　3

① ウマイヤ朝
② アッバース朝
③ ファーティマ朝
④ 後ウマイヤ朝

問4　下線部(4)に関する説明として、最も適切なものを、次の中から一つ選び番号で答えよ。
[4]

① レオン3世から冠を授けられた。
② マジャール人を撃退した。
③ ラテン語や神学、法律などの学芸を奨励した。
④ 教皇領を成立させた。

問5　下線部(5)が樹立した国として、**誤っているもの**を、次の中から一つ選び番号で答えよ。
[5]

① ノヴゴロド国
② 両シチリア王国
③ イングランド王国
④ キエフ公国

問6　下線部(6)は教会を中心に作られた。当時のゴシック建築の代表的な教会として、**誤っているもの**を、次の中から一つ選び番号で答えよ。　[6]

① シャルトル大聖堂
② ノートルダム大聖堂
③ ケルン大聖堂
④ ピサ大聖堂

問7　下線部(7)に関する説明として、**誤っているもの**を、次の中から一つ選び番号で答えよ。
[7]

① イギリスでは、ロンドンが北海貿易の中心となった。
② 北イタリア港市は、東方へ南ドイツ産の銀を輸出した。
③ フランドル地方の諸都市は、イギリスへ羊毛を輸出した。
④ 北ドイツの諸都市は、主に、海産物、木材、穀物を取引した。

Ⅱ　次の文章を読み、以下の問いに答えよ。

15世紀半ば頃、活版印刷技術は、ドイツ人グーテンベルグによって改良され、火薬・(1)羅針盤とともにルネサンスの「三大発明」といわれている。活版印刷技術は、15世紀以前、すでに中国で発明されていたが、現代の歴史家であるニーアル・ファーガソンは、「完全に新しい経済部門の創出を成し遂げることができたのは、それまで一人もいなかった」と評価する（ニーアル・ファーガソン2019　p. 155）。ファーガソンによれば、グーテンベルグの印刷機は、1446年と1450年の間のいずれかの時点でマインツに設置され、その後、ヨーロッパ各地に急速に普及したとされる。たとえば、(2)1467年にはローマに、1474年にはバルセロナに、1475年にはモデナに、1496年には(3)グラナダに、さらに、1500年にはスイス、デンマーク、オランダ、ドイツのおおよそ５分の１の都市が印刷術を採用していたという。このような印刷技術の普及は、(4)製紙法の伝播とも結びついて書物の製作は従来の写本よりもはるかに迅速・安価なものとなり、なかでもキリスト教における改革を後押ししたといわれる。(5)マルティン・ルターによる95か条の論題は、1517年10月31日にマインツの大司教に書簡として送られた。ルターがその写しをヴィッテンベルグの諸聖人教会の扉に釘で打ち付けたかどうかは定かではないが、ファーガソンは、そのような発表の様式はすでに廃れてしまっていたとする。数か月のうちに、もともとのラテン語の文章のさまざまなバージョンが、バーゼルやライプツィヒ、ニュルンベルグで印刷された。1521年に(6)ヴォルムス勅令でルターが弾圧された頃には、ルターの文章はドイツ語圏全体に広まっていたというが、もしそうでなければ、(7)フスのように火刑を受けていたかもしれない。

※ニーアル・ファーガソン『スクエア・アンド・タワー上』（柴田裕之訳　東洋経済新報社　2019年）参照

問１　下線部(1)が実用化された時代として、最も適切なものを、次の中から一つ選び番号で答えよ。　8

① 唐代
② 宋代
③ 元代
④ 明代

問２　下線部(2)に関連して、15世紀後半のローマを含むイタリア半島の情勢として、**誤っているもの**を、次の中から一つ選び番号で答えよ。　9

① ローマは神聖ローマ帝国領に属していた。
② 北部は、ヴェネツィア・フィレンツェ・ジェノヴァ・ミラノなどの都市国家が分立していた。
③ 諸都市の内部では教皇党と皇帝党が互いに争っていた。
④ 南部は両シチリア王国がシチリア王国とナポリ王国に分裂していた。

問３　下線部(3)に関連して、**誤っているもの**を、次の中から一つ選び番号で答えよ。　10

① イベリア半島最後のイスラーム王朝であるナスル朝が1492年まで存在していた。
② 高度なイスラーム文化を伝えるアルハンブラ宮殿は世界遺産に登録されている。
③ スペイン王国を共同で統治していたカスティリャ王女とアラゴン王子によって陥落した。
④ グラナダ陥落によっておおよそ500年にわたるイスラーム支配に終止符が打たれた。

問4　下線部(4)に関連して、**誤っているもの**を、次の中から一つ選び番号で答えよ。　11

① 後漢時代、蔡倫は「蔡侯紙」を作り出した。
② タラス河畔の戦いを機に唐軍の捕虜からイスラーム教徒に製紙法が伝わった。
③ サマルカンド・バグダード・カイロなどに製紙工場が建設された。
④ イベリア半島を経て15世紀頃ヨーロッパに伝えられた。

問5　下線部(5)に関連して、**誤っているもの**を、次の中から一つ選び番号で答えよ。　12

① 魂が救われるかどうかは、あらかじめ神によって決定されているという「予定説」を説いた。
② 贖宥状（免罪符）の悪弊を攻撃した。
③ 教皇から破門されたが、自説を撤回することはなかった。
④ ザクセン選帝侯の保護のもと、『新約聖書』のドイツ語訳を完成させた。

問6　下線部(6)の記述に関連して、ルターをヴォルムスの帝国会議に呼び出した人物として、正しいものを、次の中から一つ選び番号で答えよ。　13

① マクシミリアン１世
② カール５世
③ マクシミリアン２世
④ ルドルフ２世

問7　下線部(7)に関連して、**誤っているもの**を、次の中から一つ選び番号で答えよ。　14

① 聖書こそ最高の権威であるとするイギリスのウィクリフから大きな影響を受けた。
② 教皇から破門されるも教会を批判し続けた。
③ 星室庁裁判所でウィクリフともども異端と宣告された。
④ チェコ民族運動と結んだフス派の反乱（フス戦争）がおおよそ18年間続いた。

Ⅲ　次の文章を読み、以下の問いに答えよ。

歴史学者の岸本美緒は、中国の社会学者である費孝通の研究を「西洋的な社会観の前提を排し、中国固有の社会秩序のあり方をトータルに概念化しようとする方向性の先駆的事例」（岸本美緒　2006　p. 283）であったと評価する。ただし、費の研究生活を振り返れば、そこには時代の流れに翻弄された姿が浮かび上がる。費は(1)辛亥革命の前年の1910年に江蘇省呉江県に生まれ、その後、1930年、燕京大学で社会学を、さらに精華大学学院で人類学を学ぶ。この経歴から明らかなように、費は当時の中国におけるエリート層の一人である。しかし、費は、中国固有の社会秩序の理論的枠組みを構築するために、中国各地に自ら足を運び、フィールドワーク調査を行う。まさに机上の論ではなく、西洋的な社会観では語れない事実を土と埃にまみれながら発掘する作業を繰り返す。そして、この調査から得られた情報を基に、1936年にロンドン大学で博士論文『江村経済』を書き上げ、名声を手にする。その後、1930年代後半に帰国するが、(2)日中戦争が勃発していたため北京に戻ることはできず、雲南の昆明に拠点を置きながら、フィールドワーク、執筆活動を行う。1945年、日本は(3)ポツダム宣言を受諾し、日中戦争は終結するが、中国国内では、(4)国民党と(5)共産党による内戦に突入する。費は、日中戦争期、内戦期、アメリカ、イギリスに渡り研究を進め、1947年に再び北京に戻る。帰国後は、精華大学で教壇に立ちながら、1948年、今なお読み継がれる『郷土中国』などを出版する。ところが、翌1949年、(6)中国共産党政権が成立すると、費の研究生活は頓挫する。1952年、社会学を含む人文科学は大学教育において停止状態となる。費自身は、右派分子として非難され、研究活動の停止を余儀なくされ、さらに、1966年の(7)プロレタリア文化大革命の始まりによって、労働改造などの苦難を受ける。プロレタリア文化大革命の終了後、費は、中国社会学の再建に尽力し、『小城鎮大問題』などの成果を世に問うことになるが、革命以前の自らの研究について多くを語ることはなかった。

※岸本美緒編著『「帝国」日本の学知　第3巻　東洋学の磁場』（岩波書店　2006年）参照

問1　下線部(1)の記述として、**誤っているもの**を、次の中から一つ選び番号で答えよ。　15

① 武昌の軍隊のなかにいた革命派が蜂起して始まった。
② 蜂起は各省に広がり、1か月のうちに大半の省が独立を表明した。
③ 孫文を臨時大総統に選出した。
④ 上海で中華民国建国を宣言した。

問2　下線部(2)のきっかけとなった1937年に起きた事件として、最も適切なものを、次の中から一つ選び番号で答えよ。　16

① 二・二六事件
② 西安事件
③ 盧溝橋事件
④ 南京事件

問3　下線部(3)の記述として、最も適切なものを、次の中から一つ選び番号で答えよ。　17

① フランスのポツダムで発表された。
② 当初アメリカ・イギリス・ソ連の名前で発表された。
③ 中国ものちにこの宣言に参加した。
④ 日本の無条件降伏を求めるものである。

問4　下線部(4)の中心人物である蔣介石の記述として、**誤っているもの**を、次の中から一つ選び番号で答えよ。　18

① 国民革命軍を率いて北伐を行った。
② 南京クーデターを起こし共産党を弾圧した。
③ 南京に国民政府をたてて主席となった。
④ 浙江財閥と結び、アメリカ・イギリスの支援のもとに統一政権を目指した。

問5　下線部(5)の記述として、**誤っているもの**を、次の中から一つ選び番号で答えよ。　19

① 1921年上海で毛沢東を指導者とする中国共産党が結成された。
② 1931年瑞金で毛沢東を主席とする中華ソヴィエト共和国臨時政府が成立した。
③ 国民党の攻撃を受け、長征を実行した。
④ 八・一宣言を出し、国民党に対して内戦停止・民族統一戦線結成を呼びかけた。

問6　下線部(6)の記述として、**誤っているもの**を、次の中から一つ選び番号で答えよ。　20

① 1949年9月、反国民党諸勢力を北京の人民政治協商会議に招集した。
② 1949年10月、毛沢東主席によって中華人民共和国の成立が宣言された。
③ 1950年2月、北京で中ソ友好同盟相互援助条約が調印された。
④ 1953年から第一次五ヵ年計画が始まった。

問7　下線部(7)の記述として、**誤っているもの**を、次の中から一つ選び番号で答えよ。　21

① 若者を中心に紅衛兵など全国的な大衆運動が組織された。
② 多くの党幹部や知識人が批判され、追放された。
③ 毛沢東の死亡後、鄧小平は革命推進派の江青（毛沢東夫人）ら四人組を逮捕した。
④ 10年に及ぶ革命運動は社会的混乱をもたらすことになった。

Ⅳ　次の写真を見て、以下の問いに答えよ。

写真A

写真B

写真C

写真D

ユニフォトプレス提供
編集部注：写真A～Dは，著作権の都合により，類似の写真と差し替えています。

問1　写真Aに関わり、現存する万里の長城の多くを建設もしくは修築した王朝として、最も適切なものを、次の中から一つ選び番号で答えよ。　22

①　清　　②　中華民国　　③　元　　④　明

問2　写真Aに関わり、万里の長城は騎馬民族の侵入を防ぐために建設された。騎馬民族の国として、最も適切なものを、次の中から一つ選び番号で答えよ。　23

①　匈奴　　②　唐　　③　楚　　④　斉

問3　写真Bに関わり、中国最初の統一王朝の名前として、最も適切なものを、次の中から一つ選び番号で答えよ。　24

①　魏　　②　北魏　　③　秦　　④　漢

問4　写真Cに関わり、紫禁城がある都市名として、最も適切なものを、次の中から一つ選び番号で答えよ。　25

①　南京　　②　北京　　③　瀋陽　　④　西安

問5　写真Cに関わり、紫禁城で最後の執務を行った皇帝の名前として、最も適切なものを、次の中から一つ選び番号で答えよ。　26

①　乾隆帝　　②　光緒帝　　③　宣統帝　　④　康熙帝

問6　写真Dに関わり、莫高窟がある都市名として、最も適切なものを、次の中から一つ選び番号で答えよ。　27

① 洛陽　② カシュガル　③ 敦煌　④ クチャ

問7　写真Dに関わり、雪解け水や地下水などを利用して生活や農業などを行い、隊商交易の拠点でもあった場所の名称として、最も適切なものを、次の中から一つ選び番号で答えよ。　28

① 藩鎮　② 均田　③ 荘園　④ オアシス都市

問8　写真A～Dはいずれも世界遺産であるが、共通することとして、最も適切なものを、次の中から一つ選び番号で答えよ。　29

① 複合遺産　② 自然遺産　③ 文化遺産　④ 危機遺産

政治・経済

（60分）

Ⅰ　次の文章を読んで、以下の問いに答えよ。

(1)1945年8月、アメリカにより人類史上初めての原子爆弾が投下され、日本は唯一の核被爆国となった。しかし、人類は核兵器がもたらした尊い人命の犠牲や甚大な被害を目の当たりにしたにもかかわらず、それから76年が経過した現在も核兵器が廃絶されるには至っていない。

もっともその一方で、1954年3月にビキニ環礁で実施されたアメリカの水爆実験により(2)日本漁船が被爆し後に乗組員1名が死亡したことを契機として、日本を始め世界の多くの国々で核兵器禁止運動が広がりをみせるようになっていった。1957年には、(3)世界の科学者たちが、核兵器禁止に向けた国際会議を開催し、これはその後の科学者による核兵器禁止運動の中心的組織となる。

また、核軍備を管理するための国際条約締結の動きも、徐々にではあるが見られるようになっていく。その主要な柱となっているのが1968年に締結された核拡散防止条約（NPT）であり、(4)5つの核保有国以外の国が新たに核兵器を保有することを禁じ、加盟する非核保有国に対し(5)原子力の軍事転用防止のために国際機関による査察を受け入れることを義務づけている。なお、1995年にNPTは無期限に延長されることが決定し、これを受けて1996年に(6)爆発をともなうあらゆる核実験を禁止する包括的核実験禁止条約（CTBT）が国連総会で採択されたものの、未発効の状態が続いている。

改めて重要となるのは徹底的な核軍縮の推進であり、究極的には核兵器の全面廃絶であろう。(7)NPT体制から脱退を表明した国の中には核武装を行う国も存在するなど、核拡散が進行している現実があり、NPT体制の実効性が問われる事態にもなっている。2009年に当時のオバマ米大統領がプラハでの演説で述べたように、アメリカを始めとする核保有国が率先して「核なき世界」の実現に向けて取り組んでいくことが、今後ますます求められている。

問1　下線部(1)について、原子爆弾が投下された地名と日付の組合せとして正しいものを、次の中から一つ選び、番号で答えよ。　1

① 長崎・5日　広島・8日
② 広島・5日　長崎・8日
③ 長崎・6日　広島・9日
④ 広島・6日　長崎・9日

問2　下線部(2)について、この日本漁船の名称として正しいものを、次の中から一つ選び、番号で答えよ。　2

① 咸臨丸
② 第一富士丸

③　第五福竜丸
④　第十八富士山丸

問３　下線部(3)について、この国際会議の名称として正しいものを、次の中から一つ選び、番号で答えよ。　3

①　パグウォッシュ会議
②　ラッセル・アインシュタイン会議
③　ダンバートン・オークス会議
④　ウェストファリア会議

問４　下線部(4)について、NPT で核保有が認められている国として**誤っているもの**を、次の中から一つ選び、番号で答えよ。　4

①　アメリカ
②　カナダ
③　イギリス
④　フランス

問５　下線部(5)について、この国際機関の略称として正しいものを、次の中から一つ選び、番号で答えよ。　5

①　IMF
②　ICBM
③　IBRD
④　IAEA

問６　下線部(6)について、この条約によって初めて禁止された核実験の空間として正しいものを、次の中から一つ選び、番号で答えよ。　6

①　地下
②　大気圏内
③　宇宙空間
④　水中

問７　下線部(7)について、このような国として正しいものを、次の中から一つ選び、番号で答えよ。　7

①　北朝鮮
②　インド
③　イスラエル
④　パキスタン

Ⅱ 次の文章を読んで、以下の問いに答えよ。

日本の地方行政制度は、都道府県制と市町村制によって成り立っている。(1)第二次世界大戦後の地方公共団体の位置づけや権能は、それ以前のものと異なっている。とくに日本国憲法においては、地方公共団体を(2)「地方自治の本旨」に基づくものと規定している。また戦後定められた地方自治法においては、(3)住民の直接請求権も定められており、住民の意思を地方行政に直接反映させるための方法も設けられている。

しかしこのことは、戦前から戦後にかけて、地方公共団体の権能が大幅に拡大したことを意味しない。(4)地方公共団体は地方行政に必要な財源のすべてを自主的に賄うことが難しく、多くを国に依存している状況である。そのため、行政にとって必要な財源確保のために、地方公共団体は中央政府とのつながりに頼らざるをえないという側面は今日でも残っている。こうした状況を改善するために、地方公共団体は自主的に財源を確保する努力をすることが求められており、2008年には(5)ふるさと納税制度も設けられた。近年では、行政制度の面でも地方行政の機能強化や効率化が議論されており、地方行政制度の大幅な刷新をはかる(6)「道州制」の提案がなされたり、大阪では行政の効率化を目的とした(7)「大阪都構想」が提案されたりしている。

問1 下線部(1)について、戦前と戦後の日本の地方公共団体に関する説明として正しいものを、次の中から一つ選び、番号で答えよ。 8

① 市町村の議員は、戦前は間接選挙だったが、戦後は直接選挙で選出される。
② 市町村の首長は、戦前も戦後も、住民の直接選挙で選出される。
③ 都道府県の議員は、戦前も戦後も、間接選挙で選出される。
④ 都道府県の首長は、戦前は中央政府からの任命で、戦後は住民の直接選挙で選出される。

問2 下線部(2)について、地方自治の本旨や意義に関する記述として正しいものを、次の中から一つ選び、番号で答えよ。 9

① 団体自治は地方自治の本旨の一つであり、労働組合などの団体が主導で地方公共団体の活動が行われることをいう。
② 住民自治は地方自治の本旨の一つであり、地方公共団体の活動が住民の意思と参加に基づいて行われることをいう。
③ 福沢諭吉は著書『学問のすゝめ』において、「地方自治は民主政治の最良の学校である」と述べた。
④ 地方公共団体は議会の議決によって、憲法や法律の範囲を超えた条令を制定することができる。

問3 下線部(3)について、住民の直接請求権の説明として正しいものを、次の中から一つ選び、番号で答えよ。 10

① 条例の制定の請求には、有権者の３分の１以上の署名が必要である。
② 条例の改廃の請求には、有権者の４分の１以上の署名が必要である。
③ 人口40万以下の地方公共団体において、議会の解散の請求には、有権者の３分の１以上の署名が必要である。
④ 人口40万以下の地方公共団体において、首長の解職の請求には、有権者の４分の１以上の署名が必要である。

問４　下線部(4)について、地方財政に関する記述として正しいものを、次の中から一つ選び、番号で答えよ。　11

① 国庫支出金は自主財源であり、地方公共団体間の格差を是正するために、国税の一部を地方に配分する制度である。
② 地方交付税は自主財源であり、福祉に関する経費の一部を国が負担する制度である。
③ 地方公共団体の自主財源には、地方税や地方債が含まれる。
④ 地方公共団体は、かつてその歳入の三割程度しか自主財源がなく、三割自治と呼ばれていた。

問５　下線部(5)について、ふるさと納税制度の説明として正しいものを、次の中から一つ選び、番号で答えよ。　12

① 地方自治体への寄付金額の一部を所得税・住民税から控除するしくみ
② 親元に帰省したときにかかった費用の全額を所得税・住民税から控除するしくみ
③ 納税者に出身自治体への寄付を義務付けるしくみ
④ 地方の特産物を購入した場合、その購入代金の全額が課税されるしくみ

問６　下線部(6)について、日本で議論されている「道州制」の説明として最も適切なものを、次の中から一つ選び、番号で答えよ。　13

① 現在の都道府県を再編成し、広域の地方行政区域を設ける構想である。
② 現在の郡を地方公共団体として位置づけ、道や州に改編する構想である。
③ 現在の町村を廃止し、複数の町村をまとめた新たな行政区域を設ける構想である。
④ 現在の都道府県を維持し、市町村を廃止してその権能を都道府県に統合する構想である。

問７　下線部(7)について、2020年に住民投票で賛否が問われた「大阪都構想」の内容についての説明として正しいものを、次の中から一つ選び、番号で答えよ。　14

① 大阪市を廃止し、特別区に再編成する構想である。
② 大阪府と近隣県を合併して新たな広域行政区域を設ける構想である。
③ 大阪市の名称を「大阪都」に変更する構想である。
④ 大阪市を国の直轄地にする構想である。

Ⅲ　次の文章を読んで、以下の問いに答えよ。

日本の高度経済成長は1970年代前半に終わった。これは(1)為替相場制度の変動や第一次石油ショックで原油価格が4倍になったことを契機としている。日本では円高で輸出産業の業績が悪化し、(2)日本経済は質的転換を迫られた。日本企業は省エネルギー・省資源を合言業に合理化を図った。その結果、(3)産業構造の高度化が達成されて日本経済は成長軌道に乗った。

しかし、外需主導型の日本経済は海外との摩擦を招くことになる。1980年代前半のアメリカは貿易と財政の双子の赤字に苦しんでいた。そのため、1985年のG5では(4)ドル高是正のための合意がなされた。これを受けた各国通貨当局の協調介入により円高・ドル安が進行した。この結果、日本は円高不況に陥るとともに、(5)製造業が生産拠点を海外に移転するに至った。このような状況においても日本の輸出は増加して貿易摩擦は激しくなった。アメリカは日本との貿易赤字の要因は(6)日本側の不公正な取引慣行と制度にあると考えた。1989年には日米構造協議が開催され、1993年の(7)日米包括経済協議では一層の内需拡大と市場開放が求められた。

問1　下線部(1)について、1970年代前半の為替相場制度に関する記述として**誤っているもの**を、次の中から一つ選び、番号で答えよ。　15

① 1971年にアメリカは金・ドル交換を停止した。
② 1971年にスミソニアン協定で1ドル＝308円とドルは切り下げられた。
③ 1973年に日本は変動為替相場制に移行した。
④ 1974年に日本は円と金の兌換を停止した。

問2　下線部(2)について、このときの国民生活の質的向上と持続的成長を両立させようとする政策目標の名称として正しいものを、次の中から一つ選び、番号で答えよ。　16

① 田園都市構想
② 停止経済
③ 所得倍増
④ 安定成長

問3　下線部(3)について、1970年代後半から1980年代初頭における産業構造の高度化に関する記述として**誤っているもの**を、次の中から一つ選び、番号で答えよ。　17

① 従来の重厚長大から軽薄短小型産業へと転換した。
② 知識や情報の生産が中心となる経済のソフト化が進展した。
③ サービス部門の比重が高まる経済のサービス化が進展した。
④ 第三次産業の就業者比率が低下した。

問4　下線部(4)について、この合意の名称として正しいものを、次の中から一つ選び、番号で答えよ。　18

① ブレトン・ウッズ合意
② フィラデルフィア合意
③ プラザ合意
④ キングストン合意

問５　下線部(5)について、このことが意味する言葉として最も適切なものを、次の中から一つ選び、番号で答えよ。　19

① 出生率の低下
② 失業の輸入
③ 失業の輸出
④ 産業の空洞化

問６　下線部(6)について、1988年に制定されたアメリカが不公正貿易とみなした場合に相手国を制裁できるとする法律の名称として正しいものを、次の中から一つ選び、番号で答えよ。　20

① スーパー１条
② スーパー２条
③ スーパー300条
④ スーパー301条

問７　下線部(7)について、この協議で対象となった分野として**誤っているもの**を、次の中から一つ選び、番号で答えよ。　21

① 自動車
② 半導体
③ スマートフォン
④ 保険

Ⅳ　次の文章を読んで、以下の問いに答えよ。

人類の長い歴史の中で経済社会は大きな変容をとげてきた。経済体制は大きく2つに分けられ、資源配分の調整を市場に任せる資本主義経済と、政府が計画的に経済を運営する(1)社会主義経済とがある。

資本主義経済は、産業革命を経験したイギリスで確立した。産業革命以前には、(2)重商主義と呼ばれる考え方があり、ヨーロッパ諸国の植民地をめぐる争いのもとになっていた。そのような考え方に対し、経済学者の(3)アダム＝スミスは市場における自由競争にもとづいた経済体制こそが社会全体の利益をもたらす、と説いた。イギリスでは(4)「土地の囲い込み運動」が起き、土地を追われた農民が都市部に移住することで労働者になり、それが産業革命の一つの要因となった。

(5)1929年に発生した世界恐慌は、そのような資本主義経済の危機となった。経済学者の(6)ケインズは、完全雇用を達成するために政府が財政・金融政策によって有効需要を高めなければならないと説いた。このように、現在の資本主義経済は、基本的には(7)経済に対する政府の介入を認める経済体制となっている。

問1　下線部(1)について、社会主義経済体制の国として**誤っているもの**を、次の中から一つ選び、番号で答えよ。　22

① 北朝鮮
② 韓国
③ ソ連
④ キューバ

問2　下線部(2)について、重商主義に関する記述として**適切でないもの**を、次の中から一つ選び、番号で答えよ。　23

① 富（金銀や貨幣）は貿易によって得られるとされた。
② 自由貿易主義ではなく保護貿易主義であった。
③ イギリスのトマス＝マンが代表的な思想家であった。
④ 国家は民間の経済活動に介入すべきではないと主張した。

問3　下線部(3)について、アダム＝スミスに関する記述として正しいものを、次の中から一つ選び、番号で答えよ。　24

① 古典派経済学の父と呼ばれる。
② アメリカの経済学者である。
③ 代表的な著作として『資本論』がある。
④ 政府による「見える手」の重要性を説いた。

問4　下線部(4)について、これを表す言葉として最も適切なものを、次の中から一つ選び、番号で答えよ。　25

① マニュファクチュア
② ディスクロージャー
③ エンクロージャー
④ アウトソーシング

問5　下線部(5)について、世界恐慌に関する記述として正しいものを、次の中から一つ選び、番号で答えよ。　26

① アメリカでは国民所得が約2分の1に落ち込んだ。
② 1929年10月、ドイツのフランクフルト市場の暴落により始まった。
③ アメリカではフーバー大統領がニューディール政策をとった。
④ イギリスはファシズム体制をとり、第二次世界大戦を引き起こした。

問6　下線部(6)について、ケインズの著書として正しいものを、次の中から一つ選び、番号で答えよ。　27

① 『道徳感情論』
② 『雇用・利子および貨幣の一般理論』
③ 『経済学および課税の原理』
④ 『リスク・不確実性および利潤』

問7　下線部(7)について、政府の積極的な経済介入を認める経済体制を表す言葉として**適切でないもの**を、次の中から一つ選び、番号で答えよ。　28

① レッセ・フェール
② 修正資本主義
③ 混合経済
④ 大きな政府

数学

（60分）

Ⅰ　3次方程式 $x^3 - bx^2 + ax + 2 = 0$ が1と b を解にもつとき，他の解を求めたい。ただし，$b \neq 1$ とする。

（1）定数 a，b の値を求めよ。

（2）1と b 以外の解を求めよ。

Ⅱ　以下の問いに答えよ。

（1）点Pは数直線上の原点Oから出発し，サイコロの出る目が5以上なら正の方向に1だけ，4以下ならば負の方向に1だけ動くとする。サイコロを4回投げてPが原点Oにくる確率を求めよ。

（2）点Pは数直線上の原点Oから出発し，サイコロの出る目が5以上なら正の方向に1だけ，3以下ならば負の方向に1だけ動き，それ以外ならばその位置にとどまったままとする。サイコロを5回投げてPの座標が1になる確率を求めよ。

Ⅲ　以下の問いに答えよ。

（1）$x^2 - 4x + 3$ が正となる x の範囲を求めよ。

（2）$|x^2 - 4x + 3| > 4x - 7$ を満たす x の範囲を求めよ。

Ⅳ　座標平面上の2点 A$(2, -1)$，B$(4, 3)$ に関して，以下の問いに答えよ。

（1）点Aと直線 $y = -2x - 3$ との距離を求めよ。

（2）点Pが直線 $y = -2x - 3$ 上にあるとき，線分APと線分BPとの距離が等しくなる点Pの座標を求めよ。

理科

◀物　　理▶

（60 分）

Ⅰ　地表面から小球を水平方向と角度 θ をなす向きに速度 v〔m/s〕で投げ出し，地面に小球が落下した。空気抵抗はないものとし，重力加速度の大きさを g〔m/s^2〕とするとき，次の問の [　　] に当てはまる解答を，選択肢から一つ選び番号で答えよ。

問 1　斜方投射や水平投射は，水平方向の速度が一定で，鉛直方向の運動は，下向きに加速度 g〔m/s^2〕で一定である。これらの運動を [1] と呼ぶ。また，加速度が一定である運動を一般に [2] と呼ぶ。

[1]，[2] の選択肢

① 水平運動　② 鉛直運動　③ 放物運動　④ 加速度運動
⑤ 相対運動　⑥ 等加速度運動

問 2　投げ出したときの速度の鉛直成分の大きさは，[3] であり，水平成分の大きさは [4] である。

[3]，[4] の選択肢

① $\dfrac{v\sin\theta}{g}$　② $\dfrac{v\cos\theta}{g}$　③ $v\sin\theta$　④ $v\cos\theta$　⑤ $vg\sin\theta$　⑥ $vg\cos\theta$

問 3　小球が到達する最高点の高さは，[5] であり，最高点に達するまでの時間は [6] である。

[5]，[6] の選択肢

① $\dfrac{v^2\sin^2\theta}{g}$　② $\dfrac{v^2\sin^2\theta}{2g}$　③ $\dfrac{v^2\cos^2\theta}{g}$　④ $\dfrac{v^2\cos^2\theta}{2g}$　⑤ $\dfrac{v\sin\theta}{g}$
⑥ $\dfrac{v\cos\theta}{g}$　⑦ $\dfrac{2v\sin\theta}{g}$　⑧ $\dfrac{2v\cos\theta}{g}$

問 4　投げた点から落下点までの水平到達距離は，[7] であり，落下点に達するまでの時間は，[8] である。

[7]，[8] の選択肢

① $\dfrac{v^2\sin^2\theta}{g}$　② $\dfrac{v^2\cos^2\theta}{g}$　③ $\dfrac{2v^2\sin\theta\cos\theta}{g}$　④ $\dfrac{v^2\sin\theta\cos\theta}{2g}$

⑤ $\dfrac{v\sin\theta}{g}$　⑥ $\dfrac{v\cos\theta}{g}$　⑦ $\dfrac{2v\sin\theta}{g}$　⑧ $\dfrac{2v\cos\theta}{g}$

問5　水平到達距離を最大にするとき，小球を投げ出す角度は θ は [9] 度となる。

① 15　② 30　③ 45　④ 60　⑤ 75　⑥ 90

Ⅱ　水平面上に静止している質量 m〔kg〕の物体Aがある。物体Aに質量 M〔kg〕の物体Bが水平面と平行に速さ V_0〔m/s〕で衝突した。衝突後，物体Aと物体Bは一体となり回転することなく，水平面上を L〔m〕進んだところで停止した。以下の問の [　　] に当てはまる解答を，選択肢から一つ選び番号で答えよ。

問1　物体Aと物体Bが一体となって動きだしたときの速さを V〔m/s〕とすると，$V=$ [10]〔m/s〕となる。

① $\dfrac{m+M}{M}V_0$　② $\dfrac{m-M}{M}V_0$　③ $\dfrac{M}{m+M}V_0$　④ $\dfrac{M}{m-M}V_0$

⑤ $(m+M)V_0$　⑥ $(m-M)V_0$　⑦ $2(m+M)V_0$　⑧ $2(m-M)V_0$

問2　物体Aと物体Bが一体となって動きだしたときの運動エネルギーは，[11]〔J〕となる。

① $\dfrac{1}{2}mV_0^{\,2}$　② $\dfrac{1}{2}MV_0^{\,2}$　③ $\dfrac{1}{2}(m-M)(V-V_0)$

④ $\dfrac{1}{2}(m+M)(V-V_0)$　⑤ $\dfrac{1}{2}(m+M)V^2$　⑥ $\dfrac{1}{2}(m-M)V^2$

⑦ $(m-M)V^2$　⑧ $(m+M)V^2$

問3　物体Aと物体Bが一体となってから停止するまでに摩擦力がした仕事の大きさは，[12]〔J〕となる。

① $\dfrac{1}{2}mV_0^{\,2}$　② $\dfrac{1}{2}MV_0^{\,2}$　③ $\dfrac{1}{2}(m+M)(V-V_0)$

④ $\dfrac{1}{2}(m-M)(V-V_0)$　⑤ $\dfrac{1}{2}(m-M)V^2$　⑥ $\dfrac{1}{2}(m+M)V^2$

⑦ $(m+M)V^2$　⑧ $(m-M)V^2$

問4　一体となった物体Aと物体Bと，水平面との間の摩擦力の大きさは，[13]〔N〕となる。

① $\dfrac{L}{m+M}V$　② $\dfrac{m+M}{L}V$　③ $\dfrac{L}{m+M}V^2$　④ $\dfrac{m+M}{L}V^2$

⑤ $\dfrac{2L}{m+M}V^2$　⑥ $\dfrac{m+M}{2L}V^2$　⑦ $\dfrac{4L}{m+M}V^2$　⑧ $\dfrac{m-M}{4L}V^2$

問5　$m=1.0\text{kg}$，$M=0.20\text{kg}$，$V_0=30\text{m/s}$として，物体Aと物体Bが一体になったことによって失われた力学的エネルギーは，[14]〔J〕となる。

①　15　②　25　③　30　④　45　⑤　60　⑥　75　⑦　85　⑧　90

問6　問5で求めた，物体Aと物体Bが一体になったことによって失われた力学的エネルギーが，15℃の水0.15kgの温度を上昇させるのに全て使われたとしたとき，水温は，[15]℃上昇する。ただし，水の比熱を4.2J/(g·K)とし，まわりとの熱の出入りはないものとする。

①　0.080　②　0.10　③　0.12　④　0.24　⑤　0.36　⑥　1.2　⑦　2.4　⑧　3.6

Ⅲ　図のように，抵抗値Rの抵抗，自己インダクタンスLのコイル，電気容量Cのコンデンサーを直列につなぎ，交流電圧を加える。交流電圧の実効値がEであり，角周波数がωであり，内部インピーダンスは無視できるものとする。

以下の問の[　]にあてはまる解答を選択肢から一つ選び番号で答えよ。

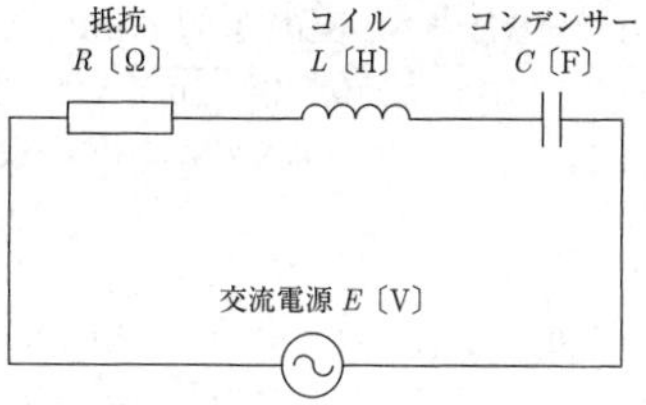

問1　コイルのリアクタンスは[16]であり，コンデンサーのリアクタンスは，[17]であるので，回路全体のインピーダンスは，[18]である。

[16]の選択肢

①　L　②　EL　③　EL^2　④　ωL　⑤　ωL^2　⑥　$\dfrac{L}{E}$　⑦　$\dfrac{1}{EL}$　⑧　$\dfrac{L}{\omega}$

⑨　$\dfrac{1}{\omega L}$

[17]の選択肢

①　C　②　EC　③　EC^2　④　ωC　⑤　ωC^2　⑥　$\dfrac{C}{E}$　⑦　$\dfrac{1}{EC}$　⑧　$\dfrac{C}{\omega}$

⑨　$\dfrac{1}{\omega C}$

18 の選択肢

① $R+L+C$　② $R+\omega L+\omega C$　③ $R+\dfrac{1}{\omega L}+\dfrac{1}{\omega C}$

④ $\sqrt{R^2+(\omega L)^2+(\omega C)^2}$　⑤ $\sqrt{R^2+(\omega L)^2+\left(\dfrac{1}{\omega C}\right)^2}$

⑥ $\sqrt{R^2+\left(\dfrac{1}{\omega L}\right)^2-(\omega C)^2}$　⑦ $\sqrt{R^2+\left(\omega L+\dfrac{1}{\omega C}\right)^2}$

⑧ $\sqrt{R^2+\left(\omega L-\dfrac{1}{\omega C}\right)^2}$　⑨ $\sqrt{R^2+\left(\dfrac{1}{\omega L}-\omega C\right)^2}$

問2　交流電圧の実効値Eを一定に保ったまま交流電圧の周波数を変えていくと，ある周波数で回路に流れる電流が最大になる。このときの周波数は，19 である。

① LC　② $2\pi LC$　③ $2\pi\sqrt{LC}$　④ $\dfrac{1}{2\pi LC}$　⑤ $\dfrac{1}{2\pi\sqrt{LC}}$　⑥ $\dfrac{2\pi}{LC}$

⑦ $\dfrac{LC}{2\pi}$　⑧ $\dfrac{2\pi}{\sqrt{LC}}$　⑨ $\dfrac{\sqrt{LC}}{2\pi}$

問3　電流が最大になる周波数の状態で，Rを20kΩ，Lを5.0×10^{-3}H，Cを2.0×10^{-2}μF，Eを10Vとすると，回路に流れる電流の実効値は，20 Aである。また，コイルに加わる電圧の実効値は，21 Vで，コンデンサーに加わる電圧の実効値は，22 Vである。

20 の選択肢

① 2.0×10^{-4}　② 5.0×10^{-4}　③ 1.0×10^{-3}　④ 2.0×10^{-3}　⑤ 5.0×10^{-3}

⑥ 1.0×10^{-2}　⑦ 2.0×10^{-2}　⑧ 5.0×10^{-2}　⑨ 1.0×10^{-1}

21，22 の選択肢

① 0.10　② 0.15　③ 0.20　④ 0.25　⑤ 0.30　⑥ 0.40　⑦ 0.50

⑧ 0.75　⑨ 1.0

問4　問3の状態ではコイルに加わる電圧の位相とコンデンサーに加わる電圧の位相の間には，23 の位相差がある。

① $\dfrac{1}{8}\pi$　② $\dfrac{1}{6}\pi$　③ $\dfrac{1}{4}\pi$　④ $\dfrac{1}{2}\pi$　⑤ $\dfrac{2}{3}\pi$　⑥ $\dfrac{3}{4}\pi$　⑦ π

⑧ $\dfrac{3}{2}\pi$

◀化　　学▶

（60 分）

Ⅰ　物質の状態に関する次の文章（1～6）を読み，以下の問いに答えよ。

1．元素に関する以下の問いに答えよ。

問 1　元素に関する記述として**誤りを含むもの**を，次の中から一つ選び，番号で答えよ。 1

①　常温・常圧において，水銀（Hg）の単体は固体である。
②　常温・常圧において，酸素（O）の単体は気体である。
③　セシウム（Cs）は金属元素である。
④　銀（Ag）は遷移元素である。
⑤　セシウム（Cs）は典型元素である。

2．化学結合に関する以下の問いに答えよ。

問 2　同じ分子どうしで水素結合を形成することができるものを，次の中から一つ選び，番号で答えよ。 2

①　アセトン　②　水素　③　エタノール　④　ベンゼン　⑤　アセトアルデヒド

3．固体の構造に関する以下の問いに答えよ。

問 3　金属の結晶に関する記述として**下線部に誤りを含むもの**を，次の中から一つ選び，番号で答えよ。 3

①　配位数は，体心立方格子では 8，面心立方格子では 12 となる。
②　単位格子 1 個の中に含まれる原子の数は，体心立方格子では 2 個，面心立方格子では 4 個である。
③　充填率は，体心立方格子より面心立方格子の方が高い。
④　金属元素の原子量を M，結晶の密度を d〔g/cm^3〕，立方体一辺の長さを L〔cm〕とすると，体心立方格子ではアボガドロ定数 N〔/mol〕は $N=\dfrac{4M}{dL^3}$ となる。
⑤　金属原子の原子半径を r〔cm〕，立方体一辺の長さを L〔cm〕とすると，体心立方格子では $4r=\sqrt{3}L$，面心立方格子では $4r=\sqrt{2}L$ となる。

4．下図は二酸化炭素の状態図である。ここで，A，B，Cは固体，液体，気体のいずれかの状態を表す。以下の問いに答えよ。

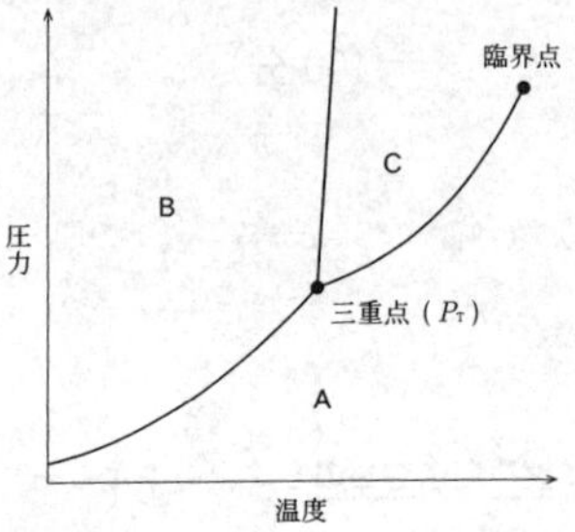

問4　臨界点以下の温度と圧力において，圧力が一定の条件のもとで，気体の二酸化炭素を液体に変える操作として最も適当なものを，次の中から一つ選び，番号で答えよ。なお，P_Tは三重点の圧力である。　4

① P_Tより低い圧力で，温度を低くする。
② P_Tより低い圧力で，温度を高くする。
③ P_Tより高い圧力で，温度を低くする。
④ P_Tより高い圧力で，温度を高くする。

5．気体の圧力，温度，体積を変化させることができる次のようなコック付きの容器がある。体積を1.0 Lに固定し，温度を300 Kに保った状態で，容器内の圧力が3.0×10^5 Paになるまで，コックを通してヘリウムを容器内に注入してコックを閉じた。この状態を状態Sとし，これに関する以下の問いに答えよ。ただし，気体は全て理想気体とみなす。

問5　状態Sの装置を，大気（圧力1.0×10^5 Pa，温度300 K）のもとでコックを開いて十分時間が経過したのち，コックを閉じた。このとき，容器内の気体の全物質量は，初めに封入したヘリウムの物質量の何倍に変化したか。最も適当な数値を次の中から一つ選び，番号で答えよ。ただし，一連の操作において，温度と体積は常に一定に保たれている。　5 倍

① $\frac{1}{6}$　② $\frac{1}{3}$　③ $\frac{2}{3}$　④ $\frac{5}{6}$　⑤ 1

問6　状態Sの装置のピストンを動かせるようにしたのち，コックを閉じた状態で，圧力と温度を調節して，図1のようにイ→ロ→ハの順に容器内の気体の状態を変化させた。一連の操作における圧力と温度の関係として最も適当なものを，次の図①～④から一つ選び，番号で答えよ。　**6**

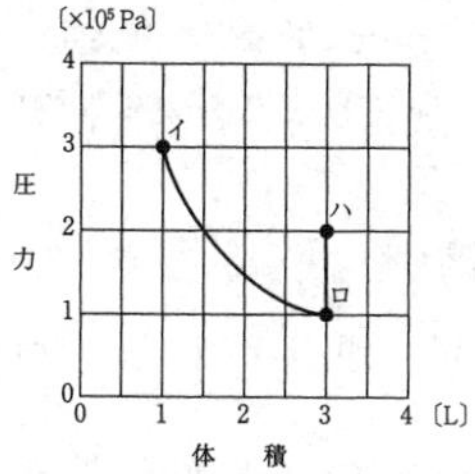

図1

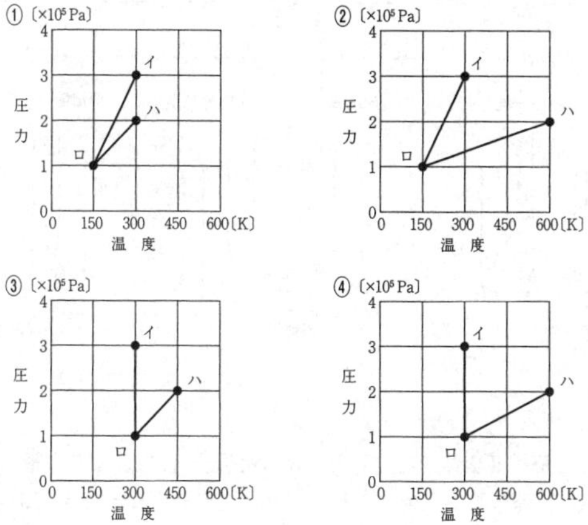

6．中和反応に関する以下の問いに答えよ。

問7　濃度未知の水酸化ナトリウム水溶液 V_1〔mL〕を中和するために，濃度 C〔mol/L〕の希硫酸 V_2〔mL〕を要した。この水酸化ナトリウム水溶液の濃度〔mol/L〕として最も適当なものを，次の中から一つ選び，番号で答えよ。　**7** mol/L

① $\dfrac{2CV_2}{V_1}$　② $\dfrac{2CV_1}{V_2}$　③ $\dfrac{CV_2}{2V_1}$　④ $\dfrac{CV_1}{2V_2}$　⑤ $\dfrac{CV_2}{V_1}$　⑥ $\dfrac{CV_1}{V_2}$

Ⅱ　物質の変化と平衡に関する次の文章（１～７）を読み，以下の問いに答えよ。

１．結合エネルギーに関する以下の問いに答えよ。

問１　NH_3（気）1 mol 中のN－H結合をすべて切断するのに必要なエネルギーは何kJか。最も適当な数値を，次の中から一つ選び，番号で答えよ。ただし，H－HおよびN≡Nの結合エネルギーはそれぞれ436 kJ/mol，945 kJ/molであり，NH_3（気）の生成熱は次の熱化学方程式で表されるものとする。　［ 8 ］kJ

$$\frac{3}{2}H_2\text{（気）} + \frac{1}{2}N_2\text{（気）} = NH_3\text{（気）} + 46\text{kJ}$$

①　195　　②　391　　③　586　　④　1173　　⑤　1564

２．次の図に示す装置で，0.965 A の電流を10分間通じた。

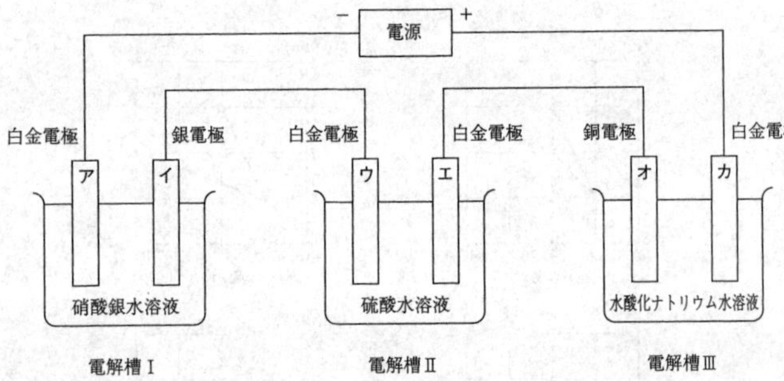

問２　このとき，電解槽Ⅱ全体で発生した気体の物質量〔mol〕として最も適当な数値を，次の中から一つ選び，番号で答えよ。ただし，ファラデー定数＝9.65×10^4 C/molとする。　［ 9 ］mol

①　2.3×10^{-4}　　②　4.5×10^{-4}　　③　9.0×10^{-4}
④　2.3×10^{-3}　　⑤　4.5×10^{-3}　　⑥　9.0×10^{-3}

３．電池に関する以下の問いに答えよ。

問３　電池に関する記述として**誤りを含むもの**を，次の中から一つ選び，番号で答えよ。　［ 10 ］

①　ダニエル電池では，正極側の硫酸イオンの濃度が放電によって減少する。
②　負極が金属でできている電池では，正極が同じであれば，その起電力は負極のイオン化傾向が大きいほど小さい。
③　水素などの燃料と酸素を用いて，負極で酸化反応，正極で還元反応をおこし，化学エネルギーを電気エネルギーに変換する装置を燃料電池という。

④ 鉛蓄電池では，正極と負極の質量は，放電によっていずれも増加する。

⑤ マンガン乾電池のように，充電できない電池を一次電池といい，鉛蓄電池のように充電できる電池を二次電池という。

4．温度が10 K上昇すると，反応の速さが2倍になる化学反応がある。

問4　この反応を10℃で行ったところ，反応終了までに40分要したとすると，40℃で行ったときでは，反応終了までに要する時間は何分か。最も適当な数値を，次の中から一つ選び，番号で答えよ。　11 分

① 1　② 2.5　③ 5　④ 10　⑤ 20

5．水素（気体）5.0 molとヨウ素（気体）4.0 molを4.0 Lの容器に入れ，ある温度に保ったところ，密閉容器内は，

$$H_2 + I_2 \rightleftarrows 2HI$$

の化学反応式で表される平衡状態になり，ヨウ化水素（気体）が6.0 mol生じていた。

問5　この反応の平衡定数の値はいくつか。最も適当な数値を，次の中から一つ選び，番号で答えよ。　12

① 6　② 9　③ 12　④ 15　⑤ 18

6．アンモニアを水に溶かすと，アンモニウムイオンと水酸化物イオンが生じて，次式で表される電離平衡の状態になる。

$$NH_3 + H_2O \rightleftarrows NH_4^+ + OH^-$$

問6　温度25℃で濃度0.10 mol/Lのアンモニア水のpHを測定すると11であった。このときのアンモニアの電離度αの値はいくつか。最も適当な数値を，次の中から一つ選び，番号で答えよ。　13

① 1.0×10^{-1}　② 2.0×10^{-1}　③ 1.0×10^{-2}

④ 2.0×10^{-2}　⑤ 1.0×10^{-3}　⑥ 2.0×10^{-3}

7．水溶液のpHに関する以下の問いに答えよ。

問7　4.0×10^{-5} mol/Lの酢酸水溶液のpHの値はいくつか。最も適当な数値を，次の中から一つ選び，番号で答えよ。ただし，酢酸の電離定数を$K_a = 2.0 \times 10^{-5}$ mol/L，水のイオン積を$[H^+][OH^-] = 1.0 \times 10^{-14}$ $(mol/L)^2$，$\log_{10} 2.0 = 0.30$，$\log_{10} 1.62 = 0.21$，$\sqrt{5} = 2.24$とする。　14

① 4.1　② 4.4　③ 4.7　④ 5.0　⑤ 5.3

Ⅲ　無機物質に関する次の文章（1～7）を読み，以下の問いに答えよ。

1．ヨウ素の単体に関する以下の問いに答えよ。

問1　ヨウ素の単体に関する記述として**誤りを含むもの**を，次の中から一つ選び，番号で答えよ。

［15］

① ヨウ素は，固体も気体も有色である。
② ヨウ素は，水によく溶ける。
③ ヨウ素は，昇華性の結晶をつくる。
④ 同温・同圧において，気体のヨウ素の密度は，空気の密度より高い。
⑤ デンプン水溶液は，ヨウ素デンプン反応により青～青紫色になる。

2. 貴ガス（希ガス）に関する以下の問いに答えよ。

問2　貴ガス（希ガス）に関する記述として**誤りを含むもの**を，次の中から一つ選び，番号で答えよ。

［16］

① ネオン原子のイオン化エネルギーは，アルゴン原子よりも高い。
② 貴ガス（希ガス）単体では，分子量が大きいほど分子間力が小さくなり，沸点が低くなる。
③ 貴ガス（希ガス）単体は，単原子分子である。
④ 貴ガス（希ガス）単体は，いずれも無色無臭の気体である。
⑤ 貴ガス（希ガス）単体は，不活性ガスともいわれる。

3．リンの単体と化合物に関する以下の問いに答えよ。

問3　リンの単体と化合物に関する記述として**誤りを含むもの**を，次の中から一つ選び，番号で答えよ。［17］

① リン酸塩はpH調整剤として，食品や清涼飲料水などに含まれる。
② リン化合物が河川や湖沼に流入すると，富栄養化により水質が悪化することがある。
③ 十酸化四リン（五酸化二リン）は潮解性があるので，乾燥剤として利用される。
④ 赤リンを大気中に放置すると，自然発火して十酸化四リン（五酸化二リン）になる。
⑤ 黄リンは水中に保存する。

4．気体発生反応に関する以下の問いに答えよ。

問4　下線の化合物 1 mol が全て反応したとき，発生する気体の物質量が**最も少ないもの**を，次の中から一つ選び，番号で答えよ。［18］

① 炭酸水素ナトリウム $NaHCO_3$ に希塩酸を加える。
② 塩素酸カリウム $KClO_3$ に，触媒である酸化マンガン（IV）を加えて加熱する。
③ 亜硫酸ナトリウム Na_2SO_3 に希硫酸を加える。
④ 過酸化水素 H_2O_2 の水溶液に，触媒である酸化マンガン（IV）を加える。
⑤ 亜硝酸アンモニウム NH_4NO_2 の水溶液を加熱する。

5．金属の製錬（精錬）に関する以下の問いに答えよ。

問5　金属の製錬（精錬）に関する記述として**誤りを含むもの**を，次の中から一つ選び，番号で答えよ。　19

① 銅の製造では，銅の硫化物を主成分とした鉱石が主に使用される。
② 銅の製造では，鉱石などを入れた高温の炉の中に空気を吹き込み，粗銅を得る。
③ 銅の製造では，鉱石を水酸化ナトリウムなどで化学的に処理し，粗銅を得る。
④ 銅の電解精錬では，陽極の下に，銅よりイオン化傾向の小さい金属が沈殿する。
⑤ 粗銅の電解精錬では，硫酸銅（Ⅱ）水溶液を用いて純銅を析出させる。

6．合金に関する以下の問いに答えよ。

問6　合金に関する記述として**誤りを含むもの**を，次の中から一つ選び，番号で答えよ。　20

① 金と銀の合金である白金は，硝酸に溶けず王水に溶ける。
② ニッケルとクロムの合金は，電気抵抗が銅よりも大きい。
③ ニッケルとチタンの合金は，特定の温度における形状を記憶できる。
④ ニッケルと銅からなる白銅は，銀白色の硬貨などに用いられる。
⑤ スズを主成分とする合金であるハンダは，金属の接合剤として利用される。

7．金属の腐食に関する以下の問いに答えよ。

問7　金属の腐食に関する記述として**誤りを含むもの**を，次の中から一つ選び，番号で答えよ。　21

① 塗料の目的の一つは，金属を酸素や水分から遠ざけ，腐食を防ぐことである。
② 鉄を錆びにくくするために，亜鉛を用いてトタン板をつくる。
③ 鉄板の表面に赤褐色の錆があると，サビはそれ以上内部に侵入しない。
④ 銅や亜鉛は，海水に触れると錆びやすくなる。
⑤ 錆びにくい金や白金は，イオンになりにくい。

Ⅳ　有機化合物および高分子化合物に関する次の文章（1～7）を読み，以下の問いに答えよ。ただし，原子量を H = 1.0，C = 12，O = 16，Na = 23，Br = 80 とする。

1．分子式が $C_{10}H_nO$ で表される不飽和結合をもつ直鎖状のアルコールAを一定質量取り，十分な量のナトリウムと反応させたところ，0.125 mol の水素が発生した。また，同じ質量のAに，触媒を用いて水素を完全に付加させたところ，0.500 mol の水素が消費された。

問1　このとき，Aの分子式中の n の値として最も適当な数値を，次の中から一つ選び，番号で答えよ。　22

① 14　② 16　③ 18　④ 20　⑤ 22

2．あるアルケンAに臭素を反応させたところ，アルケンAの約3.3倍の分子量をもつ生成物が得られた。また，このアルケンAに水素を反応させると，アルカンBが生成した。

問2　この反応で生じたアルカンBとして考えられる構造式は何種類か。最も適当なものを，次の中から一つ選び，番号で答えよ。　23 種類

① 1　② 2　③ 3　④ 4　⑤ 5

3．エステルXを加水分解したところ，カルボン酸AとアルコールBが生成した。Bを酸化したところAが生成した。Aは銀鏡反応を示した。

問3　このエステルの化学式として最も適当なものを，次の中から一つ選び，番号で答えよ。　24

① $HCOOCH_3$
② CH_3COOCH_3
③ $HCOOCH(CH_3)_2$
④ $CH_3COOCH_2CH_3$
⑤ $CH_3CH_2COOCH_2CH_3$

4．収率〔%〕とは，反応式から計算して求めた生成物の量に対する，実際に得られた生成物の量の割合をいう。

問4　フェノール（分子量94）2.82 g からアセトアミノフェン（分子量151）が 2.26 g 得られたとすると，フェノールから得られたアセトアミノフェンの収率は何％か。最も適当な数値を，次の中から一つ選び，番号で答えよ。　25 %

① 40　② 45　③ 50　④ 55　⑤ 60

5．フェノールとエタノールに関する記述（ア）～（エ）を読み，以下の問いに答えよ。

（ア）水にきわめてよく溶ける。
（イ）液体状態であれば，ナトリウムと反応する。
（ウ）無水酢酸と反応して，エステルになる。
（エ）水酸化ナトリウム水溶液と反応する。

問５　フェノールとエタノールの**両方にあてはまるもの**はいくつあるか。最も適当なものを，次の中から一つ選び，番号で答えよ。　26

① 0　② 1　③ 2　④ 3　⑤ 4

６．糖類に関する以下の問いに答えよ。

問６　単糖類と二糖類に関する記述として**誤りを含むもの**を，次の中から一つ選び，番号で答えよ。　27

① マルトースとスクロースは互いに構造異性体である。
② マルトースはデンプンを酵素で加水分解することで得られる。
③ グルコースなどの単糖類の水溶液は，すべて銀鏡反応を示す。
④ ラクトースを加水分解すると，ガラクトースが得られる。
⑤ グルコースの不斉炭素原子の数は，環状構造よりも鎖状構造の方が多い。

７．高分子化合物に関する以下の問いに答えよ。

問７　合成高分子化合物に関する記述として**誤りを含むもの**を，次の中から一つ選び，番号で答えよ。　28

① 合成高分子には，酵素や微生物によって分解されるものがある。
② 合成高分子の平均分子量は，分子数の最も多い高分子の分子量で表される。
③ 熱可塑性樹脂は，加熱によって成型加工しやすくなる。
④ 明確な融点を示さない。
⑤ 鎖状構造だけでなく，網目状構造の高分子もある。

◀生　　物▶

（60分）

Ⅰ　細胞を構成する物質に関する次の文章を読み，以下の問いに答えよ。

次の(1)～(6)の文は，細胞を構成する物質A～Fについて説明したものである。

(1)　Aは，原形質の大部分を占め，生命活動を営むために重要な物質である。

(2)　Bは，細胞のエネルギー源としても重要であるが，（　ア　）のように細胞膜などの生体膜の主成分になっているものもある。

(3)　Cは，グルコースのように細胞の主要なエネルギー源として使われるほか，植物細胞の細胞壁をつくる（　イ　）のようなものもある。

(4)　Dは，その多くがイオンとして存在し，細胞の浸透圧や働きを調節している。

(5)　Eは，（　ウ　）が多数結合した高分子化合物で，種類が多く，酵素の主成分となるものもある。酸やアルカリ，熱などによって立体構造が変化する。

(6)　Fには，遺伝子の本体である（　エ　）が含まれ，核・リボソーム・細胞質基質などに存在する。

問1　A～Fの物質は何か。最も適切なものを，次のうちから一つずつ選び，番号で答えよ。

A [1]　B [2]　C [3]　D [4]　E [5]　F [6]

① 水
② 核酸
③ 脂質
④ 炭水化物
⑤ 無機塩類
⑥ タンパク質

問2　上の文章中の（　ア　）～（　エ　）に入る語として最も適切なものを，次のうちから一つずつ選び，番号で答えよ。

ア [7]　イ [8]　ウ [9]　エ [10]

① ATP　② DNA　③ RNA
④ 脂肪　⑤ アミノ酸　⑥ ビタミン
⑦ リン脂質　⑧ セルロース　⑨ グリコーゲン

問3　Aの物質に関する次の記述ⓐ～ⓓのうち，**誤っているもの**はどれか。それらを過不足なく含むものを，下の①～⑨のうちから一つ選び，番号で答えよ。 [11]

ⓐ　化学反応の場として働く。

ⓑ　有機物の構成成分である。

ⓒ　外界の温度変化の影響を緩和する。

ⓓ　多くの物質を溶かす溶媒で，物質移動に関係する。

① ⓐ	② ⓑ	③ ⓒ
④ ⓓ	⑤ ⓐ，ⓒ	⑥ ⓑ，ⓒ
⑦ ⓒ，ⓓ	⑧ ⓐ，ⓑ，ⓓ	⑨ ⓑ，ⓒ，ⓓ

問4　Eの物質を構成している元素を過不足なく含むものとして最も適切なものを，次のうちから一つ選び，番号で答えよ。　12

① C，H，O	② C，H，O，P	③ C，H，O，N
④ C，H，O，N，P	⑤ C，H，O，P，S	⑥ C，H，O，N，S

問5　Fの物質を構成している元素を過不足なく含むものとして最も適切なものを，次のうちから一つ選び，番号で答えよ。　13

① C，H，O	② C，H，O，P	③ C，H，O，N
④ C，H，O，N，P	⑤ C，H，O，P，S	⑥ C，H，O，N，S

問6　図1はヒトの生重量（生きている状態と変わらない状態で測った質量）の元素組成を，図2はヒトの乾燥重量（生重量から水分を除いた状態で測った質量）の元素組成を，それぞれ質量比（%）で示したものである。図中の（　オ　）～（　キ　）に相当する元素として最も適切なものを，下の①～⑧のうちから一つずつ選び，番号で答えよ。

オ　14　　カ　15　　キ　16

図1　生重量

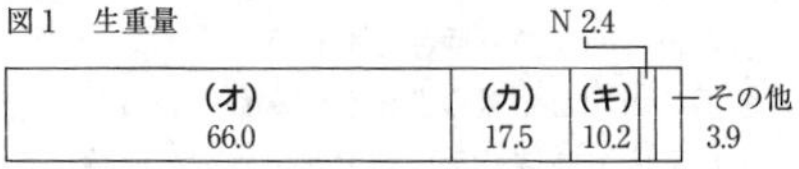

図2　乾燥重量

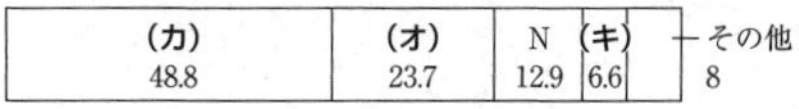

①　C　②　Ca　③　H　④　K　⑤　Na　⑥　O　⑦　S　⑧　P

Ⅱ　動物の行動に関する次の文章を読み，以下の問いに答えよ。

トゲウオの一種であるイトヨの雄は，繁殖期になると縄張りの中に巣をつくり，侵入してきた［17］を攻撃する。しかし，［18］に対しては［19］を示す。これらは［20］であり，特定の刺激が引き金となって起こる。この行動を引き起こさせる外界からの刺激を［21］という。

問1　上の文章中の［17］～［21］に入る語として最も適切なものを，次のうちから一つずつ選び，番号で答えよ。　［17］［18］［19］［20］［21］

①　条件刺激　②　求愛行動　③　生得的行動　④　雄
⑤　定位　⑥　かぎ刺激　⑦　習得的行動　⑧　雌

問2　イトヨの攻撃行動に関する次の記述のうち，**正しいものには①，誤っているものには②**をマークせよ。

1) 繁殖期のイトヨの雄は下腹部を赤く塗ったイトヨの模型を近づけると攻撃する。［22］
2) イトヨと形が似ていない模型でも繁殖期のイトヨの雄は模型の下腹部が赤ければ攻撃する。［23］
3) イトヨの雄は繁殖期以外の時期でも下腹部を赤く塗った模型に対して攻撃行動は起こる。［24］
4) 繁殖期のイトヨの雄は卵で腹部の膨れた雌には攻撃を行わない。［25］

問3　ミツバチのダンスに関する次の記述のうち，**正しいものには①，誤っているものには②**をマークせよ。

1) 生得的行動だけでなく，学習による可変的な行動が組み合わさって起こる。［26］
2) 餌場が近い場合には８の字ダンスを行う。［27］
3) 円形ダンスは決まった一方向にのみ回転して行う。［28］
4) ８の字ダンスには餌場の方向と距離の情報が含まれている。［29］
5) １回の８の字ダンスに要する時間が長いほど餌場までの距離は近い。［30］

Ⅲ　植物の進化についての以下の問いに答えよ。

問１　図は，植物の系統関係を表したものである。 31 ～ 33 は，それぞれの段階で，植物が初めて身に付けたものである。下の選択肢から，最も適切なものを一つずつ選び，番号で答えよ。 31 32 33

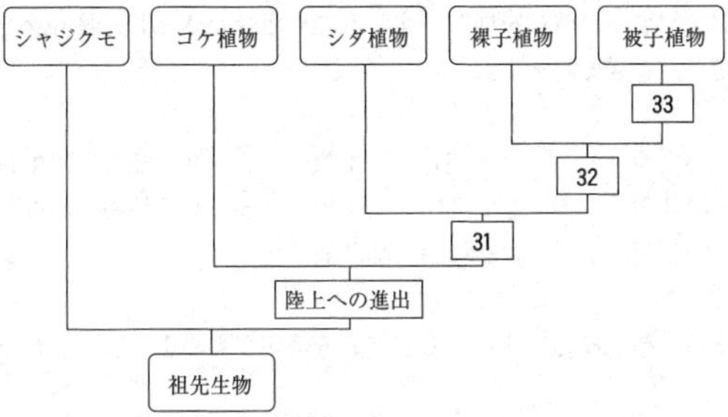

図　植物の系統と進化

① 維管束　② 胞子　③ 種子　④ 体細胞分裂　⑤ 減数分裂
⑥ 精子　⑦ 卵　⑧ 子房　⑨ 有性生殖

問２　最初に陸上に進出した植物が持っていたものの組み合わせとして最も適切なものを，次のうちから一つ選び，番号で答えよ。 34

① 根・茎・葉　② 胞子・葉緑体・造卵器　③ 維管束・胞子・根
④ 種子・葉緑体・根　⑤ 葉・胞子・葉緑体　⑥ 胞子・造卵器・根

問３　コケ植物に含まれる生物として適切なものを，次のうちから**二つ**選び，番号で答えよ。ただし，解答の順序は問わない。 35 36

① ウメノキゴケ　② ツノゴケ　③ スギゴケ　④ トクサ
⑤ ゼンマイ　⑥ マツバラン

問４　シダ植物に含まれる生物として適切なものを，次のうちから**二つ**選び，番号で答えよ。ただし，解答の順序は問わない。 37 38

① ヒカゲノカズラ　② ヒノキ　③ ワラビ　④ ソテツ　⑤ イチョウ

問５　裸子植物に含まれる生物として適切なものを，次のうちから**二つ**選び，番号で答えよ。ただし，解答の順序は問わない。 39 40

① サクラ　② スギ　③ マツバラン
④ ソテツ　⑤ ツツジ　⑥ クリ

問6　被子植物に含まれる生物として適切なものを，次のうちから**二つ**選び，番号で答えよ。ただし，解答の順序は問わない。 41 42

① トクサ　② イチョウ　③ スギナ　④ イネ
⑤ ヒノキ　⑥ アブラナ　⑦ マツバラン

問7　地球上で繁栄していた時期を同じくするものの組合わせとして最も適切なものを，次のうちから一つ選び，番号で答えよ。 43

① シダ植物・ハ虫類　② コケ植物・ハ虫類　③ 裸子植物・両生類
④ 裸子植物・哺乳類　⑤ シダ植物・両生類　⑥ 被子植物・ハ虫類
⑦ 被子植物・両生類　⑧ コケ植物・哺乳類

問8　シャジクモ類と陸上植物の共通点として最も適切なものを，次のうちから一つ選び，番号で答えよ。 44

① 根・茎・葉がある。　② 根を持つ。　③ 茎を持つ。
④ 葉を持つ。　⑤ クロロフィルaとbを持つ。　⑥ クロロフィルaとcを持つ。
⑦ クロロフィルbとcを持つ。

理科(基礎)

(注)　物理基礎，化学基礎，生物基礎の中から2科目選択。

◀物理基礎▶

(基礎2科目で60分)

I　原子に関する次の問の[　　]に当てはまる解答を，選択肢から一つ選び番号で答えよ。

問1　ウランやプルトニウムなどの原子核に中性子がぶつかると，原子核が複数個に分かれる場合がある。この現象を[16]といい，膨大なエネルギーを生み出す。これが原子力発電の原理である。また，ある原子核が別の原子核に変わる反応の総称を[17]という。

[16]，[17]の選択肢

①　核分裂　②　核融合　③　核反応　④　連鎖反応　⑤　臨界　⑥　放射線崩壊

問2　天然に存在する原子核の中には，ウランやラジウムなど不安定なものがあり，[18]と呼ばれる。また，[18]を放出しながら，自然に別の原子核に変わっていくことを[19]という。特に，自然に[18]を出す性質を[20]という。

[18]，[19]，[20]の選択肢

①　元素　②　α線　③　β線　④　放射性物質　⑤　臨界
⑥　放射能　⑦　電離作用　⑧　放射性崩壊　⑨　分裂

Ⅱ

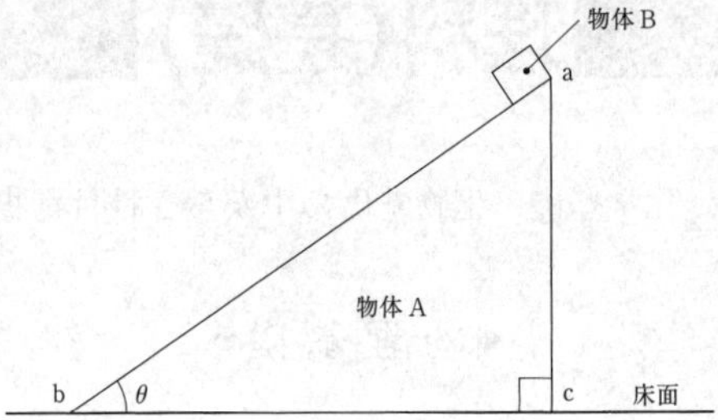

図のように水平な床面に置かれた質量 M〔kg〕の物体Aと，質量 m〔kg〕で大きさを無視できる物体Bがある。物体Aのab部分は斜面で，ac部分は床面に対して垂直である。物体Aと物体Bとの間の摩擦は無視できるものとし，∠bを θ，重力加速度の大きさを g〔$\mathrm{m/s^2}$〕として，以下の問の $\boxed{}$ に当てはまる解答を，選択肢から一つ選び番号で答えよ。

問1　物体Aを床面に固定した場合を考える。点aに物体Bをおくと，物体Bは斜面abに沿って，加速度運動を始める。このときの加速度の大きさ α〔$\mathrm{m/s^2}$〕は，$\boxed{\ 21\ }$〔$\mathrm{m/s^2}$〕となる。

①　$\dfrac{g\cos\theta}{2}$　②　$g\cos\theta$　③　$2g\cos\theta$　④　$\dfrac{g\sin\theta}{2}$　⑤　$g\sin\theta$

⑥　$2g\sin\theta$

問2　問1のとき，物体Bが物体Aから受ける垂直抗力の大きさは，$\boxed{\ 22\ }$〔N〕である。

①　mg　②　$\dfrac{mg\cos\theta}{2}$　③　$\dfrac{mg\sin\theta}{2}$　④　$mg\cos\theta$　⑤　$mg\sin\theta$

⑥　$2mg$　⑦　$2mg\cos\theta$　⑧　$2mg\sin\theta$

問3　次に，物体Aを床面に対して紙面の横方向に自由に動けるようにした場合を考える。点aに物体Bをおくと，物体Bは斜面abに沿って，加速度運動を始めるとともに，物体Aも右方向へ加速度運動をする。なお，物体Aと床面との摩擦は無視できるものとする。物体Bが物体Aから受ける垂直抗力の大きさを N〔N〕としたとき，物体Aの床面に対する加速度の大きさ β〔$\mathrm{m/s^2}$〕は，$\boxed{\ 23\ }$〔$\mathrm{m/s^2}$〕となる。

①　$\dfrac{N}{M}$　②　$\dfrac{M}{N}$　③　$\dfrac{N\sin\theta}{M}$　④　$\dfrac{N\cos\theta}{M}$　⑤　$\dfrac{M\sin\theta}{N}$

⑥　$\dfrac{M\cos\theta}{N}$　⑦　$\dfrac{2N\sin\theta}{M}$　⑧　$\dfrac{2N\cos\theta}{M}$

問4　物体Aの質量を10kg，問3の物体Bが物体Aから受ける垂直抗力の大きさを10N，∠bを30°，重力加速度の大きさを9.8$\mathrm{m/s^2}$とすると，問1で求めた加速度の大きさ α は，$\boxed{\ 24\ }$ $\mathrm{m/s^2}$で，問3で求めた加速度の大きさ β は，$\boxed{\ 25\ }$ $\mathrm{m/s^2}$となる。

24 ， 25 の選択肢

① 0.30　② 0.45　③ 0.50　④ 0.80　⑤ 1.0　⑥ 2.5　⑦ 4.9　⑧ 9.8

Ⅲ　熱の出入りのない断熱材でできた容器の中に，200gの水を入れ，容器内を冷却して－25.0℃にした。この後，容器内に毎秒50.0Jの熱量を加え続けたところ，容器の温度は図のように変化した。この間，容器内の気圧は一定に保たれ，時間t_3まで水の蒸発はないものとし，加えた熱量は全て水または氷が得た熱量に等しいとする。氷の比熱を1.90J/(g･K)，水の比熱を4.20J/(g･K) とする。

以下の問の ＿＿ に当てはまる解答を，選択肢から一つ選び番号で答えよ。

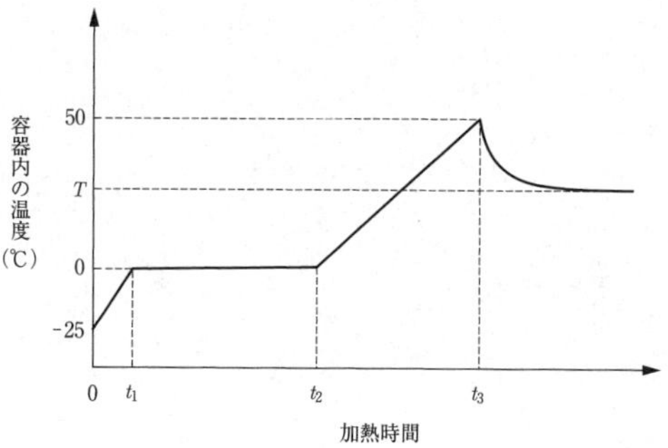

問1　時間0から時間t_1までの間に氷が得た熱量は， 26 Jである。

① 1.50×10^3　② 2.00×10^3　③ 3.50×10^3　④ 5.00×10^3　⑤ 6.50×10^3
⑥ 8.00×10^3　⑦ 9.50×10^3　⑧ 11.0×10^3　⑨ 13.0×10^3

問2　時間t_1は，約 27 秒である。

① 100　② 130　③ 160　④ 190　⑤ 220　⑥ 250　⑦ 280
⑧ 310　⑨ 340

問3　時間t_1からt_2までの間に加えられた熱は，物質の状態を変えるために使われ，その熱量は， 28 と呼ばれる。氷の 28 が330J/gとすると，t_1からt_2までの時間は，約 29 秒である。

28 の選択肢

① 状態熱　② 蒸発熱　③ 融解熱　④ 気化熱　⑤ 水化熱　⑥ 水溶熱
⑦ 液化熱　⑧ 昇華熱　⑨ 溶解熱

29 の選択肢

① 1.00×10^3　② 1.32×10^3　③ 1.63×10^3　④ 1.94×10^3　⑤ 2.25×10^3
⑥ 2.56×10^3　⑦ 2.87×10^3　⑧ 3.18×10^3　⑨ 3.49×10^3

問 4　水の温度が50.0℃の時間 t_3 で，熱量を加えるの止め，質量100g，温度0.00℃，比熱0.450J/(g·K) の鉄のかたまりを容器内の水の中にいれた。熱は水と鉄の間だけで移動し，十分に時間が経ったとすると，水の温度は，約 30 ℃下がる。

① 1.54　② 2.55　③ 3.76　④ 4.87　⑤ 5.98　⑥ 7.09　⑦ 8.11
⑧ 9.22　⑨ 10.0

◀化学基礎▶

（基礎2科目で60分）

Ⅰ　物質の構成に関する次の文章（1～5）を読み，以下の問いに答えよ。

1．原子に関する以下の問いに答えよ。

問1　原子に関する記述として**誤りを含むもの**を，次の中から一つ選び，番号で答えよ。　1

① 原子は原子核とそれをとりまく電子からできている。
② 原子核に含まれる陽子は正の電荷をもつ。
③ 原子核に含まれる中性子は負の電荷をもつ。
④ 原子核中の陽子の数を原子番号という。
⑤ 陽子と中性子の数の和を質量数という。

問2　原子 $^{19}_{9}A$ に関する記述として**誤りを含むもの**を，次の中から一つ選び，番号で答えよ。　2

① 最外殻には，７個の電子が存在する。
② 原子核には，９個の陽子が含まれる。
③ 原子核には，９個の中性子が含まれる。
④ 質量数は，19である。

問3　１価の陽イオンになりやすい原子として最も適当なものを，次の中から一つ選び，番号で答えよ。　3

① Be　② F　③ Li　④ Ne　⑤ O

2．同族元素に関する以下の問いに答えよ。

問4　同族元素の組み合わせとして正しいものを，次の中から一つ選び，番号で答えよ。　4

① HとHe　② MgとNa　③ CとSi　④ ClとS　⑤ OとN　⑥ FeとAl

3．イオンに関する以下の問いに答えよ。

問5　ネオンと同じ電子配置をもつイオンを，次の中から一つ選び，番号で答えよ。　5

① Ca^{2+}　② Cl^{-}　③ K^{+}　④ F^{-}　⑤ Li^{+}

4．分子に関する以下の問いに答えよ。

問6　1.013×10^5 Paにおける，1種類の分子のみからなる物質の三態に関する記述として**誤りを含むもの**を，次の中から一つ選び，番号で答えよ。　6

① 固体が液体に変化することを昇華という。
② 気体が液体に変化することを凝縮という。
③ 固体を構成する分子は，互いの位置関係を変えずに，振動などの熱運動をしている。
④ 気体の状態では，分子間の平均距離が大きく，分子間に引力がほとんどはたらかない。
⑤ 一定質量においては，液体の状態が占める体積より気体の状態が占める体積の方が大きい。

5．物質の分離，精製に関する以下の問いに答えよ。

問7　塩化ナトリウム水溶液から純粋な水を分離する操作として最も適当なものを，次の中から一つ選び，番号で答えよ。　7

① 抽出　② ろ過　③ 蒸留　④ 再結晶　⑤ 昇華　⑥ クロマトグラフィー

Ⅱ　物質の変化ならびに化学と人間生活に関する次の文章（1～8）を読み，以下の問いに答えよ。ただし，原子量はH = 1.0，C = 12，O = 16，Na = 23，Mg = 24，S = 32，Cl = 35.5，Fe = 56，Cu = 64，Zn = 65とする。

1．物質量と粒子の数に関する以下の問いに答えよ。

問1　次の各物質に含まれる粒子の数が最も多いものを，次の中から一つ選び，番号で答えよ。　8

① 1.0 molの塩化ナトリウム$NaCl$に含まれるナトリウムイオンNa^+
② 1.0 molの塩化マグネシウム$MgCl_2$に含まれる塩化物イオンCl^-
③ 1.0 molの鉄Feに含まれる鉄原子Fe
④ 0.25 molのメタンCH_4に含まれる水素原子H
⑤ 0.5 molの二酸化炭素CO_2に含まれる酸素原子O

2．溶液の濃度に関する以下の問いに答えよ。

問2　0.10 mol/Lの希塩酸500 mLをつくるのに，モル濃度が11.3 mol/Lの塩酸は何mL必要か。最も適当な数値を，次の中から一つ選び，番号で答えよ。　9 mL

① 1.1　② 2.2　③ 3.3　④ 4.4　⑤ 5.5

3．プロパンC_3H_8を完全燃焼させると，二酸化炭素と水が生じる。ある量のプロパンを完全燃焼させたところ，水が14.4 g生じた。

問3　このとき燃焼させたプロパンの質量は少なくとも何gか。最も適当な数値を，次の中から一つ選び，番号で答えよ。　10 g

① 4.4　② 6.6　③ 8.8　④ 11.0　⑤ 13.2

4．ある１価の弱酸の0.10 mol/L水溶液における電離度は3.0×10^{-3}である。

問4　25℃でのこの水溶液のpHはどの範囲にあるか。最も適当なものを，次の中から一つ選び，番号で答えよ。　11

① $2 \leqq pH < 3$　② $3 \leqq pH < 4$　③ $4 \leqq pH < 5$
④ $5 \leqq pH < 6$　⑤ $6 \leqq pH < 7$

5．2価の酸0.200 gを含んだ水溶液を完全に中和するのに，0.100 mol/Lの水酸化ナトリウム水溶液40.0 mLを要した。

問5　この酸の分子量として最も適当な数値を，次の中から一つ選び，番号で答えよ。　12

① 25　② 50　③ 75　④ 100　⑤ 125

6．酸化還元反応に関する以下の問いに答えよ。

問6　**酸化還元反応でないもの**を，次の中から一つ選び，番号で答えよ。　13

① $K_2Cr_2O_7 + 2KOH \rightarrow 2K_2CrO_4 + H_2O$
② $N_2 + 3H_2 \rightarrow 2NH_3$
③ $SO_2 + 2H_2S \rightarrow 2H_2O + 3S$
④ $2FeSO_4 + H_2O_2 + H_2SO_4 \rightarrow Fe_2(SO_4)_3 + 2H_2O$
⑤ $H_2S + H_2O_2 \rightarrow S + 2H_2O$

7．電池に関する以下の問いに答えよ。

問7　一次電池であるものを，次の中から一つ選び，番号で答えよ。　14

① ニッケル水素電池
② 鉛畜電池
③ リチウムイオン電池
④ マンガン乾電池
⑤ ニッケル・カドミウム電池（ニカド電池）

8．化学と人間生活に関する以下の問いに答えよ。

問8　身のまわりで利用されている物質に関する記述として**誤りを含むもの**を，次の中から一つ選び，番号で答えよ。　15

① 生石灰（酸化カルシウム）は，吸湿性が強いので，焼き海苔などの保存に用いられる。
② うがい薬に使われるヨウ素には，その気体を冷却すると，液体にならずに固体になる性質がある。
③ プラスチックの密度は，鉄や銅よりも大きい。
④ 炭酸水素ナトリウムは，ベーキングパウダー（ふくらし粉）に用いられる。
⑤ アルミニウムは軽くてさびにくいという特徴があり，アルミニウム缶や乗り物の構造材料に広く使われている。

◀生 物 基 礎▶

(基礎 2 科目で 60 分)

I　ミトコンドリアと葉緑体に関する次の文章を読み，以下の問いに答えよ。

ミトコンドリアや葉緑体は，(a)呼吸や光合成におけるエネルギー変換に重要な役割を果たしている(b)細胞小器官である。しかし，どちらも原核生物には見られない。アメリカのマーグリスらは，真核生物のもつミトコンドリアや葉緑体について，もともと小さな原核生物だったものが，ほかの単細胞生物の細胞内に侵入し，共生することで形成されたと考えた。このような考え方を細胞内共生説という。下の図は，細胞内共生説によるミトコンドリアと葉緑体の形成過程を示した推定図である。

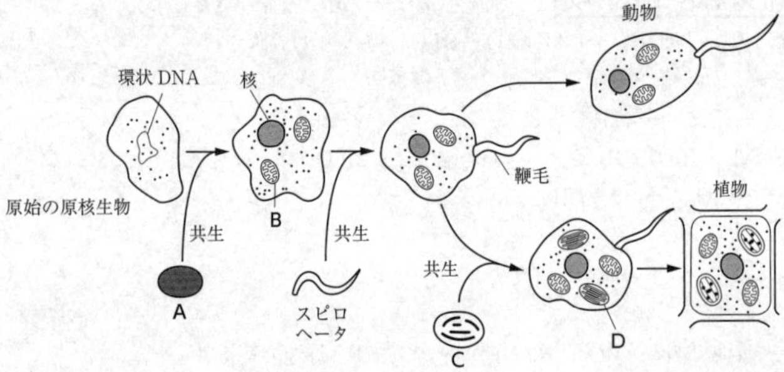

図

問 1　図の A ～ D に当てはまる生物や細胞小器官の組合せとして最も適切なものを，次のうちから一つ選び，番号で答えよ。 31

	A	B	C	D
①	好気性細菌	ミトコンドリア	シアノバクテリア	葉緑体
②	好気性細菌	ミトコンドリア	クロレラ（緑藻類）	葉緑体
③	好気性細菌	葉緑体	シアノバクテリア	ミトコンドリア
④	好気性細菌	葉緑体	クロレラ（緑藻類）	ミトコンドリア
⑤	嫌気性細菌	ミトコンドリア	シアノバクテリア	葉緑体
⑥	嫌気性細菌	ミトコンドリア	クロレラ（緑藻類）	葉緑体
⑦	嫌気性細菌	葉緑体	シアノバクテリア	ミトコンドリア
⑧	嫌気性細菌	葉緑体	クロレラ（緑藻類）	ミトコンドリア

問2　細胞内共生説の根拠となるミトコンドリアと葉緑体の共通点に関する次の記述ⓐ～ⓓのうち，**誤っているもの**はどれか。それらを過不足なく含むものを，下の①～⑨のうちから一つ選び，番号で答えよ。　32

ⓐ　細胞内で独自に分裂して増殖する。
ⓑ　4枚の膜でできた構造をもつ。
ⓒ　核内のDNAとは異なる独自のDNAをもち，そのDNAは核膜によって囲まれている。
ⓓ　形態や構造が似ている原核生物が存在している。

①　ⓐ　　②　ⓑ　　③　ⓒ
④　ⓓ　　⑤　ⓐ，ⓒ　　⑥　ⓑ，ⓒ
⑦　ⓒ，ⓓ　　⑧　ⓐ，ⓑ，ⓓ　　⑨　ⓑ，ⓒ，ⓓ

問3　下線部(a)に関連して，呼吸と光合成の両方に関係する記述として最も適切なものを，次のうちから一つ選び，番号で答えよ。　33

①　光が必要な過程がある。
②　反応の進行に酸素が必要である。
③　ATPを合成する過程がある。
④　反応の進行に酵素は関係ない。

問4　下線部(a)に関連して，呼吸には，細胞質基質で行われる解糖系，ミトコンドリアで行われるクエン酸回路と電子伝達系の3段階の過程がある。この呼吸の過程に関する記述として**誤っているもの**を，次のうちから一つ選び，番号で答えよ。　34

①　解糖系やクエン酸回路では，酸化的リン酸化によるATPの合成が行われる。
②　酸素のない条件では，電子伝達系だけでなくクエン酸回路も働かなくなる。
③　解糖系とクエン酸回路で生じたNADHや$FADH_2$は，電子伝達系に運ばれて利用される。
④　クエン酸回路はミトコンドリアのマトリックスで，電子伝達系はミトコンドリアの内膜で行われる。

問5　下線部(b)に関連して，次のⓐ～ⓔのうち，葉緑体をもつ生物の組合せとして最も適切なものを，下の①～⑧のうちから一つ選び，番号で答えよ。　35

ⓐ　アオミドロ
ⓑ　ゾウリムシ
ⓒ　タマネギの表皮細胞
ⓓ　ネンジュモ
ⓔ　ワカメ

①　ⓐ，ⓓ　　②　ⓐ，ⓔ　　③　ⓑ，ⓓ　　④　ⓒ，ⓔ
⑤　ⓐ，ⓑ，ⓓ　　⑥　ⓐ，ⓓ，ⓔ　　⑦　ⓑ，ⓒ，ⓔ　　⑧　ⓒ，ⓓ，ⓔ

Ⅱ　図は，海水魚（海水生の硬骨魚類）の体液の塩分濃度の調節をあらわしたものである。以下の問いに答えよ。

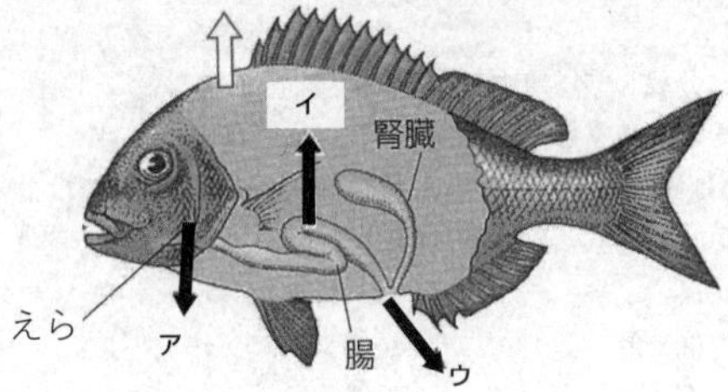

図

問1　上図の**ア**に当てはまる記述として最も適切なものを，次のうちから一つ選び，番号で答えよ。　36

① えらから過剰な水分を積極的に排出する。
② えらから過剰な塩分を積極的に排出する。
③ えらから海水と同じ濃度の水分と塩分を排出する。
④ えらから水分を排出し塩分を吸収する。
⑤ えらから塩分を排出し水分を吸収する。

問2　上図の**イ**に当てはまる記述として最も適切なものを，次のうちから一つ選び，番号で答えよ。　37

① 腸で積極的に水分を吸収する。
② 腸で積極的に塩分を吸収する。
③ 腸では水分も塩分も吸収しない。
④ 腸で水分を吸収し塩分を排出する。
⑤ 腸で塩分を吸収し水分を排出する。

問3　上図の**ウ**に当てはまる記述として最も適切なものを，次のうちから一つ選び，番号で答えよ。　38

① 体液よりも高濃度の尿を多量排出する。
② 体液よりも低濃度の尿を多量排出する。
③ 体液よりも高濃度の尿を少量排出する。
④ 体液よりも低濃度の尿を少量排出する。
⑤ 体液と等濃度の尿を多量排出する。
⑥ 体液と等濃度の尿を少量排出する。

問4　淡水魚の体液の塩分濃度の調節の記述として適切なものを，次のうちから**二つ**選び，番号で答えよ。ただし，解答の順序は問わない。　39　40

① 口から水を飲まない。
② 体内の水分は絶えず体外へ失われている。
③ えらから余分な塩分を積極的に排出する。
④ 腎臓の働きで体液よりも高濃度の尿を排出する。
⑤ 体液の塩分濃度は外界の淡水の塩分濃度よりも高い。

Ⅲ　ある種の物質が，食物連鎖を通じて，栄養段階の上位の生物の体内で，高濃度になって蓄積していく現象がある。この現象について，以下の問いに答えよ。

問1　この現象の名称として最も適切な語句を，次のうちから一つ選び，番号で答えよ。 41

① 生物希釈　② 化学濃縮　③ 化学希釈　④ 生物濃縮　⑤ 化学蓄積
⑥ 生物蓄積

問2　この現象が起こる理由として考えられるものを，次の記述のうちから**二つ**選び，番号で答えよ。ただし，解答の順序は問わない。 42 43

① この現象を引き起こす物質が，生物に捕らえられやすいため。
② この現象を引き起こす物質が，排出されにくいため。
③ この現象を引き起こす物質が，消化されやすいため。
④ この現象を引き起こす物質が，体内で循環されやすいため。
⑤ この現象を引き起こす物質が，他の物質と化合しやすいため。
⑥ この現象を引き起こす物質が，体内で分解されにくいため。
⑦ この現象を引き起こす物質が，体内で還元されやすいため。

問3　この現象を引き起こし，公害問題の原因となった物質を，次のうちから**二つ**選び，番号で答えよ。ただし，解答の順序は問わない。 44 45

① DDT　② アルミニウム　③ ニッケル　④ 金　⑤ 有機水銀
⑥ ナトリウム　⑦ 鉄

③　日本で独白的表現が発達したのは、日本人が情緒的であったからである。

④　日本には、不特定多数の人間に語りかける言葉を持つ人が多い。

⑤　日本では、わめくタイプの演劇は栄えないが、うらめしやの芝居は栄える。

③ シェイクスピアの作品を演じる劇場が、十八世紀に屋外から屋内に移動するようになった。
④ シェイクスピアの作品と劇場が、屋外から屋内に場所を移動しただけで、これらの質に変化はみられない。
⑤ イギリスの言葉が、屋外の人々に語りかけるタイプから屋内の人々の会話を主とするようなものに変化したことの例である。

問六　シェイクスピアが作品を書いていた時代の状況として最も適切なものを、次の中から一つ選び、番号で答えよ。 36

① 劇場の四つの壁のひとつを外してそこから観客が演劇をのぞき見ていた
② 屋根がないあるいは一部に屋根がある劇場で演劇が演じられていた
③ シェイクスピアの作品がイギリスの歌舞伎と呼ばれていた
④ 舞台と客席のしきりにカーテンを引いていた
⑤ 厩舎で演劇が演じられていた

問七　日本語の特性として本文の内容と**合致しないもの**を、次の中から一つ選び、番号で答えよ。 37

① 室内語的性格が日本の演劇の発展を妨げている
② 公衆を前にして演説するのにあまり適していない
③ 室内でしめやかにもの語りするのに適している
④ 独自的表現の発達に寄与してきた
⑤ 屋内の舞台での会話に適している

問八　本文の内容と合致するものを、次の中から一つ選び、番号で答えよ。 38

① 日本語が室内語としての性格を有しているおかげで、日本で短歌や俳句が発達した。
② 日本人はものを読み書きするのに比べて、ものを話し聞くことへの関心が高い。

ウ　① そして　② むしろ　③ もちろん　④ ところが　⑤ したがって　ウ 27

エ　① 地面　② 三方　③ 裏側　④ 四方　⑤ 二階　エ 28

オ　① テクスト　② 法律　③ 観客の要望　④ 設計図　⑤ 史実　オ 29

カ　① 第三者　② 編纂者　③ 傍観者　④ 演者　⑤ マスコミ　カ 30

キ　① 演劇　② 屋外　③ 沈黙　④ 学問　⑤ 雄弁　キ 31

ク　① 独白　② 比喩　③ 格言　④ 皮肉　⑤ 世辞　ク 32

問三　波線部A「このト書がくせものなのだ」とあるがその理由として最も適切なものを、次の中から一つ選び、番号で答えよ。　33

① ト書の編纂者が誰なのかはっきりしないから
② ト書に書かれているドラマの場所が明確でないから
③ シェイクスピアがト書の責任者に選ばれなかったから
④ 編纂者たちによってドラマの場所が書き変えられたから
⑤ 編纂されてから時間が経過してト書を読み取りにくいから

問四　波線部B「シェイクスピアの作品」では**ないもの**を、次の中から一つ選び、番号で答えよ。　34

① ハムレット　② ヴェニスの商人　③ 間違いつづき　④ 若きウェルテルの悩み　⑤ リア王

問五　波線部C「シェイクスピアと十八世紀の劇場はその移動を示す二つの点であるにすぎない」が示す内容として最も適切なものを、次の中から一つ選び、番号で答えよ。　35

① シェイクスピアと劇場の両方が、フランスの影響を受けるようになった。
② シェイクスピアと劇場が、フランスと日本の二つの国の影響を受けるようになった。

(3)　ホウジョウ　22

① 平凡なニチジョウ
② ガンジョウな建物
③ 空気をジョウカする
④ 株式をジョウトする
⑤ ブームにビンジョウする

(4)　ジュッカイ　23

① キカイな事件が起こる
② 映画をカイセツする
③ 前言をテッカイする
④ 噴火をケイカイする
⑤ カイシで茶碗の縁を拭く

(5)　ショウカ　24

① 料理をツイカする
② 台風がツウカする
③ ゴウカな衣装を着る
④ 隣国とセンカを交える
⑤ 岩石がフウカする

問二　空欄［ア］から［ク］にあてはまる言葉として最も適切なものを、次の各群の①から⑤の中から一つずつ選び、番号で答えよ。

［ア］　① 明るい　② 雨が降る　③ 下手の　④ 好きな　⑤ 中途半端な　［ア］ 25

［イ］　① 庶民的　② 不祝儀　③ おしゃべり　④ 独白的　⑤ 物憂げ　［イ］ 26

アメリカで日本人のスピーチがあるのだったら、消化剤をもって行けという笑い話があるらしい。日本人のスピーチにはヒューマーもジョークもなくて笑えないから、たべたものの消化が悪いという［ク］である。なるほどスピーチは下手でおもしろくないかもしれないが、これまでそういう訓練がまったくなかったのだから、しかたがない。いまでも、社会全体としてみれば、ものを話し聞くことに対する関心は、ものを読み、書くのに比べていちじるしく低い。文章がうまく書けないといって気にしている人は多いが、話がうまくできないといって悩む人はそれほど多くないだろう。

（外山滋比古『日本語の個性　改版』中公新書）

問一　傍線部⑴から⑸の漢字と同じ漢字を含むものを、次の各群の①から⑤の中から一つずつ選び、番号で答えよ。

⑴　テイショク　［20］

① バスが急にテイシャした
② 憲法をセイテイする
③ 花束をゾウテイする
④ タイテイの人が賛成する
⑤ 業務がテイタイする

⑵　バボウ　［21］

① エアコンでレイボウする
② 彼の行動にダツボウした
③ 国をボウエイする
④ 仕事のアイボウを見つける
⑤ ムボウな計画を立てる

しかし、こういう演劇の問題だけでなく、イギリスの言葉が、戸外的なものから室内的なものに移行しつつあったことを認めてよいのではないかと思われる。Cシェイクスピアと十八世紀の劇場はその移動を示す二つの点であるにすぎない。ただ、考えてみると、戸外語が栄えるような社会でないと演劇というものも発達しないのではないかということがふと頭をかすめる。

独白的表現

日本語は室内語として洗練され発達してきた言葉である。(3)ホウジョウの室内でしめやかにもの語りするにはこんなに適したやわらかなことばはないけれども、公衆を前にして演説をするにはあまり適していない。福沢諭吉は日本語でスピーチ（これを演説と訳したのもほかならぬ福沢であるというが）することは絶望的だとすら(4)ジュッカイした。福沢ほどの人でも演説に日本語が不向きであると断定せざるを得なかった。それほど日本語は部屋の外へ出ると弱い。

こういう日本語に演劇文学が貧困であるのは偶然ではないかもしれない。すくなくとも、シェイクスピアのように、戸外で叫び、わめくタイプの演劇は栄えない。四畳半の部屋に対座しているのでは、いわゆるドラマティックな対立は起りにくい。かりに対立があっても、それを眺める［カ］がなければドラマは成立しないから、四畳半の悲劇は言葉を呑み込んで怨念《おんねん》を内攻させる。うらめしやの芝居になる。

室内劇というものもないわけではないが、演劇はどうもある程度は開かれた空間というものを必要とするように思われる。日本語をとりまくのは閉ざされた空間で、そこでは演劇は求められない。求められないものが生れるはずがないから日本の文学に演劇が栄えないのは当り前ということになる。

そのかわりかどうかわからないが、独白的表現がよく発達する。いつまでも独白をつづけるバカはいないから、独白は［キ］へ向って(5)ショウカする。短ければ短いほど含蓄が大きいように感じられて、短歌が成り、俳句があらわれたのである。すべて詠歎の調子をおびる。日本人が情緒的であるというよりも、むしろ、日本語の室内語的性格がしからしめたと言うべきであろう。われわれは人前でものを言うのに何かためらいを感じる。改まった口をきくのが好きでない。ちょっとしたスピーチを頼まれても、ひどく負担に感じる。ほんとうに食べものの味がわからなくなってしまうこともある。室外語の伝統のある社会だと、会で話をたのまれることを光栄として喜ぶ。そして、どうしてみんなを喜ばせてやろうかと工夫をこらす。食事がまずくなる人間がいるなど理解できないに相違ない。

戸外のシーンを示すト書で目立つのは、「ローマ・ある街路」「広場」「市場」といった漠然たるものが多いこと。さらに、「…邸の前」という不思議な場面設定がかなりある。邸の前まで来ているのに中へは入らず、［ア］ところで芝居が進められることを暗示している。シェイクスピア自身は、しかし、そんなことは気にしていなかった。芝居が室外でおこったことにするか、部屋の中にするか、などはエリザベス朝時代の劇場ではほとんどだれも問題にする人はなかったに違いない。劇場そのものもいまのように完全に屋内におさまってしまっていたのではなく、舞台や一部の客席には屋根があっても、平土間《ひらどま》は青空劇場であった。芝居もそのつもりでやらなくてはならなかった。

B シェイクスピアの作品は一般に、たいへん［イ］な感じがする。とくに、人の死にあたっての愁歎《しゅうたん》のせりふがいかにも口数が多くて迫真感を殺ぐように思われる。せりふの調子もかなり高い。もっと低い声で語ってくれたらいっそう心にしみるであろう、と感じることもすくなくない。そういう特色も、要するに、シェイクスピアの芝居が、戸外を頭においてつくられていることによるのである。どこでおこっている事件か、はっきりしないことが多いのだが、何となく広々とした空間を感じさせる。戸外の演劇なのである。シェイクスピアはイギリスの歌舞伎《かぶき》だといわれるが、日本の歌舞伎は、これほど開放的な空間で構想され、理解されたことはあるまい。

［ウ］、シェイクスピアの歿後《ぼつご》、イギリスの演劇も屋内へ入ろうとする傾向を見せるようになった。青空劇場は考えられなくなる。エリザベス朝のステージはお能の舞台のように張り出していて［エ］から眺められた。舞台の装置がいっさいなかったのも能舞台と同じである。それが十八世紀になると、フランスの影響で、舞台の張り出しをひっこめ、舞台と客席のしきりにカーテンを引くようになった。舞台は広々した空間ではなくて、室内に変わった。さらに部屋の四つの壁のひとつを外して、そこから観客がのぞき見する建前をとっているのが近代劇の劇場である。そこへシェイクスピアをのせようとすれば苦労があるのは当然だろう。

戸外的なシェイクスピアを何とかして、四つの壁の中へ納めることはできないか。それでト書をつけてみるが、いくら無理をしても屋根の下へすらすらとは入ってくれない。やむなく「…の前」といった苦しいト書を案出しなくてはならなかったというわけだ。［オ］と(1)テイショクしないかぎり室内のシーンにしようとしている痕跡《こんせき》は、さきの「ボローニアス邸の一室」にも見られる。暴れ馬がなかなか厩舎《きゅうしゃ》の(2)バボウに入ろうとしないように、シェイクスピアは近代劇の舞台におとなしく納まっていないように思われる。近代劇場で演じられてもなお、荒野で叫んでいたときの調子は失っていないから、どうしても言葉がつよすぎるという印象を観客は抱く。

問九　波線部F「小宮山の顔を凝視した」の理由として最も適切なものを、次の中から一つ選び、番号で答えよ。　19

① 小宮山が突然話しかけたから
② 新聞社と美術館の関係を高野が説明した理由がわかったから
③ ティム・ブラウンと再会することになると気づいたから
④ 小宮山の質問がティム・ブラウンに関することであったから
⑤ 美術館に関する自分の知識をこの三人が確認しようとしていることに気づいたから

二　次の文章を読んで、後の問に答えよ。

ドラマの場所はどこか

シェイクスピアのドラマはどこで起っているのか。そういう疑問をいだいて、すこし調べたことがあった。各幕各場のはじめに場所を示すト書《とがき》がついているから、それを手がかりにするわけだが、実は、Aこのト書がくせものなのだ。シェイクスピア自身はそれらのト書にまったく責任がないからである。作者の死後百年して十八世紀になってから、編纂者《へんさんしゃ》たちの手になったものだが、なかなか簡単な仕事ではなかったと思われる。本文の中にはっきり場所があらわれているところはよいが、どこでもいいようなところでは解釈を下さなくてはならない。そして、場所のあいまいなシーンがシェイクスピアにはたいへん多い。

そういう問題をはらんでいることを承知のうえで、各シーンの場所を戸外と室内に大別してみた。そしておどろいた。戸外、屋外の場面が実に多いのである。

（中略）

⑤ 宝尾の斜め前の席

問六　波線部C「釈迦に説法」に置きかえることができる表現を、次の中から一つ選び、番号で答えよ。 16

① 善は急げ　② 転ばぬ先の杖　③ 河童に水練　④ 物は相談　⑤ 画餅に帰す

問七　波線部D「大型海外展を組織する際のからくり」として本文に書かれている内容と**異なるもの**を、次の中から一つ選び、番号で答えよ。 17

① マスコミは展覧会にかかる経費を肩代わりする
② 美術館は企業からの協賛金を受け取ることができる
③ 美術館は入場料収入の増加を期待できる
④ 協賛する企業はマスコミを通じて自社を宣伝できる
⑤ マスコミはグッズの収益を得ることができる

問八　波線部E「つぶさに調べてしまったのだが」に続けて織絵が述べようとした内容として最も適切なものを、次の中から一つ選び、番号で答えよ。 18

① 調べた内容の多くを忘れていることに気づいた
② 高野の知識が自分より豊富であることを思い知らされた
③ つぶさに調べることは監視員にとって必要ないことだと悟った
④ 展覧会に参加して自分の知識を生かせる機会が訪れたことを高野の説明から理解した
⑤ 監視員としては宝の持ち腐れだった

問三　空欄 Ⅰ から Ⅲ にあてはまる登場人物の組み合わせとして最も適切なものを、次の中から一つ選び、番号で答えよ。 13

① Ⅰ 高野　Ⅱ 小宮山　Ⅲ 宝尾
② Ⅰ 高野　Ⅱ 宝尾　Ⅲ 小宮山
③ Ⅰ 宝尾　Ⅱ 小宮山　Ⅲ 高野
④ Ⅰ 宝尾　Ⅱ 高野　Ⅲ 小宮山
⑤ Ⅰ 小宮山　Ⅱ 宝尾　Ⅲ 高野

問四　波線部A「観念したように言った」の理由として最も適切なものを、次の中から一つ選び、番号で答えよ。 14

① 高野の愛想笑いを見兼ねていたから
② 小宮山から話をするよう高野が愛想笑いで合図したから
③ 織絵が頬をこわばらせたままだったから
④ 織絵に会いに来た理由を高野が説明しないから
⑤ 織絵が職場に戻る時刻が迫っていたから

問五　波線部B「小宮山はなごやかに笑った」の時点で小宮山がいる場所として最も適切なものを、次の中から一つ選び、番号で答えよ。 15

① 宝尾の前の席
② 宝尾の右側の席
③ 宝尾の左側の席
④ この部屋のドアの前

(4)　トウカツ　　4

① 商品をイッカツして購入する
② 外国でセイカツする
③ 株式をブンカツする
④ 舞台でカッサイを浴びる
⑤ 会議をエンカツに運営する

(5)　シホウ　　5

① 費用をシサンする
② 今年のゲシは六月二十一日である
③ 政治家がシサンを公開する
④ 社会にホウシする
⑤ 町のシセキを訪ねる

問二　空欄 ア から キ にあてはまる言葉として最も適切なものを、次の各群の中から一つずつ選び、番号で答えよ。

ア　① 小動物　② 容疑者　③ 主人公　④ 監視員　⑤ 要人　　ア 6
イ　① 緊張　② 取り澄ま　③ 遠慮がちに　④ 気さくに　⑤ 背伸び　　イ 7
ウ　① 目の敵　② 上司　③ 他国人　④ 雲上人　⑤ ライバル　　ウ 8
エ　① さぐり　② 愛想笑い　③ 茶々　④ 合いの手　⑤ 朱筆　　エ 9
オ　① 弱々しく　② 困り果てて　③ 力強く　④ 冷淡に　⑤ したり顔で　　オ 10
カ　① 切磋琢磨　② 呉越同舟　③ つかず離れず　④ 需要と供給　⑤ ウィン＝ウィン　　カ 11
キ　① 絵　② 探究　③ 闘争　④ 功名　⑤ 自尊　　キ 12

問一　傍線部⑴から⑸の漢字と同じ漢字を含むものを、次の各群の①から⑤の中から一つずつ選び、番号で答えよ。

⑴　キョウシュク　［1］

①　キンキョウを報告する
②　クッキョウな若者
③　キョウハク状が届いた
④　友人にセッキョウされた
⑤　その行為はキョウカツ罪にあたる

⑵　ユカイ　［2］

①　物見ユサンに出かける
②　勝利にユエツをおぼえる
③　傷がチユする
④　ユサイで描かれた作品
⑤　チョクユ表現を使う

⑶　メイシ　［3］

①　話をハクシに戻す
②　テクニックをクシする
③　新曲のサクシを担当する
④　時代をフウシする
⑤　ザッシを出版する

ち合わせていたので、館所蔵の主だった作品のすべてについてもEつぶさに調べてしまったのだが。

織絵が日本の美術館というものについてどれほどきっちりと独学したか、もちろんその場にいた三人の専門家が知る由《よし》もない。

［Ⅰ］は、自分の仕事についてあちこちで語り慣れているのだろう、ほとんど自動的に「新聞社と美術館の関係」について語って聞かせた。そのあいだじゅう、［Ⅱ］は神経質に細かく相槌《あいづち》を打ち、［Ⅲ］はじっと両腕を組んで動かなかった。

「ところで」ようやく高野の説明が切りのいいところに到達すると、小宮山が待ち構えたように口を開いた。

「早川さん。あなたは、ティム・ブラウン、という人をご存じですか?」

織絵は、きゅっと口を結んだままでF小宮山の顔を凝視した。小宮山は、織絵の顔にみるみる驚きの色が広がるのを見逃さなかった。小宮山の瞳《ひとみ》にも、驚きのさざ波が立った。

「やっぱり。ご存じなんですね」

「あ。いえ、……いいえ」織絵はうわずった声を出して首を横に振った。

「いいえ、知りません」

「知らないわけがない」今度は高野が興奮を隠しきれないように言った。

「だって、向こうがあなたを知っているんですよ。あなたが交渉の窓口になるならば、彼の美術館の(5)シホウを我々に貸し出してもいい、と言っているんだ」

高野の言葉が、冷たい手になって織絵の胸の中へひやりと突っこんできた。心臓を鷲《わし》づかみにされたように、織絵は一瞬で凍りついた。

（原田マハ『楽園のカンヴァス』新潮文庫）

（中略）

C「釈迦《しゃか》に説法かもしれませんが、私どもの業務について、少々説明させてください」

そう前置きして、高野が話し始めた。

D大型海外展を組織する際のからくりはこうである。

たとえば、ルノワールの展覧会の企画があったとする。ルノワールは日本人に人気が高いので、展覧会を開催すれば多数の動員が見こめる。しかし海外から作品を借りてくるには輸送費や保険料だけで数億円かかると目算され、巨額の資金が必要になる。が、日本の美術館、特に国公立美術館のほとんどは少ない予算の中でなんとか運営をやりくりしている状況で、一展覧会に数億円かけることなどかなわない。そこで、マスコミの文化事業部が登場する。マスコミの文化事業部は、展覧会にかかるほとんどの経費を肩代わりするのだ。

仮に暁星新聞社文化事業部がルノワール展をAという公立美術館ですることになったとしよう。暁星は企画の立ち上げから海外の美術館との作品貸出交渉、作品の輸出入、カタログやポストカードやオーディオガイドの制作まで、ほぼ一切を取り仕切る。一方で、企業の協賛金集めにも力を注ぐ。協賛する企業は、暁星新聞が関与していることによって、マスコミへの企業名の露出に期待を寄せる。実際のところ、企業の多くは協賛金を広告宣伝費として計上しているのだ。これで暁星は、大規模な協賛金を取りつけることができる。そして入場料のうち、半分かそれ以上が暁星の懐《ふところ》に入る。カタログやグッズの収益のほとんども新聞社のものとなる。したがって、ルノワール展のように、経費はかかるものの大量動員可能で多額の入場料収入も見こめる展覧会を、美術館と共同で開催できれば、暁星にとっても少なくない利益を見こめることになる。美術館のほうも、多額の経費を肩代わりしてくれて、自館の学芸員を海外美術館との交渉の場にも連れていってくれるマスコミ文化事業部との関係は、未来永劫《えいごう》断ち切ることはできないだろう。言ってみれば、お互い［カ］の関係なのだから。

日本独自の展覧会の成り立ちについて、いや、そればかりではない、日本の美術館の歴史と現在、組織や機能についてまで、織絵は、この美術館に就職するまえにひと通り調べていた。学芸員になるわけでもマネージメントをするわけでもなかったが、美術館というところに就職するのは初めてだったし、とにかく調べておきたかったのだ。もっとも、どうすることもできないほど美術に対する［キ］心を持

「いや、勤務中にわざわざお呼びたてしたのはね、こちらのかたが、ぜひにもあなたにお会いしたい、とおっしゃるので」

そう言った。織絵は顔を上げて、左斜め前に座っている男を見た。男はあいかわらず奇妙な愛想笑いを浮かべたままで、上着の内ポケットを探り、(3)メイシ入れを出して、メイシを一枚、取り出した。

「申し遅れました。わたくし、高野《たかの》と申します」

テーブルの木肌の上をメイシがすっと滑って、織絵が視線を落とす先で止まった。

暁星《ぎょうせい》新聞社　東京本社　文化事業部　部長　高野智之《ともゆき》

織絵は顔を上げて高野を見た。高野はもう一度、満面の愛想笑いを浮かべた。高野の隣の小宮山は、少し困ったような笑みを浮かべていたが、「じゃあ、私から説明しましょうか」と、A観念したように言った。

「高野さんは、暁星新聞の文化事業部を(4)トウカツされるお立場で、色々な文化イベントを担当されています。特に、大規模美術展など……」

「こう見えても稲門《とうもん》大学の美術史科卒なんです」と高野が口を挟んだ。眼鏡の眉間《みけん》の部分を指先でくっと持ち上げて、続ける。

「東都大を狙《ねら》ったんですが、落ちちゃったんですよ。いまでも宝尾先生は雲の上の人のような存在で……」

「まあまあ、そう言いなさんな。いまじゃ小宮山君よりずっと高給取りなんだからいいだろ」

宝尾が［エ］を入れたので、高野とB小宮山はなごやかに笑った。織絵は、事態がまったく読めずに頬をこわばらせたままだ。小宮山は、織絵の表情を敏感に読み取って、すぐに笑いを収めて続けた。

「暁星に限らず、新聞社やテレビ局の文化事業部というところは、日本全国の主要美術館と組んで、『共催』というかたちで、巡回展や特別展を企画・組織・実施する部署なんですよ。ご存じでしたか？」

織絵は［オ］うなずいた。そのシステムについてはもちろん知っていた。

国語

（六〇分）

一　次の文章を読んで、後の問に答えよ。

「早川さんをお連れしました」

小宮山が告げた。その声には、[ア]を連れてきたような誇らしげな響きがあった。宝尾はうなずいて、自分の前に座っているもうひとりの人物に、来ましたよ、と目で語りかけた。

後ろ姿の人物が、スーツをきちんと着こんだ体をよじりながら立ち上がり、ドアのほうを向いた。織絵は入り口で立ちすくんだまま動けなくなった。まったく見知らぬ中年の男だった。男は、どうも、これはこれは、お越しいただいて(1)キョウシュクです、と言いながら、銀縁眼鏡をかけた顔いっぱいに愛想笑いを広げている。固まってしまっている織絵を、小宮山が「入ってください。遠慮なさらずに」と促した。勧められるままに、織絵は館長の隣の椅子にごく浅く腰かけた。

「早川さんですね。いつもお勤めご苦労さま」

卓上に恰幅《かっぷく》のいい上体を乗り出して、宝尾が真横に座った織絵に声をかけた。場を和まそうとしてか、[イ]しているのがわかる。

織絵のほうは当然宝尾を認識していたが、いまだに東京に自宅のある宝尾は普段は月に二、三度ほどしか館に来ないし、来ていても展示室に姿を現すのはまれだ。監視員ひとりひとりを詳しく見知ってなどいないだろう。織絵からすれば[ウ]的な存在の館長にいきなり気《き》易《やす》く話しかけられて、いっそう戸惑ってしまった。宝尾は、織絵が頬をこわばらせるのなどまるで見えないかのように、どこかしら(2)ユカイそうな声で、

解答編

英語

I　**解答**　問1．①　問2．②　問3．④　問4．③　問5．③
問6．④　問7．⑤　問8．①　問9．④　問10．⑤

解 説　≪二酸化炭素排出量≫

問1．milestone は道標を示す石のことであるが，ここでは「大きな節目」という意味。よって①が正解。

問2．suck は「吸収する」という意味である。よって②が正解。

問3．空所の前の部分では，「二酸化炭素の排出量が～を完全に超える」とあり，動詞 exceed の目的語が欠けている。また，空所の後の部分では「植物が～を取り込める」とあり，ここでも take in の目的語が欠けている。この2つをつなぐことができるのは，先行詞を含む関係代名詞で「もの，こと」の意味の④ what である。what plants can take in「植物が取り込めるもの」が exceed の目的語となって，文が成立する。

問4．「我々が気候変動の最悪の結果を避けたいのなら」とすると文意が通るので，③の avoid が正解。

問5．drought は「干ばつ」という意味なので，③が正解。

問6．空所の直後に rise や get などの動詞があることに注意。cause *A* to *do* で「*A*（物）に（結果的に）～させる」という意味になる。よって④の to が正解。

問7．空所を含む文を「2015 年，各国はパリ協定に署名し，気候変動を危険なレベルだと考えられる数値以下に保とうとした」とすると文意が通るので，⑤の dangerous が正解。

問8．空所の後が数値であることに注意。by には，増加・減少した数値の〈差〉を表す用法がある。空所を含む文は，「世界的流行病による封鎖によって交通や旅行や他の活動をおよそ 7 %下げたと以前の調査が示している」となる。よって①の by が正解。

問9．registerには，「登録する」のほかに「表示する」という意味もある。「排出量の前年比変化はあまり大きく表れない」が直訳。つまり，「効果がはっきりとは表れない」ということ。よって④が正解。

問10．第2段第1文（Carbon dioxide levels …）に「二酸化炭素濃度は毎年5月にピークを迎える」とあるので，①は不正解。第2段第2文（The reprieve is …）に「石炭と石油と天然ガスを燃焼させることによって排出される二酸化炭素」の記述はあるが，石炭と石油を合わせた物と天然ガスとの比較の記述はないので，②は不正解。第2段第4文（"If we want …）に「気候変動の最悪の結果を避けたいと思うなら，すぐに二酸化炭素排出量を削減するようもっと懸命に取り組む必要がある」とあるが，「すぐに燃料を電気に頼るべきである」の記述はないので，③は不正解。第3段第4文（In 2015, countries …）に「2015年のパリ協定で各国は危険なレベルだと考えられる数値以下に気候変動を保とうと取り決めをした」という記述はあるが，「協定に調印した国々の数の記述」はないので，④は不正解。第6段第1・2文（Also, pandemic lockdowns … a significant difference.）に「世界的流行病による封鎖によって交通や旅行や他の活動をおよそ7％下げたと以前の調査が示している。しかし，それは重要な変化をもたらすにはあまりにも小さい数値である」とあるので，⑤が正解である。

Ⅱ　解答

問1．①　問2．③　問3．②　問4．③　問5．①
問6．②　問7．③　問8．②　問9．④　問10．②

解説　≪貧困と教育≫

問1．adequateは「十分な，適当な」という意味なので，①が正解。

問2．define *A* as *B*で「*A*を*B*と定義する」という意味なので，③のasが正解。

問3．refer to *A* as *B*で「*A*を*B*と呼ぶ」という意味なので，②のtoが正解である。

問4．空所を含む文は「例えば，センの見解が示唆するだろうことは，～教育それ自体が，多くの社会において，貧困の一形態であると考えられうるということである」という意味。空所に入るのは，③のinadequate「不適切な」が適切である。

問５．空所直後に basic food needs「基本的な食料必需品」とあるので，①の purchase「購入する」が正解と判断できる。

問６．空所を含む文は，For example で始まっているので，直前の文の to measure change「変化を評価する」を具体的に説明したものだということがわかる。to see（　　）a country is making any progress in reducing poverty「貧困を減らすうえで，ある国が何らかの進展を遂げている～を見る」の空所に入るのは，②の whether「～かどうか」が適切である。

問７．直前の第３段では，absolute poverty「絶対的貧困」について記述されている。第４段では relative poverty「相対的貧困」について記述されている。この関係をつなぐ言葉は③の In contrast「それに対比して」である。

問８．空所を含む部分は「先進国の～の人々が貧困であると考えられている」となるので，②の few「ほとんどない」が正解。ちなみに①の little は，数えられない物に使われる「ほとんどない」である。

問９．空所の直後に動詞があることに注目する。空所直前の other factors が空所直後の prevent の主語の働きをしているので，空所には主格の関係代名詞である④ that が入る。同じく主格の関係代名詞である① who は，先行詞が人の場合に用いるので，ここでは不適。

問10．①は，第１段第３文（It is widely …）に「貧しい人々は普通適切な教育を受けることができない」とあるので不正解。②は，第３段第２文（Absolute poverty is …）に「絶対的な貧困は，最低限の生活水準を維持するのに必要な経済的資源がないことだ」とあるので正解。③は，第３段第５文（A poverty line …）に「１アメリカドルあるいは２アメリカドル」とあるので不正解。④は，第４段第１文（In contrast, relative …）に「相対的な貧困は，その人が住んでいる社会である部分判断される貧困だと見なされる」とあるので不正解。⑤は，第４段第３文（By absolute poverty …）に「先進国の人々で貧困であると考えられている人はほとんどいない」とあるので，不正解である。

III 解答

1 ―③　2 ―②　3 ―⑤　4 ―④　5 ―①
6 ―③　7 ―②　8 ―④　9 ―⑤　10―②

解 説　1．skip は「～を飛ばす」という意味である。③が正解。

2．hold ～ back で「～を妨げる」の意味。②が正解。

3．「手が離せない」というのは「忙しい」ということ。⑤が正解。

4．「眠気覚ましにコーヒーを飲む」という日本語に対応するには，〈手段〉を表す前置詞 with を用いるのが適切。④が正解。

5．have no sense of ～ で「～の感覚がない」の意味。①が正解。

6．drive the wrong way で「(本来とは) 違う方向に運転する」の意味。③が正解。

7．go bad で「物が腐る，傷む」の意味。②が正解。

8．「親知らず」は英語で wisdom tooth。④が正解。

9．「寝過ごす」は oversleep なので，その過去形の⑤が正解。

10．hard of hearing で「耳が遠い」の意味。②が正解。

IV 解答

1 ―②　2 ―③　3 ―③　4 ―④　5 ―③

解 説　1．サリー：「昨晩宿題があったの？」

カレン：「うん，先生は私たちに宿題をたくさん出したわ」

homework は不可算名詞なので，宿題の量を表すのに much や little を使う。②が正解。

2．リンダ：「壁にこのポスターを貼りたいんだけど。どこに画びょうがあるの？」

カノン：「台所の引き出しに何個かあったと思うわよ」

画びょうは可算名詞なので a few の③が正解。④a lot of も可算名詞に使用できるが，名詞が後続しなければならないので不適。

3．ジム：「すいません。このステーキは十分に火が通っていないんですけど」

ウエイター：「誠に申し訳ございません。ですが，お客様の注文を 2 回確認したんですが，レアステーキをご注文されたようです」

ジム：「私はレアステーキは本当に大嫌いなので，そんなことはあり得ません」

ウエイター：「お客様，承知いたしました。シェフへ差し戻します」
謝罪の言葉である③が正解。

4．旅行者：「こんにちは。私の日本円をドルに両替したいんですが」
店員：「わかりました。いくら両替したいのですか」
旅行者：「５万円です。でも，為替レートはいくらですか？」
店員：「１ドル 109 円です」
両替する金額を尋ねる④が正解。

5．お客：「すいません。ひどい咳が出るんです。咳に効くいい薬がありますか？」
薬剤師：「乾いた咳ですか。それとも湿った咳ですか？」
お客：「もう一度言ってください」
薬剤師：「痰がたくさん出ますか？」
お客：「すみません。あなたが言ったことが理解できません」
お客は薬剤師の言葉が理解できなかったので，聞き直している③の「もう一度言ってください」が正解。

V　**解答**

1．36―②　37―④
2．38―④　39―②　40―⑧

［解説］　完成した文は次のとおり。

1．(If you want to) be able (to speak English) fluently (, I think the) first thing (you have to do) is (work) on (your listening) comprehension (ability.)

2．What (she most) excelled (in) was (English, and she surprised her teacher) by (solving) in (a moment any problem,) however difficult (it) might (be.)

日本史

Ⅰ　解答　≪聖武天皇と桓武天皇の政治≫

問1．②　問2．①　問3．④　問4．③　問5．④　問6．②
問7．④

Ⅱ　解答　≪鎌倉時代の政治と社会経済≫

問1．①　問2．③　問3．②　問4．④　問5．④　問6．③
問7．②

Ⅲ　解答　≪徳川家綱と綱吉の政治≫

問1．③　問2．②　問3．③　問4．④　問5．③　問6．①
問7．④

Ⅳ　解答　≪明治時代の政治・経済・文化≫

問1．①　問2．③　問3．②　問4．①　問5．④　問6．①
問7．③

世界史

I 解答 ≪中世ヨーロッパ≫

問1．④ 問2．① 問3．① 問4．③ 問5．③ 問6．④
問7．③

II 解答 ≪活版印刷の歴史≫

問1．② 問2．① 問3．④ 問4．④ 問5．① 問6．②
問7．③

III 解答 ≪中国現代史≫

問1．④ 問2．③ 問3．④ 問4．② 問5．① 問6．③
問7．③

IV 解答 ≪中国の世界遺産≫

問1．④ 問2．① 問3．③ 問4．② 問5．③ 問6．③
問7．④ 問8．③

政治・経済

Ⅰ　解答　≪核兵器をめぐる問題≫

問1．④　問2．③　問3．①　問4．②　問5．④　問6．①
問7．①

Ⅱ　解答　≪日本の地方自治≫

問1．④　問2．②　問3．③　問4．④　問5．①　問6．①
問7．①

Ⅲ　解答　≪1970年代以降の日本経済≫

問1．④　問2．④　問3．④　問4．③　問5．④　問6．④
問7．③

Ⅳ　解答　≪資本主義経済の成立≫

問1．②　問2．④　問3．①　問4．③　問5．①　問6．②
問7．①

数学

I　解答　≪3次方程式の解≫

(1)　$x=1$ は解の1つなので

$$1^3-b\cdot1^2+a\cdot1+2=0$$

すなわち

$$a-b+3=0 \quad \cdots\cdots①$$

$x=b$ は解の1つなので

$$b^3-b\cdot b^2+a\cdot b+2=0$$

すなわち

$$ab+2=0 \quad \cdots\cdots②$$

①より $a=b-3$ なので，②に代入して整理すると

$$b^2-3b+2=0$$

$(b-1)(b-2)=0$ より

$$b=1,\ 2$$

ここで $b\neq1$ なので

$$b=2$$

このとき　$a=2-3=-1$

$$a=-1,\ b=2 \quad \cdots\cdots(答)$$

(2)　この3次方程式は

$$x^3-2x^2-x+2=0$$

$$\begin{aligned}(左辺)&=x^2(x-2)-(x-2)\\&=(x^2-1)(x-2)\\&=(x+1)(x-1)(x-2)\end{aligned}$$

よって　$x=\pm1,\ 2$

すなわち，1と b $(=2)$ 以外の解は　$x=-1$　……(答)

II 解答 ≪反復試行の確率≫

(1) サイコロを1回投げて5以上の目が出る確率は

$$\frac{2}{6}=\frac{1}{3}$$

4以下の目が出る確率は

$$\frac{4}{6}=\frac{2}{3}$$

4回投げて原点Oにくるのは正の方向，負の方向にそれぞれ2回動くときで，その確率は

$${}_4C_2\left(\frac{1}{3}\right)^2\left(\frac{2}{3}\right)^2=6\cdot\frac{1}{9}\cdot\frac{4}{9}=\frac{8}{27}\quad\cdots\cdots(答)$$

(2) 出る目が5，6の事象をa，1～3の事象をb，4の事象をcとする。a，b，cの確率はそれぞれ$\frac{2}{6}=\frac{1}{3}$，$\frac{3}{6}=\frac{1}{2}$，$\frac{1}{6}$である。サイコロを5回投げて，点Pの座標が1になるときのa，b，cの回数は

$$(a,\ b,\ c)=(1,\ 0,\ 4),\ (2,\ 1,\ 2),\ (3,\ 2,\ 0)$$

それぞれの場合の確率を合計して

$${}_5C_1\left(\frac{1}{3}\right)^1\cdot{}_4C_0\left(\frac{1}{2}\right)^0\left(\frac{1}{6}\right)^4+{}_5C_2\left(\frac{1}{3}\right)^2\cdot{}_3C_1\left(\frac{1}{2}\right)^1\left(\frac{1}{6}\right)^2+{}_5C_3\left(\frac{1}{3}\right)^3\cdot{}_2C_2\left(\frac{1}{2}\right)^2\left(\frac{1}{6}\right)^0$$

$$=\frac{5}{3\cdot6^4}+\frac{10\cdot3}{3^2\cdot2\cdot6^2}+\frac{10}{3^3\cdot2^2}$$

$$=\frac{545}{3888}\quad\cdots\cdots(答)$$

III 解答 ≪絶対値を含む2次不等式≫

(1) $x^2-4x+3>0$ より

$$(x-1)(x-3)>0$$

これを満たすxの範囲を求めて

$$x<1,\ 3<x\quad\cdots\cdots(答)$$

(2)　(i) $x<1$, $3<x$ のとき

$$x^2-4x+3>4x-7$$

$$x^2-8x+10>0 \quad \cdots\cdots①$$

$x^2-8x+10=0$ の解は $x=4\pm\sqrt{6}$ なので，①の解は

$$x<4-\sqrt{6},\ 4+\sqrt{6}<x$$

条件を満たすのは

$$x<1,\ 4+\sqrt{6}<x$$

(ii) $1\leqq x\leqq 3$ のとき

$$-x^2+4x-3>4x-7$$

$$x^2-4<0 \quad \cdots\cdots②$$

$x^2-4=0$ の解は $x=\pm 2$ なので，②の解は

$$-2<x<2$$

条件を満たすのは

$$1\leqq x<2$$

(i), (ii)より，求める x の範囲は

$$x<2,\ 4+\sqrt{6}<x \quad \cdots\cdots(答)$$

Ⅳ　解答　≪点と直線の距離≫

(1)　直線 $y=-2x-3$ を l：$2x+y+3=0$，点 A と直線 l との距離を d とする。

$$d=\frac{|2\cdot 2+(-1)+3|}{\sqrt{2^2+1^2}}=\frac{6\sqrt{5}}{5} \quad \cdots\cdots(答)$$

(2)　線分 AB の中点を $\mathrm{M}(x_1,\ y_1)$，直線 AB の傾きを m とすると

$$x_1=\frac{2+4}{2}=3,\ y_1=\frac{-1+3}{2}=1,\ m=\frac{3-(-1)}{4-2}=2$$

すなわち M(3, 1)，また線分 AB の垂直二等分線の傾きは $-\frac{1}{2}$ となる。

△ABP は AP＝BP である二等辺三角形であり，直線 PM の方程式は

$$y-1=-\frac{1}{2}(x-3)$$

すなわち

$$x+2y-5=0 \quad \cdots\cdots ①$$

点 P の座標は直線 l の式と①の連立方程式の解であるので，これを解いて

$$x=-\frac{11}{3},\ y=\frac{13}{3}$$

すなわち

$$点\,P\left(-\frac{11}{3},\ \frac{13}{3}\right) \quad \cdots\cdots(答)$$

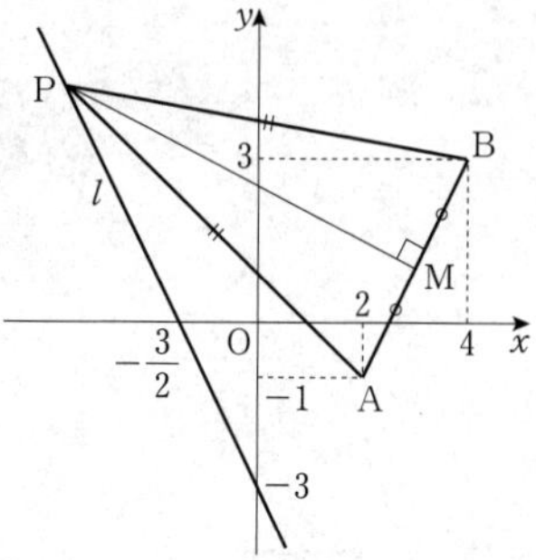

理科

◀物　　理▶

Ⅰ　解答　≪放物運動≫

問1．1－③　2－⑥　問2．3－③　4－④

問3．5－②　6－⑤　問4．7－③　8－⑦　問5．③

Ⅱ　解答　≪2物体の衝突，エネルギー変化≫

問1．③　問2．⑤　問3．⑥　問4．⑥　問5．⑥　問6．③

Ⅲ　解答　≪RLC直列回路≫

問1．16－④　17－⑨　18－⑧　問2．⑤

問3．20－②　21－④　22－④　問4．⑦

◀化　　学▶

Ⅰ 解答 ≪元素，結合，結晶格子，三態，気体，中和≫

問1．①　問2．③　問3．④　問4．③　問5．②　問6．④
問7．①

Ⅱ 解答 ≪結合エネルギー，電気分解，電池，反応速度，平衡定数，電離度，弱酸の電離≫

問1．④　問2．⑤　問3．②　問4．②　問5．⑤　問6．③
問7．③

Ⅲ 解答 ≪非金属・金属の性質，気体の発生，金属の製法，合金≫

問1．②　問2．②　問3．④　問4．④　問5．③　問6．①
問7．③

Ⅳ 解答 ≪脂肪族化合物，芳香族化合物，収率，糖類，合成高分子≫

問1．③　問2．③　問3．①　問4．③　問5．③　問6．⑤
問7．②

◀生　　物▶

Ⅰ　解答　≪細胞小器官の構造とはたらき，生物体の構成物質≫

問1．1－①　2－③　3－④　4－⑤　5－⑥　6－②

問2．7－⑦　8－⑧　9－⑤　10－②

問3．②

問4．⑥

問5．④

問6．14－⑥　15－①　16－③

Ⅱ　解答　≪動物の行動≫

問1．17－④　18－⑧　19－②　20－③　21－⑥

問2．22－①　23－①　24－②　25－①

問3．26－②　27－②　28－②　29－①　30－②

Ⅲ　解答　≪植物の進化≫

問1．31－①　32－③　33－⑧

問2．②

問3．②・③

問4．①・③

問5．②・④

問6．④・⑥

問7．⑤

問8．⑤

理科（基礎）

◀物理基礎▶

I　解答　≪原子核反応≫

問1．16—①　17—③　問2．18—④　19—⑧　20—⑥

II　解答　≪2物体の運動方程式≫

問1．⑤　問2．④　問3．③　問4．24—⑦　25—③

III　解答　≪熱量の保存≫

問1．⑦　問2．④　問3．28—③　29—②　問4．②

◀化学基礎▶

Ⅰ　解答　≪原子，元素，イオン，分子，分離操作≫

問１．③　問２．③　問３．③　問４．③　問５．④　問６．①
問７．③

Ⅱ　解答　≪物質量，濃度，量的関係，中和，酸化還元，電池，身の回りの化学≫

問１．②　問２．④　問３．③　問４．②　問５．④　問６．①
問７．④　問８．③

◀生物基礎▶

Ⅰ　解答　≪ミトコンドリアと葉緑体，代謝≫

問 1．①

問 2．⑥

問 3．③

問 4．①

問 5．②

Ⅱ　解答　≪魚類の体液濃度の調節≫

問 1．②

問 2．①

問 3．⑥

問 4．①・⑤

Ⅲ　解答　≪食物連鎖と生物濃縮≫

問 1．④

問 2．②・⑥

問 3．①・⑤

問五　⑤
問六　②
問七　④
問八　①

解説　問三　（中略）後の段落一行目に「戸外のシーンを示すト書で目立つのは」「漠然たるものが多いこと」とある。②が正解。

問五　波線部Cは十七世紀の「シェイクスピア」と「十八世紀」の間に起こったことを問うている。波線部Cの直前の行に「イギリスの言葉が、戸外的なものから室内的なものに移行しつつあった」とある。正解は⑤。

問六　波線部Bの前の段落に「舞台や一部の客席には屋根があっても、平土間は青空劇場であった」とある。正解は②。

問七　本文に合致しないものを選ぶ問題。空欄カの次の段落に「日本語を取り巻くのは閉ざされた空間で、そこでは演劇は求められない」とあり、①は合致する。傍線部⑶のある段落に「日本語は」「しめやかにもの語りするには」「適した」、「公衆を前にして演説をするにはあまり適していない」とあり、②と③は合致する。⑤は本文にそのままの表現はないが、「独白的表現」の中で、日本語が「室内語」だと書かれており、「室内劇……ないわけではない（＝ある）」とあるので、許容できる選択肢である。一方④について、空欄キの前の文に「独白的表現がよく発達する」とあるが、④は「独自的」となっているので、これが誤り。

問八　末尾から三行目に「ものを話し聞くことに対する関心は、ものを読み、書くのに比べていちじるしく低い」とあり、②は不適。空欄キの二行後に「日本人が情緒的であるというよりも、むしろ、日本語の室内語的性格がしからしめた」とあり、③は不適。また次の文に「われわれは人前でものを言うのに何かためらいを感じる」とあり、④も不適。空欄カの次の段落に「日本の文学に演劇が栄えないのは当り前」とあり、⑤は不適。①は最後から二つ目の段落に合致し、これが正解。

問五　二～三行目に「自分（＝宝尾）の前に座っているもうひとりの人物」とあり、この人物は、名刺を出すシーンで「高野」だとわかる。また波線部Aの一行前に「高野の隣の小宮山」とあるため、小宮山は宝尾の斜め前の席となる。

正解は⑤。

問七　適切ではない選択肢を答える問題。①は波線部Dの次段落の最終文に書かれている。③は波線部Dの次段落の第二文「展覧会を開催すれば多数の動員が見こめる」から想定できる内容。④は波線部Dの二つ後の段落の第四文「協賛する企業は……マスコミへの企業名の露出に期待を寄せる」から想定できる。⑤はその四文後の「カタログやグッズの収益のほとんども新聞社のものとなる」に合致。よって②が正解。

問八　波線部Eの次の段落に、織絵が日本の美術館というものについてきっちりと独学していることを「三人の専門家が知る由もない」と書かれている。館長・小宮山・高野は織絵にそのような知識があるとは思っていないことがわかる。それでも「とにかく調べておきたかった」織絵の知識は「宝の持ち腐れ」となっていた。また、織絵の立場は、空欄ウのある行に「監視員ひとりひとりを……」とあることから「監視員」であることがわかる。よって正解は⑤。

問九　波線部Fの前の行に「あなたは、ティム・ブラウン、という人をご存じですか」と小宮山が言い、その後「織絵の顔にみるみる驚きの色が広がる」とあるので、織絵はティム・ブラウンに関する質問に驚いたとわかる。正解は④。

二

出典　外山滋比古『日本語の個性 改版』〈部屋のうち・そと〉（中公新書）

解答

問一　(1)―④　(2)―①　(3)―②　(4)―⑤　(5)―③

問二　ア―⑤　イ―③　ウ―④　エ―②　オ―①　カ―①　キ―③　ク―④

問三　②

問四　④

国語

一

出典 原田マハ『楽園のカンヴァス』＜第一章 パンドラの箱＞（新潮文庫）

解答

問一 (1)—⑤ (2)—② (3)—④ (4)—① (5)—②
問二 ア—⑤ イ—④ ウ—④ エ—③ オ—① カ—⑤ キ—②
問三 ①
問四 ④
問五 ⑤
問六 ③
問七 ②
問八 ⑤
問九 ④

解説

問三 空欄Ⅰは「自分の仕事」つまり新聞社の文化事業について話している人物であるから「高野」。空欄Ⅱは直後に「神経質に細かく相槌を打ち」とあることから、次の行に「待ち構えたように口を開いた」とある「小宮山」。空欄Ⅲ直後の「じっと両腕を組んで」は「恰幅のいい」館長である「宝尾」らしい仕草。よって正解は①。

問四 「観念したように」の「観念する」とは、あきらめて覚悟すること。ここでは高野がなかなか話を進めず愛想笑いをしているので、小宮山は自分が説明することになると覚悟したと考えられる。正解は④。

////////////////////// · memo · //////////////////////

//////////////////// · memo · ////////////////////

//////////////////// · memo · ////////////////////

· memo ·

教学社 刊行一覧

2025年版 大学赤本シリーズ

374大学556点
全都道府県を網羅

国公立大学(都道府県順)

全国の書店で取り扱っています。店頭にない場合は，お取り寄せができます。

1 北海道大学(文系−前期日程)
2 北海道大学(理系−前期日程) 医
3 北海道大学(後期日程)
4 旭川医科大学(医学部〈医学科〉) 医
5 小樽商科大学
6 帯広畜産大学
7 北海道教育大学
8 室蘭工業大学／北見工業大学
9 釧路公立大学
10 公立千歳科学技術大学
11 公立はこだて未来大学 総推
12 札幌医科大学(医学部) 医
13 弘前大学 医
14 岩手大学
15 岩手県立大学・盛岡短期大学部・宮古短期大学部
16 東北大学(文系−前期日程)
17 東北大学(理系−前期日程) 医
18 東北大学(後期日程)
19 宮城教育大学
20 宮城大学
21 秋田大学 医
22 秋田県立大学
23 国際教養大学 総推
24 山形大学 医
25 福島大学
26 会津大学
27 福島県立医科大学(医・保健科学部) 医
28 茨城大学(文系)
29 茨城大学(理系)
30 筑波大学(推薦入試) 医 総推
31 筑波大学(文系−前期日程)
32 筑波大学(理系−前期日程) 医
33 筑波大学(後期日程)
34 宇都宮大学
35 群馬大学 医
36 群馬県立女子大学
37 高崎経済大学
38 前橋工科大学
39 埼玉大学(文系)
40 埼玉大学(理系)
41 千葉大学(文系−前期日程)
42 千葉大学(理系−前期日程) 医
43 千葉大学(後期日程) 医
44 東京大学(文科) DL
45 東京大学(理科) DL 医
46 お茶の水女子大学
47 電気通信大学
48 東京外国語大学 DL
49 東京海洋大学
50 東京科学大学(旧 東京工業大学)
51 東京科学大学(旧 東京医科歯科大学) 医
52 東京学芸大学
53 東京藝術大学
54 東京農工大学
55 一橋大学(前期日程)
56 一橋大学(後期日程)
57 東京都立大学(文系)
58 東京都立大学(理系)
59 横浜国立大学(文系)
60 横浜国立大学(理系)
61 横浜市立大学(国際教養・国際商・理・データサイエンス・医〈看護〉学部)
62 横浜市立大学(医学部〈医学科〉) 医
63 新潟大学(人文・教育〈文系〉・法・経済科・医〈看護〉・創生学部)
64 新潟大学(教育〈理系〉・理・医〈看護を除く〉・歯・工・農学部) 医
65 新潟県立大学
66 富山大学(文系)
67 富山大学(理系) 医
68 富山県立大学
69 金沢大学(文系)
70 金沢大学(理系) 医
71 福井大学(教育・医〈看護〉・工・国際地域学部)
72 福井大学(医学部〈医学科〉) 医
73 福井県立大学
74 山梨大学(教育・医〈看護〉・工・生命環境学部)
75 山梨大学(医学部〈医学科〉) 医
76 都留文科大学
77 信州大学(文系−前期日程)
78 信州大学(理系−前期日程) 医
79 信州大学(後期日程)
80 公立諏訪東京理科大学 総推
81 岐阜大学(前期日程) 医
82 岐阜大学(後期日程)
83 岐阜薬科大学
84 静岡大学(前期日程)
85 静岡大学(後期日程)
86 浜松医科大学(医学部〈医学科〉) 医
87 静岡県立大学
88 静岡文化芸術大学
89 名古屋大学(文系)
90 名古屋大学(理系) 医
91 愛知教育大学
92 名古屋工業大学
93 愛知県立大学
94 名古屋市立大学(経済・人文社会・芸術工・看護・総合生命理・データサイエンス学部)
95 名古屋市立大学(医学部〈医学科〉) 医
96 名古屋市立大学(薬学部)
97 三重大学(人文・教育・医〈看護〉学部)
98 三重大学(医〈医〉・工・生物資源学部) 医
99 滋賀大学
100 滋賀医科大学(医学部〈医学科〉) 医
101 滋賀県立大学
102 京都大学(文系)
103 京都大学(理系) 医
104 京都教育大学
105 京都工芸繊維大学
106 京都府立大学
107 京都府立医科大学(医学部〈医学科〉) 医
108 大阪大学(文系) DL
109 大阪大学(理系) 医
110 大阪教育大学
111 大阪公立大学(現代システム科学域〈文系〉・文・法・経済・商・看護・生活科〈居住環境・人間福祉〉学部−前期日程)
112 大阪公立大学(現代システム科学域〈理系〉・理・工・農・獣医・医・生活科〈食栄養〉学部−前期日程) 医
113 大阪公立大学(中期日程)
114 大阪公立大学(後期日程)
115 神戸大学(文系−前期日程)
116 神戸大学(理系−前期日程) 医
117 神戸大学(後期日程)
118 神戸市外国語大学 DL
119 兵庫県立大学(国際商経・社会情報科・看護学部)
120 兵庫県立大学(工・理・環境人間学部)
121 奈良教育大学／奈良県立大学
122 奈良女子大学
123 奈良県立医科大学(医学部〈医学科〉) 医
124 和歌山大学
125 和歌山県立医科大学(医・薬学部) 医
126 鳥取大学 医
127 公立鳥取環境大学
128 島根大学 医
129 岡山大学(文系)
130 岡山大学(理系) 医
131 岡山県立大学
132 広島大学(文系−前期日程)
133 広島大学(理系−前期日程) 医
134 広島大学(後期日程)
135 尾道市立大学 総推
136 県立広島大学
137 広島市立大学
138 福山市立大学 総推
139 山口大学(人文・教育〈文系〉・経済・医〈看護〉・国際総合科学部)
140 山口大学(教育〈理系〉・理・医〈看護を除く〉・工・農・共同獣医学部) 医
141 山陽小野田市立山口東京理科大学 総推
142 下関市立大学／山口県立大学
143 周南公立大学 新 総推
144 徳島大学 医
145 香川大学 医
146 愛媛大学 医
147 高知大学 医
148 高知工科大学
149 九州大学(文系−前期日程)
150 九州大学(理系−前期日程) 医
151 九州大学(後期日程)
152 九州工業大学
153 福岡教育大学
154 北九州市立大学
155 九州歯科大学
156 福岡県立大学／福岡女子大学
157 佐賀大学 医
158 長崎大学(多文化社会・教育〈文系〉・経済・医〈保健〉・環境科〈文系〉学部)
159 長崎大学(教育〈理系〉・医〈医〉・歯・薬・情報データ科・工・環境科〈理系〉・水産学部) 医
160 長崎県立大学 総推
161 熊本大学(文・教育・法・医〈看護〉学部・情報融合学環〈文系型〉)
162 熊本大学(理・医〈看護を除く〉・薬・工学部・情報融合学環〈理系型〉) 医
163 熊本県立大学
164 大分大学(教育・経済・医〈看護〉・理工・福祉健康科学部)
165 大分大学(医学部〈医・先進医療科学科〉) 医
166 宮崎大学(教育・医〈看護〉・工・農・地域資源創成学部)
167 宮崎大学(医学部〈医学科〉) 医
168 鹿児島大学(文系)
169 鹿児島大学(理系) 医
170 琉球大学 医

2025年版　大学赤本シリーズ

国公立大学 その他

171 〔国公立大〕医学部医学科 総合型選抜・学校推薦型選抜※ 医 総推
172 看護・医療系大学〈国公立 東日本〉※
173 看護・医療系大学〈国公立 中日本〉※
174 看護・医療系大学〈国公立 西日本〉※
175 海上保安大学校／気象大学校
176 航空保安大学校
177 国立看護大学校
178 防衛大学校 総推
179 防衛医科大学校(医学科) 医
180 防衛医科大学校(看護学科)

※No.171～174の収載大学は赤本ウェブサイト(http://akahon.net/)でご確認ください。

私立大学①

北海道の大学(50音順)

201 札幌大学
202 札幌学院大学
203 北星学園大学
204 北海学園大学
205 北海道医療大学
206 北海道科学大学
207 北海道武蔵女子大学・短期大学
208 酪農学園大学(獣医学群〈獣医学類〉)

東北の大学(50音順)

209 岩手医科大学(医・歯・薬学部) 医
210 仙台大学 総推
211 東北医科薬科大学(医・薬学部) 医
212 東北学院大学
213 東北工業大学
214 東北福祉大学
215 宮城学院女子大学 総推

関東の大学(50音順)

あ行(関東の大学)

216 青山学院大学(法・国際政治経済学部－個別学部日程)
217 青山学院大学(経済学部－個別学部日程)
218 青山学院大学(経営学部－個別学部日程)
219 青山学院大学(文・教育人間科学部－個別学部日程)
220 青山学院大学(総合文化政策・社会情報・地球社会共生・コミュニティ人間科学部－個別学部日程)
221 青山学院大学(理工学部－個別学部日程)
222 青山学院大学(全学部日程)
223 麻布大学(獣医、生命・環境科学部)
224 亜細亜大学
226 桜美林大学
227 大妻女子大学・短期大学部

か行(関東の大学)

228 学習院大学(法学部－コア試験)
229 学習院大学(経済学部－コア試験)
230 学習院大学(文学部－コア試験)
231 学習院大学(国際社会科学部－コア試験)
232 学習院大学(理学部－コア試験)
233 学習院女子大学
234 神奈川大学(給費生試験)
235 神奈川大学(一般入試)
236 神奈川工科大学
237 鎌倉女子大学・短期大学部
238 川村学園女子大学
239 神田外語大学
240 関東学院大学
241 北里大学(理学部)
242 北里大学(医学部) 医
243 北里大学(薬学部)
244 北里大学(看護・医療衛生学部)
245 北里大学(未来工・獣医・海洋生命科学部)
246 共立女子大学・短期大学
247 杏林大学(医学部) 医
248 杏林大学(保健学部)
249 群馬医療福祉大学・短期大学部
250 群馬パース大学 総推
251 慶應義塾大学(法学部)
252 慶應義塾大学(経済学部)
253 慶應義塾大学(商学部)
254 慶應義塾大学(文学部) 総推
255 慶應義塾大学(総合政策学部)
256 慶應義塾大学(環境情報学部)
257 慶應義塾大学(理工学部)
258 慶應義塾大学(医学部) 医
259 慶應義塾大学(薬学部)
260 慶應義塾大学(看護医療学部)
261 工学院大学
262 國學院大學
263 国際医療福祉大学 医
264 国際基督教大学
265 国士舘大学
266 駒澤大学(一般選抜T方式・S方式)
267 駒澤大学(全学部統一日程選抜)

さ行(関東の大学)

268 埼玉医科大学(医学部) 医
269 相模女子大学・短期大学部
270 産業能率大学
271 自治医科大学(医学部) 医
272 自治医科大学(看護学部)／東京慈恵会医科大学(医学部〈看護学科〉)
273 実践女子大学 総推
274 芝浦工業大学(前期日程)
275 芝浦工業大学(全学統一日程・後期日程)
276 十文字学園女子大学
277 淑徳大学
278 順天堂大学(医学部) 医
279 順天堂大学(スポーツ健康科・医療看護・保健看護・国際教養・保健医療・医療科・健康データサイエンス・薬学部) 総推
280 上智大学(神・文・総合人間科学部)
281 上智大学(法・経済学部)
282 上智大学(外国語・総合グローバル学部)
283 上智大学(理工学部)
284 上智大学(TEAPスコア利用方式)
285 湘南工科大学
286 昭和大学(医学部) 医
287 昭和大学(歯・薬・保健医療学部)
288 昭和女子大学
289 昭和薬科大学
290 女子栄養大学・短期大学部 総推
291 白百合女子大学
292 成蹊大学(法学部－A方式)
293 成蹊大学(経済・経営学部－A方式)
294 成蹊大学(文学部－A方式)
295 成蹊大学(理工学部－A方式)
296 成蹊大学(E方式・G方式・P方式)
297 成城大学(経済・社会イノベーション学部－A方式)
298 成城大学(文芸・法学部－A方式)
299 成城大学(S方式〈全学部統一選抜〉)
300 聖心女子大学
301 清泉女子大学
303 聖マリアンナ医科大学 医
304 聖路加国際大学(看護学部)
305 専修大学(スカラシップ・全国入試)
306 専修大学(前期入試〈学部個別入試〉)
307 専修大学(前期入試〈全学部入試・スカラシップ入試〉)

た行(関東の大学)

308 大正大学
309 大東文化大学
310 高崎健康福祉大学
311 拓殖大学
312 玉川大学
313 多摩美術大学
314 千葉工業大学
315 中央大学(法学部－学部別選抜)
316 中央大学(経済学部－学部別選抜)
317 中央大学(商学部－学部別選抜)
318 中央大学(文学部－学部別選抜)
319 中央大学(総合政策学部－学部別選抜)
320 中央大学(国際経営・国際情報学部－学部別選抜)
321 中央大学(理工学部－学部別選抜)
322 中央大学(5学部共通選抜)
323 中央学院大学
324 津田塾大学
325 帝京大学(薬・経済・法・文・外国語・教育・理工・医療技術・福岡医療技術学部)
326 帝京大学(医学部) 医
327 帝京科学大学 総推
328 帝京平成大学 総推
329 東海大学(医〈医〉学部を除く－一般選抜)
330 東海大学(文系・理系学部統一選抜)
331 東海大学(医学部〈医学科〉) 医
332 東京医科大学(医学部〈医学科〉) 医
333 東京家政大学・短期大学部 総推
334 東京経済大学
335 東京工科大学
336 東京工芸大学
337 東京国際大学
338 東京歯科大学
339 東京慈恵会医科大学(医学部〈医学科〉) 医
340 東京情報大学
341 東京女子大学
342 東京女子医科大学(医学部) 医
343 東京電機大学
344 東京都市大学
345 東京農業大学
346 東京薬科大学(薬学部) 総推
347 東京薬科大学(生命科学部) 総推
348 東京理科大学(理学部〈第一部〉－B方式)
349 東京理科大学(創域理工学部－B方式・S方式)
350 東京理科大学(工学部－B方式)
351 東京理科大学(先進工学部－B方式)
352 東京理科大学(薬学部－B方式)
353 東京理科大学(経営学部－B方式)
354 東京理科大学(C方式、グローバル方式、理学部〈第二部〉－B方式)
355 東邦大学(医学部) 医
356 東邦大学(薬学部)

2025年版　大学赤本シリーズ

私立大学②

357 東邦大学（理・看護・健康科学部）
358 東洋大学（文・経済・経営・法・社会・国際・国際観光学部）
359 東洋大学（情報連携・福祉社会デザイン・健康スポーツ科・理工・総合情報・生命科・食環境科学部）
360 東洋大学（英語〈3日程×3カ年〉）
361 東洋大学（国語〈3日程×3カ年〉）
362 東洋大学（日本史・世界史〈2日程×3カ年〉）
363 東洋英和女学院大学
364 常磐大学・短期大学 総推
365 獨協大学
366 獨協医科大学（医学部） 医

な行（関東の大学）

367 二松学舎大学
368 日本大学（法学部）
369 日本大学（経済学部）
370 日本大学（商学部）
371 日本大学（文理学部〈文系〉）
372 日本大学（文理学部〈理系〉）
373 日本大学（芸術学部〈専門試験併用型〉）
374 日本大学（国際関係学部）
375 日本大学（危機管理・スポーツ科学部）
376 日本大学（理工学部）
377 日本大学（生産工・工学部）
378 日本大学（生物資源科学部）
379 日本大学（医学部） 医
380 日本大学（歯・松戸歯学部）
381 日本大学（薬学部）
382 日本大学（N全学統一方式－医・芸術〈専門試験併用型〉学部を除く）
383 日本医科大学 医
384 日本工業大学
385 日本歯科大学
386 日本社会事業大学 総推
387 日本獣医生命科学大学
388 日本女子大学
389 日本体育大学

は行（関東の大学）

390 白鷗大学（学業特待選抜・一般選抜）
391 フェリス女学院大学
392 文教大学
393 法政大学（法〈Ⅰ日程〉・文〈Ⅱ日程〉・経営〈Ⅱ日程〉学部－A方式）
394 法政大学（法〈Ⅱ日程〉・国際文化・キャリアデザイン学部－A方式）
395 法政大学（文〈Ⅰ日程〉・経営〈Ⅰ日程〉・人間環境・グローバル教養学部－A方式）
396 法政大学（経済〈Ⅰ日程〉・社会〈Ⅰ日程〉・現代福祉学部－A方式）
397 法政大学（経済〈Ⅱ日程〉・社会〈Ⅱ日程〉・スポーツ健康学部－A方式）
398 法政大学（情報科・デザイン工・理工・生命科学部－A方式）
399 法政大学（T日程〈統一日程〉・英語外部試験利用入試）
400 星薬科大学 総推

ま行（関東の大学）

401 武蔵大学
402 武蔵野大学
403 武蔵野美術大学
404 明海大学
405 明治大学（法学部－学部別入試）
406 明治大学（政治経済学部－学部別入試）
407 明治大学（商学部－学部別入試）
408 明治大学（経営学部－学部別入試）
409 明治大学（文学部－学部別入試）
410 明治大学（国際日本学部－学部別入試）
411 明治大学（情報コミュニケーション学部－学部別入試）
412 明治大学（理工学部－学部別入試）
413 明治大学（総合数理学部－学部別入試）
414 明治大学（農学部－学部別入試）
415 明治大学（全学部統一入試）
416 明治学院大学（A日程）
417 明治学院大学（全学部日程）
418 明治薬科大学 総推
419 明星大学
420 目白大学・短期大学部

ら・わ行（関東の大学）

421 立教大学（文系学部－一般入試〈大学独自の英語を課さない日程〉）
422 立教大学（国語〈3日程×3カ年〉）
423 立教大学（日本史・世界史〈2日程×3カ年〉）
424 立教大学（文学部－一般入試〈大学独自の英語を課す日程〉）
425 立教大学（理学部－一般入試）
426 立正大学
427 早稲田大学（法学部）
428 早稲田大学（政治経済学部）
429 早稲田大学（商学部）
430 早稲田大学（社会科学部）
431 早稲田大学（文学部）
432 早稲田大学（文化構想学部）
433 早稲田大学（教育学部〈文科系〉）
434 早稲田大学（教育学部〈理科系〉）
435 早稲田大学（人間科・スポーツ科学部）
436 早稲田大学（国際教養学部）
437 早稲田大学（基幹理工・創造理工・先進理工学部）
438 和洋女子大学 総推

中部の大学（50音順）

439 愛知大学
440 愛知医科大学（医学部） 医
441 愛知学院大学・短期大学部
442 愛知工業大学 総推
443 愛知淑徳大学
444 朝日大学 総推
445 金沢医科大学（医学部） 医
446 金沢工業大学
447 岐阜聖徳学園大学 総推
448 金城学院大学
449 至学館大学 総推
450 静岡理工科大学
451 椙山女学園大学
452 大同大学
453 中京大学
454 中部大学
455 名古屋外国語大学 総推
456 名古屋学院大学 総推
457 名古屋学芸大学 総推
458 名古屋女子大学 総推
459 南山大学（外国語〈英米〉・法・総合政策・国際教養学部）
460 南山大学（人文・外国語〈英米を除く〉・経済・経営・理工学部）
461 新潟国際情報大学
462 日本福祉大学
463 福井工業大学
464 藤田医科大学（医学部） 医
465 藤田医科大学（医療科・保健衛生学部）
466 名城大学（法・経営・経済・外国語・人間・都市情報学部）
467 名城大学（情報工・理工・農・薬学部）
468 山梨学院大学

近畿の大学（50音順）

469 追手門学院大学 総推
470 大阪医科薬科大学（医学部） 医
471 大阪医科薬科大学（薬学部） 総推
472 大阪学院大学 総推
473 大阪経済大学 総推
474 大阪経済法科大学 総推
475 大阪工業大学 総推
476 大阪国際大学・短期大学部 総推
477 大阪産業大学 総推
478 大阪歯科大学（歯学部）
479 大阪商業大学 総推
480 大阪成蹊大学・短期大学 総推
481 大谷大学 総推
482 大手前大学・短期大学 総推
483 関西大学（文系）
484 関西大学（理系）
485 関西大学（英語〈3日程×3カ年〉）
486 関西大学（国語〈3日程×3カ年〉）
487 関西大学（日本史・世界史・文系数学〈3日程×3カ年〉）
488 関西医科大学（医学部） 医
489 関西医療大学 総推
490 関西外国語大学・短期大学部 総推
491 関西学院大学（文・法・商・人間福祉・総合政策学部－学部個別日程）
492 関西学院大学（神・社会・経済・国際・教育学部－学部個別日程）
493 関西学院大学（全学部日程〈文系型〉）
494 関西学院大学（全学部日程〈理系型〉）
495 関西学院大学（共通テスト併用日程〈数学〉・英数日程）
496 関西学院大学（英語〈3日程×3カ年〉） 新
497 関西学院大学（国語〈3日程×3カ年〉） 新
498 関西学院大学（日本史・世界史・文系数学〈3日程×3カ年〉） 新
499 畿央大学 総推
500 京都外国語大学・短期大学 総推
502 京都産業大学（公募推薦入試） 総推
503 京都産業大学（一般選抜入試〈前期日程〉）
504 京都女子大学 総推
505 京都先端科学大学 総推
506 京都橘大学 総推
507 京都ノートルダム女子大学 総推
508 京都薬科大学 総推
509 近畿大学・短期大学部（医学部を除く－推薦入試） 総推
510 近畿大学・短期大学部（医学部を除く－一般入試前期）
511 近畿大学（英語〈医学部を除く3日程×3カ年〉）
512 近畿大学（理系数学〈医学部を除く3日程×3カ年〉）
513 近畿大学（国語〈医学部を除く3日程×3カ年〉）
514 近畿大学（医学部－推薦入試・一般入試前期） 医 総推
515 近畿大学・短期大学部（一般入試後期） 医
516 皇學館大学 総推
517 甲南大学 総推
518 甲南女子大学（学校推薦型選抜） 新 総推
519 神戸学院大学 総推
520 神戸国際大学 総推
521 神戸女学院大学 総推
522 神戸女子大学・短期大学 総推
523 神戸薬科大学 総推
524 四天王寺大学・短期大学部 総推
525 摂南大学（公募制推薦入試） 総推
526 摂南大学（一般選抜前期日程）
527 帝塚山学院大学 総推
528 同志社大学（法、グローバル・コミュニケーション学部－学部個別日程）

2025年版　大学赤本シリーズ

私立大学③

- 529 同志社大学（文・経済学部－学部個別日程）
- 530 同志社大学（神・商・心理・グローバル地域文化学部－学部個別日程）
- 531 同志社大学（社会学部－学部個別日程）
- 532 同志社大学（政策・文化情報〈文系型〉・スポーツ健康科〈文系型〉学部－学部個別日程）
- 533 同志社大学（理工・生命医科・文化情報〈理系型〉・スポーツ健康科〈理系型〉学部－学部個別日程）
- 534 同志社大学（全学部日程）
- 535 同志社女子大学 [総推]
- 536 奈良大学 [総推]
- 537 奈良学園大学 [総推]
- 538 阪南大学 [総推]
- 539 姫路獨協大学 [総推]
- 540 兵庫医科大学（医学部） [医]
- 541 兵庫医科大学（薬・看護・リハビリテーション学部） [総推]
- 542 佛教大学 [総推]
- 543 武庫川女子大学 [総推]
- 544 桃山学院大学 [総推]
- 545 大和大学・大和大学白鳳短期大学部 [総推]
- 546 立命館大学（文系－全学統一方式・学部個別配点方式）／立命館アジア太平洋大学（前期方式・英語重視方式）
- 547 立命館大学（理系－全学統一方式・学部個別配点方式・理系型3教科方式・薬学方式）
- 548 立命館大学（英語〈全学統一方式3日程×3カ年〉）
- 549 立命館大学（国語〈全学統一方式3日程×3カ年〉）
- 550 立命館大学（文系選択科目〈全学統一方式2日程×3カ年〉）
- 551 立命館大学（IR方式〈英語資格試験利用型〉・共通テスト併用方式）／立命館アジア太平洋大学（共通テスト併用方式）
- 552 立命館大学（後期分割方式・「経営学部で学ぶ感性＋共通テスト」方式）／立命館アジア太平洋大学（後期方式）
- 553 龍谷大学（公募推薦入試） [総推]
- 554 龍谷大学（一般選抜入試）

中国の大学（50音順）

- 555 岡山商科大学 [総推]
- 556 岡山理科大学 [総推]
- 557 川崎医科大学 [医]
- 558 吉備国際大学 [総推]
- 559 就実大学 [総推]
- 560 広島経済大学
- 561 広島国際大学 [総推]
- 562 広島修道大学
- 563 広島文教大学 [総推]
- 564 福山大学／福山平成大学
- 565 安田女子大学 [総推]

四国の大学（50音順）

- 567 松山大学

九州の大学（50音順）

- 568 九州医療科学大学
- 569 九州産業大学
- 570 熊本学園大学
- 571 久留米大学（文・人間健康・法・経済・商学部）
- 572 久留米大学（医学部〈医学科〉） [医]
- 573 産業医科大学（医学部） [医]
- 574 西南学院大学（商・経済・法・人間科学部－A日程）
- 575 西南学院大学（神・外国語・国際文化学部－A日程／全学部－F日程）
- 576 福岡大学（医学部医学科を除く－学校推薦型選抜・一般選抜系統別日程） [総推]
- 577 福岡大学（医学部医学科を除く－一般選抜前期日程）
- 578 福岡大学（医学部〈医学科〉－学校推薦型選抜・一般選抜系統別日程） [医] [総推]
- 579 福岡工業大学
- 580 令和健康科学大学 [総推]

[医] 医学部医学科を含む
[総推] 総合型選抜または学校推薦型選抜を含む
[DL] リスニング音声配信　[新] 2024年 新刊・復刊

掲載している入試の種類や試験科目，収載年数などはそれぞれ異なります。詳細については，それぞれの本の目次や赤本ウェブサイトでご確認ください。

akahon.net
赤本｜ 検索

難関校過去問シリーズ

出題形式別・分野別に収録した
「入試問題事典」
20大学 73点
定価2,310～2,640円（本体2,100～2,400円）

先輩合格者はこう使った!
「難関校過去問シリーズの使い方」

61年，全部載せ!
要約演習で，総合力を鍛える
東大の英語
要約問題 UNLIMITED

国公立大学

- 東大の英語25カ年［第12版］ [改]
- 東大の英語リスニング20カ年［第9版］ [DL] [改]
- 東大の英語 要約問題 UNLIMITED
- 東大の文系数学25カ年［第12版］ [改]
- 東大の理系数学25カ年［第12版］ [改]
- 東大の現代文25カ年［第12版］ [改]
- 東大の古典25カ年［第12版］ [改]
- 東大の日本史25カ年［第9版］ [改]
- 東大の世界史25カ年［第9版］ [改]
- 東大の地理25カ年［第9版］ [改]
- 東大の物理25カ年［第9版］ [改]
- 東大の化学25カ年［第9版］ [改]
- 東大の生物25カ年［第9版］ [改]
- 東工大の英語20カ年［第8版］ [改]
- 東工大の数学20カ年［第9版］ [改]
- 東工大の物理20カ年［第5版］ [改]
- 東工大の化学20カ年［第5版］ [改]
- 一橋大の英語20カ年［第9版］ [改]
- 一橋大の数学20カ年［第9版］ [改]
- 一橋大の国語20カ年［第6版］ [改]
- 一橋大の日本史20カ年［第6版］ [改]
- 一橋大の世界史20カ年［第6版］ [改]
- 筑波大の英語15カ年 [新]
- 筑波大の数学15カ年 [新]
- 京大の英語25カ年［第12版］
- 京大の文系数学25カ年［第12版］
- 京大の理系数学25カ年［第12版］
- 京大の現代文25カ年［第2版］
- 京大の古典25カ年［第2版］
- 京大の日本史20カ年［第3版］
- 京大の世界史20カ年［第3版］
- 京大の物理25カ年［第9版］
- 京大の化学25カ年［第9版］
- 北大の英語15カ年［第8版］
- 北大の理系数学15カ年［第8版］
- 北大の物理15カ年［第2版］
- 北大の化学15カ年［第2版］
- 東北大の英語15カ年［第8版］
- 東北大の理系数学15カ年［第8版］
- 東北大の物理15カ年［第2版］
- 東北大の化学15カ年［第2版］
- 名古屋大の英語15カ年［第8版］
- 名古屋大の理系数学15カ年［第8版］
- 名古屋大の物理15カ年［第2版］
- 名古屋大の化学15カ年［第2版］
- 阪大の英語20カ年［第9版］
- 阪大の文系数学20カ年［第3版］
- 阪大の理系数学20カ年［第9版］
- 阪大の国語15カ年［第3版］
- 阪大の物理20カ年［第8版］
- 阪大の化学20カ年［第6版］
- 九大の英語15カ年［第8版］
- 九大の理系数学15カ年［第7版］
- 九大の物理15カ年［第2版］
- 九大の化学15カ年［第2版］
- 神戸大の英語15カ年［第9版］
- 神戸大の数学15カ年［第5版］
- 神戸大の国語15カ年［第3版］

私立大学

- 早稲田の英語［第11版］ [改]
- 早稲田の国語［第9版］ [改]
- 早稲田の日本史［第9版］ [改]
- 早稲田の世界史［第2版］ [改]
- 慶應の英語［第11版］ [改]
- 慶應の小論文［第3版］ [改]
- 明治大の英語［第9版］ [改]
- 明治大の国語［第2版］ [改]
- 明治大の日本史［第2版］ [改]
- 中央大の英語［第9版］ [改]
- 法政大の英語［第9版］ [改]
- 同志社大の英語［第10版］
- 立命館大の英語［第10版］
- 関西大の英語［第10版］
- 関西学院大の英語［第10版］

[DL] リスニング音声配信
[新] 2024年 新刊
[改] 2024年 改訂

共通テスト対策関連書籍

共通テスト対策も赤本で

① 過去問演習

2025年版

共通テスト赤本シリーズ

全12点

A5判／定価1,320円
（本体1,200円）

- 英国数には新課程対応オリジナル実戦模試 掲載！
- 公表された新課程試作問題はすべて掲載！
- くわしい対策講座で得点力UP
- 英語はリスニングを10回分掲載！赤本の音声サイトで本番さながらの対策！

- 英語 リーディング／リスニング DL
- 数学I, A／II, B, C
- 国語
- 歴史総合, 日本史探究
- 歴史総合, 世界史探究
- 地理総合, 地理探究
- 公共, 倫理
- 公共, 政治・経済
- 物理
- 化学
- 生物
- 物理基礎／化学基礎／生物基礎／地学基礎

DL 音声無料配信

② 自己分析

赤本ノートシリーズ 過去問演習の効果を最大化

▶共通テスト対策には

赤本ノートプラス（共通テスト用）

赤本ルーズリーフプラス（共通テスト用）

共通テスト赤本シリーズ

新課程攻略問題集

全26点に対応!!

▶二次・私大対策には

大学赤本シリーズ

全556点に対応!!

赤本ノートプラス（二次・私大用）

③ 重点対策

共通テスト赤本プラス

新課程攻略問題集

基礎固め&苦手克服のための分野別対策問題集!!
厳選された問題でかしこく対策

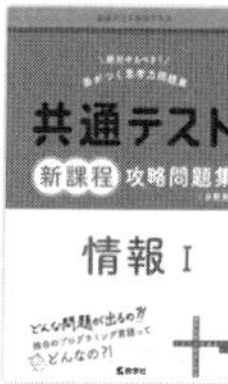

- 英語リーディング
- 英語リスニング DL
- 数学I, A
- 数学II, B, C
- 国語（現代文）
- 国語（古文, 漢文）
- 歴史総合, 日本史探究
- 歴史総合, 世界史探究
- 地理総合, 地理探究
- 公共, 政治・経済
- 物理
- 化学
- 生物
- 情報I

DL 音声無料配信

全14点 好評発売中！

A5判／定価1,320円（本体1,200円）

手軽なサイズの実戦的参考書

目からウロコのコツが満載！

直前期にも！

満点のコツシリーズ

赤本ポケット

いつも受験生のそばに — 赤本

大学入試シリーズ＋α
入試対策も共通テスト対策も赤本で

入試対策

赤本プラス

赤本プラスとは，**過去問演習の効果を最大にする**ためのシリーズです。「赤本」であぶり出された弱点を，赤本プラスで克服しましょう。

大学入試 すぐわかる英文法 DL
大学入試 ひと目でわかる英文読解
大学入試 絶対できる英語リスニング DL
大学入試 すぐ書ける自由英作文
大学入試 ぐんぐん読める 英語長文〔BASIC〕DL
大学入試 ぐんぐん読める 英語長文〔STANDARD〕DL
大学入試 ぐんぐん読める 英語長文〔ADVANCED〕DL
大学入試 正しく書ける英作文
大学入試 最短でマスターする 数学Ⅰ･Ⅱ･Ⅲ･A･B･C
大学入試 突破力を鍛える最難関の数学
大学入試 知らなきゃ解けない 古文常識･和歌
大学入試 ちゃんと身につく物理
大学入試 もっと身につく 物理問題集（①力学･波動）
大学入試 もっと身につく 物理問題集（②熱力学･電磁気･原子）

入試対策

英検®赤本シリーズ

英検®（実用英語技能検定）の対策書。
過去問集と参考書で万全の対策ができます。

▶過去問集（2024年度版）
英検®準1級過去問集 DL
英検®2級過去問集 DL
英検®準2級過去問集 DL
英検®3級過去問集 DL

▶参考書
竹岡の英検®準1級マスター DL
竹岡の英検®2級マスター CD DL
竹岡の英検®準2級マスター CD DL
竹岡の英検®3級マスター CD DL

CD リスニングCDつき　DL 音声無料配信
新 2024年新刊・改訂

入試対策

赤本プレミアム

赤本の教学社だからこそ作れた、過去問ベストセレクション

東大数学プレミアム
東大現代文プレミアム
京大数学プレミアム〔改訂版〕
京大古典プレミアム

入試対策

赤本メディカルシリーズ

過去問を徹底的に研究し，独自の出題傾向をもつメディカル系の入試に役立つ内容を精選した実戦的なシリーズ。

〔国公立大〕医学部の英語〔3訂版〕
私立医大の英語〔長文読解編〕〔3訂版〕
私立医大の英語〔文法･語法編〕〔改訂版〕
医学部の実戦小論文〔3訂版〕
医歯薬系の英単語〔4訂版〕
医系小論文 最頻出論点20〔4訂版〕
医学部の面接〔4訂版〕

入試対策

体系シリーズ

国公立大二次・難関私大突破へ，自学自習に適したハイレベル問題集。

体系英語長文
体系英作文
体系現代文
体系世界史
体系物理〔第7版〕

入試対策

単行本

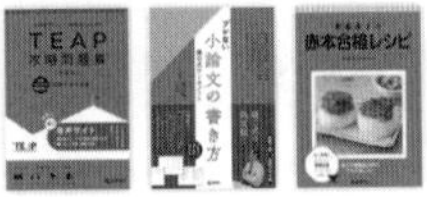

▶英語
Q&A即決英語勉強法
TEAP攻略問題集〔新装版〕DL 新
東大の英単語〔新装版〕
早慶上智の英単語〔改訂版〕

▶国語・小論文
著者に注目! 現代文問題集
ブレない小論文の書き方 樋口式ワークノート

▶レシピ集
奥薗壽子の赤本合格レシピ

入試対策　共通テスト対策

赤本手帳

赤本手帳（2025年度受験用）プラムレッド
赤本手帳（2025年度受験用）インディゴブルー
赤本手帳（2025年度受験用）ナチュラルホワイト

入試対策

風呂で覚えるシリーズ

水をはじく特殊な紙を使用。いつでもどこでも読めるから，ちょっとした時間を有効に使える！

風呂で覚える英単語〔4訂新装版〕
風呂で覚える英熟語〔改訂新装版〕
風呂で覚える古文単語〔改訂新装版〕
風呂で覚える古文文法〔改訂新装版〕
風呂で覚える漢文〔改訂新装版〕
風呂で覚える日本史〔年代〕〔改訂新装版〕
風呂で覚える世界史〔年代〕〔改訂新装版〕
風呂で覚える倫理〔改訂版〕
風呂で覚える百人一首〔改訂版〕

共通テスト対策

満点のコツシリーズ

共通テストで満点を狙うための実戦的参考書。
重要度の高いリスニング対策は
「カリスマ講師」竹岡広信が一回読みにも
対応できるコツを伝授！

共通テスト英語〔リスニング〕 満点のコツ〔改訂版〕DL 新
共通テスト古文 満点のコツ〔改訂版〕新
共通テスト漢文 満点のコツ〔改訂版〕新
共通テスト生物基礎 満点のコツ〔改訂版〕新

入試対策　共通テスト対策

赤本ポケットシリーズ

▶共通テスト対策
共通テスト日本史〔文化史〕

▶系統別進路ガイド
デザイン系学科をめざすあなたへ

大学赤本シリーズ

赤本ウェブサイト

過去問の代名詞として、70年以上の伝統と実績。

新刊案内・特集ページも充実！

受験生の「知りたい」に答える

akahon.netでチェック！

志望大学の赤本の刊行状況を確認できる！

「赤本取扱い書店検索」で赤本を置いている書店を見つけられる！

赤本チャンネル＆赤本ブログ

赤本チャンネル

YouTubeやTikTokで受験対策！

人気講師の大学別講座や
共通テスト対策など、
受験に役立つ動画を公開中！

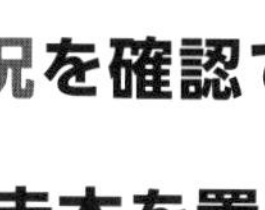

YouTube　TikTok

赤本ブログ

受験のメンタルケア、合格者の声など、
受験に役立つ記事が充実。

詳しくはこちら

2025 年版　大学赤本シリーズ　No. 462
日本福祉大学

2024 年 7 月 30 日　第 1 刷発行
ISBN978-4-325-26521-4
定価は裏表紙に表示しています

編　集　教学社編集部
発行者　上原 寿明
発行所　教学社
〒606-0031
京都市左京区岩倉南桑原町56
電話　075-721-6500
振替　01020-1-15695
印　刷　共同印刷工業

●乱丁・落丁等につきましてはお取替えいたします。
●本書に関する最新の情報（訂正を含む）は，赤本ウェブサイト http://akahon.net/ の書籍の詳細ページでご確認いただけます。
●本書は当社編集部の責任のもと独自に作成したものです。本書の内容についてのお問い合わせは，赤本ウェブサイトの「お問い合わせ」より，必要事項をご記入の上ご連絡ください。電話でのお問い合わせは受け付けておりません。なお，受験指導など，本書掲載内容以外の事柄に関しては，お答えしかねます。また，ご質問の内容によってはお時間をいただく場合がありますので，あらかじめご了承ください。
●本書の無断複製は著作権法上の例外を除き禁じられています。本書を代行業者等の第三者に依頼してスキャンやデジタル化することは，たとえ個人や家庭内の利用でも著作権法違反です。
●本シリーズ掲載の入試問題等について，万一，掲載許可手続等に遺漏や不備があると思われるものがございましたら，当社編集部までお知らせください。